Teenagermütter

Für die große Liebe x 3:
Gerd, Leo und Felix

Antje Diller-Wolff

Teenagermütter

20 Mädchen und Expertinnen erzählen
von den Herausforderungen der frühen Elternschaft

Schwarzkopf & Schwarzkopf

Ich danke ganz herzlich:

meinem Mann und meinen Kindern für ihre Liebe, Unterstützung und ihr Verständnis für nächtliche Schreibanfälle;

meinen Eltern, die mich schon immer bedingungslos in allem unterstützt, ermutigt und bestärkt haben, für all ihre Liebe, Fürsorge und Förderung;

den besten Schwiegereltern der Welt für ihr Interesse an meiner Arbeit und spannende, weiterführende Diskussionen;

allen interviewten jungen Müttern und dem jungen Vater für ihr Vertrauen, ihre Offenheit und ihre Zeit – manche von ihnen lassen mich seit Jahren ihr Leben begleiten;

allen interviewten Expertinnen für ihre Zeit und ihre wertvolle Sachkenntnis;

allen ExpertInnen, die für Recherchefragen für meine Filme und für dieses Buch seit Jahren jederzeit erreichbar waren.

Antje Diller-Wolff

INHALT

Vorwort

Wenn 15-jährige Mädchen schwanger werden, sind sie alles, nur nicht darauf vorbereitet. Mit der Entscheidung, das Baby zur Welt zu bringen, beginnt ein Alltag voller Hürden. Meist drückt sich der Kindsvater vor der Verantwortung, oft verweigert die eigene Familie jede Unterstützung. Von der Gesellschaft werden Teenager mit Babybauch oft wie Aussätzige behandelt. 2009 brachten 4837 Minderjährige ein Baby zur Welt, fast 600 Mädchen waren zum Zeitpunkt der Geburt 15 Jahre alt oder noch jünger. Viele von ihnen wurden schwanger, weil sie nicht richtig über Verhütungsmethoden Bescheid wussten. Immer mehr Mädchen jedoch wählen eine Schwangerschaft bewusst als Lebensmodell: als Alternative zur erfolglosen Lehrstellensuche und allgemeiner Ziellosigkeit; als Neuanfang, der mit der Hoffnung verknüpft ist, selbst eine bessere Mutter als die eigene sein zu können und geliebt zu werden. Die Mädchen erhalten so einen Platz in einer Gesellschaft, in der sie sich sonst wertlos und überflüssig fühlen.

Unbeaufsichtigt bleiben sie nicht: Das Jugendamt übernimmt in der Regel automatisch die Amtsvormundschaft für das Neugeborene. Bewähren sich die Teenager als Mütter, dürfen sie selbstständig für ihr Kind sorgen. Sind sie den Anforderungen trotz Hilfemaßnahmen und Unterstützung nicht gewachsen, kommen die Babys in Pflegefamilien.

Die Recherche für meinen ersten Film über Teenagermütter 2008 dauerte fast ein Jahr. In dieser Zeit bin ich als Autorin in den verschiedensten Bereichen, auch in der Politik und bei Behörden, auf Ablehnung gestoßen. Das Thema »Teenagermütter« war keines, das gerne öffentlich diskutiert wurde. Vier minderjährige schwangere Mädchen wurden an einer Schule in einem kleinen Ort als »unspektakulärer Normalfall« abgetan. Hinter vorgehaltener Hand galten Teenagermütter bei meinen Anfragen oft als »hoffnungslose Fälle«. Politiker in ländlichen Gegenden bezeichneten Mutter-Kind-Heime in weiter Entfernung von der Heimatstadt als »optimale Lösung«. Mein Film war ein erster Schritt, sensibel ein Tabuthema und seine Ausmaße zu dokumentieren.

Nach weiteren Filmen und einer damit verbundenen Langzeitbeobachtung etlicher Teenagermütter und ihrer Kinder geht dieses Buch nun noch weiter: Es offenbart die Vorgeschichte der Mädchen bis zur Schwangerschaft. Es zeigt Ursachen und erklärt, warum die jungen werdenden Mütter sich entschließen, die Babys zur Welt zu bringen und sie auch selbst aufzuziehen, während ihre Altersgenossen eine deutlich unbeschwertere Jugend genießen. Es dokumentiert, wie Minderjährige es schaffen, gute Mütter zu sein und nebenher ein eigenständiges Leben aufzubauen. Es zeigt deutlich, dass Teenagermütter Nachwuchs und Beruf nur dann unter einen Hut bekommen, wenn sie umfangreiche Unterstützung von sozialen Einrichtungen und ehrenamtlichen Helfern erhalten. Sonst haben die Kinder mit Kindern kaum eine Chance.

Dieses Buch schildert die Situation von Teenagermüttern und bietet Antworten auf gesellschaftliche Fragen, die bisher meist unbeantwortet geblieben sind: Wieso werden 15-Jährige absichtlich schwanger? Was rechtfertigt eine teure Unterbringung in einer Mutter-Kind-Einrichtung? Was sind das für Mädchen, die bereits im Teenageralter schwanger werden?

In diesem Buch kommen mehrere Insider zu Wort, die durch ihre tägliche Arbeit, ihr Engagement in Hilfsprojekten, oder aber weil sie selbst betroffen sind, einen besonderen Blick auf die Hintergründe von Teenagerschwangerschaften haben. Sie sind diejenigen, die miterleben, wie manche Teenagermutter scheitert, während eine andere die Kurve bekommt, über sich selbst hinauswächst und schließlich vollkommen gestärkt ein eigenes, selbstbestimmtes Leben führt.

Natürlich kommen auch die Teenagermütter zu Wort. Ich bin sehr dankbar für das Vertrauen, das mir die Mädchen und jungen Frauen nun seit einigen Jahren entgegenbringen. Als Journalistin habe ich immer die Distanz gewahrt. Als Mutter habe ich mich gefreut, wenn eines der Mädchen den Realschulabschluss schaffte und im Anschluss eine Ausbildung begann. Mein Respekt gilt den Fachleuten, die jungen Müttern helfen, mit ihren Kindern ein eigenständiges, glückliches Leben zu führen.

Antje Diller-Wolff im Juli 2011

1

»Ich bin gelebtes Chaos«

Chantalle, 19, macht gerade den Hauptschulabschluss nach
Sohn **Jason**, 3 Jahre, lebt in einer Pflegefamilie
Sohn **Dustin***, 9 Monate, lebt bei seiner Mutter

Wie lebt man als 19-jährige zweifache Mutter? Wenn man auf eine Kindheit und Jugend zurückblickt, die einem ein unsicheres, unglückliches Leben voller Misstrauen nahelegt? Wenn man das erste Kind mit 15, das zweite mit 18 entbunden hat? Wie schaut man in die Zukunft, wenn man ein Kind bereits verloren hat und auch das zweite möglicherweise bald in eine Pflegefamilie zieht, weg von seiner leiblichen Mutter?

Chantalle hat mehr erlebt als so manche Sechzigjährige. Mehr Unglück als Freude, mehr Unsicherheit als Bindung, es bleibt nicht viel. Letzte Station ist eine Mutter-Kind-Wohngruppe. Kann sie es hier schaffen, ein Stück Normalität zu erlernen?

---

* Die richtigen Namen der Mutter und der Kinder sind der Autorin bekannt.

Ich hatte ein unstetes, wildes Leben. Mit zwei jüngeren Brüdern bin ich in Bremen aufgewachsen. Meine wahre Familie waren die Schausteller vom Jahrmarkt. Mein Vater hat dort bei Karussells mitgearbeitet, aufgebaut, abgebaut, Chips eingesammelt. Von klein auf sprang ich zwischen den Fahrgeschäften herum, noch heute kenne ich fast alle, die auf dem Jahrmarkt arbeiten.

Meine Mutter war zwanzig, als sie mich bekommen hat. Nach meiner Geburt hat sie noch einen Versuch gestartet, eine Ausbildung zu beginnen. Sie wollte Altenpflegerin werden, hat aber abgebrochen und seitdem ist sie Hausfrau.

Bis ich 14 war, blieben meine Eltern verheiratet. Solange ich mich auf der Straße herumtrieb, fühlte ich mich frei. Zu Hause war ich unter großem Druck: Ich musste für meine Brüder sorgen, mein Vater war beruflich häufig unterwegs. Warum meine Mutter selten zu Hause war, habe ich nie verstanden. Ich weiß nur noch sehr genau, dass es ständig Ärger gab: Egal, ob ich oder meine Brüder etwas falsch machten, ich bekam Schläge.

Mein Vater, ein Alkoholiker, hatte drei Entzüge gemacht, war aber immer wieder rückfällig geworden. Meine Mutter ist trotzdem bei ihm geblieben, sie hat das Geld und seine, wenn auch kleine, Unterstützung gebraucht. Er hat auch sie geschlagen; als ich neun, zehn war, bin ich dazwischengegangen. Da war er so perplex, dass er sie nur noch angefasst hat, wenn ich nicht zu Hause war. Meine Mutter hätte vom Jugendamt eine flexible Familienhilfe haben können, sie wollte aber nicht. Sie fürchtete die Kontrolle, hatte es mit Sauberkeit und Hygiene nie sehr ernst genommen. Das ging so weit, dass ich nachts aufstehen und oberflächlich sauber machen und aufräumen musste, bevor mein Vater von einer Jahrmarkt-Reise nach Hause kam.

Nachbarn haben sich eines Tages eingemischt und das Jugendamt eingeschaltet. Vorher haben sie uns besucht und heimlich Fotos von Schmutzecken in unserer Wohnung gemacht. Die Sozialarbeiter kamen vormittags, als ich in der Schule war.

Ich war zwölf, als ich in eine Pflegefamilie kam. Das Jugendamt hatte so entschieden, meine beiden Brüder, drei und acht Jahre jünger als ich, kamen in eine andere Familie. Sie durften zusammenbleiben. Ich kam erst in eine Bereitschaftspflege für ein halbes Jahr und dann in eine richtige Pflegefamilie, anderthalb Jahre blieb ich dort. Es war eine offene, nette Familie. Die Eltern haben mir ein eigenes Zimmer gegeben und es geschafft, dass ich mich bei ihnen zu Hause fühlen konnte. Trotzdem habe ich viel Mist gebaut. Ich hatte so viele Möglichkeiten, so viele Freiheiten, aber ich habe einfach das gemacht, was viele Jugendliche machen: Ich habe die Situation ausgenutzt. Ich kam zu spät nach Hause, manchmal gar nicht, habe getrunken, war frech. Die Pflegeeltern haben immer wieder versucht, mit mir zu reden, doch irgendwann haben sie aufgegeben. Ich habe nicht geglaubt, dass es so weit kommt. Ich habe irgendwie verdrängt, dass mein Verhalten irgendwann heftige Konsequenzen haben könnte. Meine Pflegeeltern standen immer im Kontakt mit dem Jugendamt, irgendwann haben sie offiziell gesagt, sie würden mich nicht mehr weiter betreuen wollen.

Kurz vor meinem 14. Geburtstag kam ich dann in ein Heim. Es war eine Einrichtung für Kinder und Jugendliche aus problematischen Familienverhältnissen. Eigentlich war es ganz schön dort: Es gab Pferde, Katzen und Hunde auf einem riesigen Gelände, in der Gruppe waren wir nur zu acht. Die Einrichtung liegt in der Nähe von Nienburg, wir konnten mit dem Bus in die Stadt fahren. Wenn ich zurückdenke, hatte ich dort eigentlich alles, was ich mir hätte wünschen können. Dann wurde ich schwanger.

Mein erstes Mal hatte ich mit 13, da nahm ich schon eine ganze Weile die Pille. Ich wusste alles über Verhütung, war absolut aufgeklärt. Meine Betreuer im Heim hatten auch darauf geachtet, dass wir verhüteten. Die Medikamente haben wir vor deren Augen eingenommen.

Ich wollte aber dann schwanger werden, ich wollte weg aus der Einrichtung, zurück in die Nähe meiner Familie. Eine Schwangerschaft schien mir die einzige Möglichkeit zu sein, dies zu erreichen. Also schluckte ich die Pille nicht hinunter, sondern spuckte sie täglich aus, sobald die Betreuer nicht mehr hinsahen.

Ich habe meine Eltern vermisst, obwohl ich wusste, was mich erwartete, sobald ich wieder bei ihnen gewohnt hätte. Es war alles Mist dort. Trotzdem, ich war froh, dass ich überhaupt Eltern hatte. Sie können noch so gewalttätig sein, noch so rüde, noch so gemein, es sind die Menschen, die mich großgezogen haben. Blut ist dicker als Wasser.

Mit 14 wurde ich schwanger, der Vater war mein zwanzigjähriger Freund, mit dem ich seit mehr als drei Jahren zusammen war. Er wusste, dass ich es die ganze Zeit auf eine Schwangerschaft anlegte. Als mein Frauenarzt dann feststellte, dass ich bereits in der 14. Woche schwanger war, habe ich mich nicht so gefreut, wie ich es mir vorgestellt hatte. Ich habe panische Angst bekommen, meinen Freund angerufen und auch von ihm keine freudige Reaktion bekommen. Eine Betreuerin der Einrichtung empfahl eine sofortige psychologische Beratung, man wollte feststellen, ob ich einen Schwangerschaftsabbruch verkraften würde. Der Arzt hat meine ganze Kindheit noch einmal aufgerollt und kam zu dem Schluss, dass ich an einer Abtreibung zerbrechen würde. Eine medizinische Indikation, die für eine Spätabtreibung notwendig gewesen wäre, gab es also nicht. Das war hart für mich, denn ich wollte dann doch kein Baby, hatte den Plan gefasst, die Schule fertig zu machen. Ich durfte nicht selbst entscheiden.

Vier Wochen später kam ich mit Blutungen und heftigen Unterleibsschmerzen ins Krankenhaus. Der Muttermund war leicht geöffnet, bereits 0,5 cm. Die Gefahr war groß, dass ich das Kind verlieren würde. Plötzlich erschien mir das nicht mehr als Ausweg, ich hatte auf einmal furchtbare Angst, mein Baby zu verlieren.

Ich lag dann mehr als drei Monate im Krankenhaus am Tropf. Mein Freund hat mich jeden Tag besucht, aus der Schule brachte man mir Stoff zum Lernen. Dann konnte sich der Muttermund wieder schließen, ich wurde entlassen.

Bei der nächsten Untersuchung stellte sich heraus, dass die Nabelschnurversorgung nicht gut war, eine erneute Gefahr fürs Kind. Diesmal kam ich ins Klinikum Bremen, meine Werte wurden immer schlechter. Nach wenigen Tagen wurde dann in der 36. Woche die Geburt eingeleitet, mein Sohn kam am gleichen Tag zur Welt. Es war eine vergleichsweise schnelle Geburt, nach drei Presswehen wurde er geboren. Er war 48,5 cm groß, eine gute Größe für ein Frühchen.

Meine Mutter war bei der Entbindung dabei, das war wichtig für mich. Als ich dann endlich meinen Sohn in den Armen hielt, war es ein schönes Gefühl. Ich war froh, dass er da und vor allem gesund war. Stillen kam für mich nicht infrage, ich rauchte und wollte dieses Laster nicht aufgeben.

Der Kleine kam zur Beobachtung noch zwei Tage auf die Intensivstation, dann durfte ich ihn auf meinem Zimmer bei mir haben. Ich war insgesamt fünf Tage mit meinem Sohn zusammen. Das Jugendamt hatte in der Zwischenzeit entschieden, dass mir das Baby nicht mit nach Hause gegeben werden darf. Ich hatte eigentlich den Plan, mit meinem Sohn bei meiner Mutter zu wohnen. Das Jugendamt hatte sich daraufhin ihre Wohnung angeschaut und wollte das Kinderzimmer sehen. Das war aber noch nicht fertig renoviert zu dem Zeitpunkt und machte keinen guten Eindruck. Auch der Zustand der übrigen Zimmer in der Wohnung hat den Sozialarbeitern nicht gefallen. Es war weder ordentlich noch sauber genug.

Eine eigene Wohnung kam für mich und mein Baby aus deren Sicht ebenfalls nicht infrage. Die Leute vom Jugendamt trauten mir nicht zu, ohne Unterstützung selbstständig zu leben. Hilfsangebote lehnte ich ab.

Am Tag meiner Entlassung hatte meine Mutter zwei Bekannte zur Unterstützung geschickt, sie blieb lieber zu Hause, hatte jedoch berechtigte Sorge, dass ich ausrasten könnte. Ich saß auf dem Bett und starrte immer wieder auf den Vermerk in den Entlassungspapieren. Ich heulte und heulte. Alle wussten Bescheid, die Ärzte warfen mit komische Blicke zu, die Schwestern tuschelten. Zwei vom Jugendamt kamen, einer davon war mein Vormund. Ich hatte den Kleinen auf dem Arm. Die Sozialarbeiter erklärten mir noch einmal ausführlich, dass ich das Kind nicht behalten könne wegen meiner Vergangenheit, wegen der Unzulänglichkeiten meiner Mutter. Unsere Bekannten haben versucht, mich zu beruhigen, die Sozialarbeiter haben betont, dass ich den Kleinen jederzeit sehen und mich bei der Pflegefamilie telefonisch nach ihm erkundigen könne.

Ich habe ihnen das Kind gegeben und bin nach Hause gefahren. Ich habe oft bei den Pflegeeltern angerufen. Hingefahren bin ich nicht, es war mir zu umständlich, mit Bus und Bahn wären es fast zwei Stunden Fahrt gewesen für gerade mal eine Viertelstunde Kontakt, das hätte sich für mich nicht gelohnt. Irgendwie war es schade, aber ich war auch froh, dass der Kleine gut untergebracht war und ich mein Leben leben konnte und auch Spaß haben durfte. Das Kind war drei Monate in einer Bereitschaftspflege, dann kam es in eine Familie mit Vollzeitpflege.

Wir haben uns alle vier Wochen beim Jugendamt getroffen. Richtig nahe war er mir nicht. Dann habe ich den Kontakt komplett abgebrochen. Es waren mir andere Dinge wichtiger, meine Freunde ganz besonders.

Als ich letztes Jahr volljährig wurde, hat das Jugendamt endgültig entschieden, dass mein Kind bei der Pflegefamilie bleibt. Weil ich mich immer geweigert und mich nie gekümmert habe. Er lebt dort nun schon seit mehr als drei Jahren. Vielleicht entscheidet er eines Tages selbst, dass er gern zu mir möchte. Ich habe ihn nicht zur Adoption freigegeben, musste aber unterschreiben, dass er bis zu seinem 18. Lebensjahr in der Vollzeitpflege bleibt. Ein endgültiger Schlussstrich.

Ich hatte mittlerweile einen neuen Partner, den ich mit 17 kennengelernt hatte. Er war 22. Wir hatten schlechte Tage, wir hatten gute Tage, ich habe auch zeitweise bei ihm gewohnt. Verhütet habe ich wieder mit der Pille. Dann ein Klassiker: Man trinkt und spuckt. Da hilft die Pille nicht mehr. Mit 17 wurde ich dann zum zweiten Mal schwanger.

Ich ging zu der Zeit in die Hauptschule, die achte Klasse hatte ich bereits wiederholt, es dann in die neunte geschafft. Weitere Zukunftspläne waren mit der Schwangerschaft erledigt. Der Deal mit dem Jugendamt war, dass ich das Kind nur behalten darf, wenn ich in eine Mutter-Kind-Einrichtung gehe. Das hatten sie mir damals beim ersten Baby auch angeboten, da habe ich mich aber geweigert. Mit dem Kindsvater machte ich kurz nach der Entbindung Schluss, er nahm Drogen und damit wollte ich nichts zu tun haben.

Jetzt wohne ich seit einem Jahr in der Mutter-Kind-Einrichtung und hoffe, dass ich bald in eine eigene Wohnung darf. Es ist hier sehr anstrengend und ich muss immer noch viel lernen. Die Selbstständigkeit, die Selbstverpflegung machen mir große Schwierigkeiten. Ich alleine komme gut klar, aber mit einem Säugling oder Kleinkind zusammen ist es ganz anders. Man hat nicht nur für sich selbst zu sorgen, sondern auch noch für das Kind. Man lernt hier viel Verantwortung. Es fällt mir immer noch schwer, alles unter einen Hut zu bekommen. Außerdem muss ich mich hier mit den anderen Müttern vertragen. Man muss akzeptieren, dass man zusammen eine Gemeinschaft ist und nicht jeder sein Ding durchziehen kann.

Ich habe hier viel gelernt. Dass man reden kann, statt alles in sich hineinzufressen. Mein größtes Manko rein praktischer Art sind Sauberkeit und Hygiene bei mir im Zimmer. Die Betreuerinnen wissen das und gucken schon sehr genau hin. Manchmal nervt das, aber unterm Strich bestärkt es mich darin, weiter zu üben. Ich bin schon froh, hier zu sein, diese Unterstürzung zu haben und nicht komplett allein dazustehen. Ich bin gelebtes Chaos, ich habe es nie anders beigebracht bekommen. Trotz allem versuche ich momentan, meinen Hauptschulabschluss nachzumachen. Danach würde ich gern eine Ausbildung zur Fachkraft im Gastgewerbe machen. Ich brauche noch Zeit und ich hoffe, dass ich mit meinem Kind zusammen hierbleiben kann. Eines habe ich ja schon aufgeben müssen. Die Erfahrung möchte ich nicht ein zweites Mal machen.

2

»Auf dem Land gibt es zu wenig Hilfe für Teenagermütter«

Antje Jäger, 50, Rotenburg/Wümme
Seit 1982 als freiberufliche Hebamme und in Kliniken tätig,
Familienhebamme seit 2007. 1. Vorsitzende des Mütterzentrums
S.I.M.B.A.V., Leiterin der Teeniemüttergruppe

Es wurden immer mehr, die sich an sie wandten: Unter jungen Müttern sprach sich herum, dass die Hebamme Antje Jäger mehr tat, als Vor- und Nachsorgeuntersuchungen durchzuführen. Sie hatte schon über längere Zeit beobachtet, dass es jugendlichen Schwangeren zu leicht gemacht wurde, der Schule fernzubleiben und sich auf ein Leben als Hausfrau und Mutter einzustellen. Niemand traute einer 15-Jährigen zu, Baby und Schule oder Beruf unter einen Hut zu bekommen. Antje Jäger gab sich damit nicht zufrieden. Sie war sich sicher: Wenn es nur genug Unterstützung und Hilfe gäbe, könnten auch jugendliche Mütter es schaffen, einen Beruf zu erlernen. Im ländlichen Raum reichte das Angebot für junge Eltern nicht. 2007 begann Antje Jäger, sich für frischgebackene Mütter und Väter ehrenamtlich zu engagieren. 2008 gründete sie die Teeniemüttergruppe im Mütterzentrum S.I.M.B.A.V. in Rotenburg an der Wümme. Im Juni 2010 eröffnete sie zusätzlich den Düt & Dat-Treffpunkt S.I.M.B.A.V., einen offenen Treffpunkt mit Café und Dauerflohmarkt mitten in der Stadt.

Als ich anfing, mich mit dem Thema Teeniemütter zu beschäftigen, waren meine eigenen Kinder gerade in der Pubertät. Ich konnte mich gut in die Lage der Teeniemütter versetzen und auch in die der jeweiligen Eltern. Immer wieder beobachtete ich, dass Frauen ihren Beruf aufgaben, um das Baby der Tochter großzuziehen, weil es keine Tagesmutter gab. Oder die Teeniemutter selbst schmiss die Schule und bemühte sich nicht um eine Ausbildung, weil sie keine Hilfe von zu Hause bekam und es auch keine Beratung gab, die ausgereicht hätte für diese besonderen Fälle. Ich bin kein Mensch, der sich nur beschwert, ich muss dann auch etwas verändern. Mir war klar, es musste eine zentrale Anlaufstelle geben, an der alle Informationen gebündelt vorlagen: Behördenvorgänge, Anträge, Fragen rund ums Geld, Ausbildung, Babypflege, psychologische Hilfe. Es kommt vieles zusammen, irgendeiner muss sich damit auseinandersetzen. Es ist gar nicht so schwer, man muss es nur einfach tun. Mittlerweile sind wir mit dem Mütterzentrum so etabliert, dass alle offiziellen Stellen uns auch im Verteiler haben und wir der ideale Multiplikator für sie sind.

Ein weitverbreitetes Vorurteil ist, dass nur Teeniemütter aus sogenannten Problemfamilien in Schwierigkeiten kommen, wenn sie schwanger sind. Auch wir, eine gutbürgerliche Familie – der Vater Arzt und die Mutter Hebamme –, wären in einer solchen Situation ins Schlittern geraten. Wenn meine Tochter mit 15 schwanger geworden wäre, was hätte ich dann gemacht? Ein Mutter-Kind-Heim irgendwo wäre keine Alternative gewesen. Natürlich hätten wir unser Kind unterstützt, mit heftigen Konsequenzen. Wir hätten vieles umstellen müssen, es hätte auch für die Geschwister eine Veränderung bedeutet, so wie bei anderen Familien auch. Auch ich hätte dagestanden und überlegt, wie es wohl weitergeht, wo ich Anträge stellen muss, ob und welche finanzielle Unterstützung meiner Tochter zusteht und wie wir ein Leben mit Schule, Ausbildung und Baby organisieren können. Wer weiß denn schon

Bescheid über solche außergewöhnlichen Lebenslagen, wer weiß ad hoc, wie man so etwas regelt? Es wird nur ungern darüber gesprochen.

Auf dem Lande hier hatten wir zwar die evangelische Lebensberatungsstelle und das Gesundheitsamt, wo man wegen eines Schwangerschaftsabbruches hingeht, aber es gibt keine Verhütungsberatung oder eine zentrale Anlaufstelle wie in Großstädten. Dort findet man spezielle Beratungsstellen, in die man mit einem Bündel an Problemen und Unterlagen gehen kann und wo man kompetent weitergeleitet wird. In unserer Gegend muss man selbst herausfinden, an wen man sich in welcher Sache wendet: Ist die Stadt zuständig, der Landkreis oder der Bund? Für die Themen Krippe, Hartz IV und Kindergeld gibt es hier zum Beispiel drei verschiedene Anlaufstellen. Manches bearbeitet das Jugendamt, manches die Lebensberatungsstelle – es ist schon ein Dschungel, durch den man sich kämpfen muss. Es ist nicht gerade so, dass die Zuständigen im Telefonbuch untereinander aufgelistet sind. Man muss wissen, was man will, um sich dann durchzufragen und durchzukämpfen und zu seinem Recht zu kommen. Durch den S.I.M.B.A.V.-Ordner »Rund ums Kind in Rotenburg« haben wir diese Situation etwas geordnet und erleichtert.

Ist ein Teenager schwanger, fühlen sich die Eltern oft schuldig oder sie werden für schuldig erklärt, weil sie nicht auf ihre Tochter aufgepasst haben. Es geht selten um den Sohn, der schwängert, es geht immer um die Töchter. Der Sohn hätte ein Gummi nehmen können, aber das wird selten diskutiert. Man hat immer nur den Fehltritt des Mädchens vor Augen. Auch die Diskussion »zu dumm, um die Pille zu nehmen« ist heikel. Dann stimmt doch etwas mit der Aufklärung und Beratung im Vorfeld nicht. Die Gesellschaft müsste sich grundlegend Gedanken machen um den Umgang mit Sexualität bei Jugendlichen – und das flächendeckend, nicht nur in den Großstädten. Wissen die Verantwortlichen ausreichend Bescheid darüber, wie Jugendliche heute sind, was sie prägt, was sie bewegt, was sie wie beeinflusst? Es gibt inzwischen mehr Untersuchungen dazu, warum junge Mädchen schwanger werden. Aber sind die Unterschiede in der Motivation klar? Deckt Aufklärung alle Möglichkeiten ab? Es gibt das Kind aus guter Familie, das Mädchen, das sein Abi noch fertig macht, während die ganze Familie hilft. Es gibt aber auch Hartz-IV-Frauen, die für ihre Töchter als einzige Alternative das Mutter-Kind-Heim sehen, weil sie selbst mit der Situation überfordert sind und nicht genug Hilfe geben können. Es werden aber schnell alle in einen Topf geworfen, das geht natürlich nicht. Außerdem macht es einen großen Unterschied aus, ob eine Schwangere 14 oder 17 ist. Beide werden »Teenagermutter« genannt, aber ihre Lebenssituationen, ihre Reife, ihre Sozialisation und ihr Bildungsstand können sehr unterschiedlich sein. Ein 17-jähriges Mädchen, das ich gerade als Hebamme betreue, hat alles perfekt geregelt, sie wird Schule und Ausbildung durchziehen können. Die Familie steht dahinter. Eine andere ist ein Häufchen Elend, das mit seiner Mama anmarschiert, aber keine Ahnung hat, wie es weitergehen soll. Und dann kommen noch die Fälle zu mir, die keine Mama haben zum Einmarschieren, die vor mir sitzen und hoffen, dass der 16-jährige Freund sie unterstützt und alles regeln wird. Der macht sich aber drei Wochen später vom Acker, weil er sich sein Leben nicht verderben will mit diesem Batzen an Verantwortung.

Die Art der Betreuung hängt auch stark davon ab, ob ein Mädchen absichtlich schwanger geworden ist oder es eine Verhütungspanne gab. Es ist sehr schwierig, eine 15-Jährige zu betreuen, die schwanger geworden ist, weil sie dachte, sie könne so aus ihrem Milieu ausbrechen oder irgendjemanden brüskieren, verletzen oder den Freund halten. Diese junge Frau hat eine idealisierte Vorstellung, das muss sie dann nach der Geburt schmerzhaft erkennen. Sie denkt, sie kann mit einer heilen kleinen Familie in eine Wohnung ziehen und ohne große finanzielle Sorgen ein erfülltes Leben führen. Ich habe noch nie erlebt, dass so ein Plan aufgeht.

Auf das Mädchen warten noch drei Jahre Schulpflicht, sie wird nicht sofort einfach Hartz IV bekommen. Sie wird natürlich vom Jugendamt begleitet werden. Sie denkt, sie sei mit der Geburt des Kindes erwachsen und keiner würde ihr mehr reinreden. Das Gegenteil ist der Fall.

Viele der Mädchen realisieren erst nach der zwölften Woche, dass sie schwanger sind, das ist die etwas andere tragische Situation: Sie sitzen in der Falle, in jeder Hinsicht. Diese junge Schwangere läuft zwar keinen unrealistischen Ideen hinterher, sie ist verzweifelt, weil sie gerade nicht weiß, wie es weitergehen soll. Sie ist dann offener für Beratung, ihr kann ich eher helfen, weil sie merkt, dass sie es allein nicht schaffen kann.

Wir Hebammen haben den Vorteil, dass wir Hausbesuche machen können. Wir dürfen im Zimmer des Mädchens sitzen. Wir haben einen Vertrauensvorschuss, weil es direkt um das Baby geht. Wir sprechen auf einer anderen Ebene als zum Beispiel die Jugendamtsmitarbeiter. Unsere Themen sind Geburt, Versorgung des Kindes, Stillen und alles Weitere rund um die Säuglingspflege sowie ihre eigene Gesundheit und ihre körperlichen Bedürfnisse. Dies kann eine Arztpraxis gar nicht zeitlich leisten. Ich kann mich zwei Stunden hinsetzen und alle Dinge besprechen, die dem Mädchen gerade wichtig sind, sie massieren, mit ihr das Baby ertasten. Im Grunde ist es bei allen schwangeren Frauen wichtig, dass sie auch vor der Geburt schon ausführlich betreut werden. Das Leben ändert sich, man erwartet ein Kind. Frauen leiden oft unter Übelkeit, die Hormone spielen verrückt. Ob Mädchen oder erwachsene Frau, alle müssen ihren Lebenswandel überdenken – Alkohol, Zigaretten, Ernährung, Bewegung, der Alltag ändert sich. Jüngere brauchen dabei mehr Anregung und Aufklärung.

Wenn man zu Hause auf dem Sofa sitzt, spricht man in einer vertrauten Umgebung miteinander. Wenn ich bei einer Frau bin, die schon Kinder hat und wahnsinnig gestresst ist, kann ich ihr noch so viele Magnesiumtabletten geben oder ihr mitteilen, sie bräuchte Ruhe. Wenn sie wegen der Kinder und dem Haushalt überfordert ist, dann muss man überlegen, wie man familiäre Unterstützung oder eine Haushaltshilfe genehmigt bekommt. Das sind natürlich Sachen, die wir als Hebammen ganz anders verfolgen können, weil wir im Grunde immer diesen Schwerpunkt haben, die Frau in ihrer besonderen Lebenssituation zu begleiten. Bei einem jungen Mädchen heißt das eben zu gucken, wie sie die Schule weiter besuchen und ein gutes Verhältnis zu ihren Freundinnen aufrechterhalten kann, die ganz andere Themen haben als Baby, anstrengende Nächte und Stillen.

Die normale Hebamme deckt den psychosozialen Bereich mit Gesunderhaltung ab. Die Familienhebamme wird vom Jugendamt bezahlt und ist besonders für die Mutter-Kind-Bindung und soziale Komponenten zuständig. Eine Aufgabe der Familienhebamme in der Schwangerschaft ist, die Notwendigkeit weiterer Hilfen zu erkennen und dann zu organisieren. Sie stellt Kontakte zu den Eltern oder den Sozialarbeitern der Schule her, damit das Mädchen durch ein gutes Netzwerk unterstützt wird.

Wenn ich als Familienhebamme eingesetzt werde, wird im Hilfeplangespräch mit der betreuenden Person des Jugendamtes und dem Mädchen besprochen, wie viele Stunden in der Woche ich sie besuchen soll. Es handelt sich oft um Fälle mit problematischem Hintergrund, manchmal familiärer Art oder die Mädchen sind in psychologischer Behandlung gewesen. Dann bin ich gleichzeitig Auge und Ohr der Behörden.

Auch einer ganz normalen Schwangeren tut es gut, frühzeitig in der Schwangerschaft Kontakt mit ihrer Hebamme zu haben, der dann so intensiv ist, wie die Schwangere es braucht. Eigentlich müssten die Ärzte die Pflicht haben, auf Hebammenhilfe hinzuweisen. Viele Frauen denken nach wie vor, dass wir nur bei der Geburt und danach zum Einsatz kommen. Die Krankenkassen wissen oft erst in der 34. Schwangerschaftswoche durch die Meldung des Mutterschutzes, dass die Frauen schwanger sind.

Die Teeniemüttergruppe habe ich seinerzeit gegründet, weil ich plötzlich vier schwangere Mädchen im Alter von 14 und 15 Jahren in der Betreuung hatte. Meine Kolleginnen hatten 16 und 17 Jahre alte Mädchen in ihren Geburtsvorbereitungskursen. Wir wandten uns an die Schule und die Sozialarbeiter waren sehr offen. Gemeinsam wollten wir erreichen, dass der Schulabschluss ein anerkanntes Ziel aller Beteiligten werden würde. Es sollte kein stillschweigendes Abbrechen aus Scham mehr möglich sein. Der Schulleiter war sehr kooperativ und die Lehrer begannen, sich intensiv damit auseinanderzusetzen, Schülerinnen mit dickem Bauch unterrichten zu müssen. Die Klassenkameraden waren am entspanntesten, sie fanden alles aufregend und wurden aber trotzdem nicht daraufhin alle schwanger. Es gab keinen Lawineneffekt, weil bei aller Solidarität schon deutlich zu erkennen war, dass die Lebenssituation der schwangeren Mitschülerinnen keine leichte war.

Mit einem dicken Babybauch geht keine Teeniemutter in die Disco und somit nehmen auch die Kontakte mit Freundinnen ab. So kamen wir auf die Idee, einen Treffpunkt Gleichgesinnter zu organisieren. Alles Teenies, alle schwanger oder frisch entbunden, aber alle trotzdem noch voll mit Themen der Pubertät, die genauso besprochen werden müssen wie Geburtsvorbereitung und Babypflege. Die Mädels haben sich gegenseitig kennengelernt und untereinander intensiv ausgetauscht: Die eine hatte schon eine Wohnung, die andere noch nicht. Die eine wollte eine Ausbildung machen, bekam noch Unterstützung vom Vater, die andere nicht.

In einer Kleinstadt wie Rotenburg mit 22.000 Einwohnern kennen sich die meisten auch irgendwie vom Sehen oder haben gemeinsame Bekannte. Man läuft sich einfach öfters über den Weg. Ich bin für die Mädchen eine Mischung aus Hebamme und Mutterersatz. Viele Mädchen haben in dieser Zeit Stress mit ihren Müttern. Es kommen viele Faktoren zusammen: Oft liegt es an der Enttäuschung, weil sie doch wollten, dass die Tochter es besser hat als sie selbst. Sie weigern sich, darüber nachzudenken, was schiefgelaufen sein könnte. Wenn die Schwangerschaft eines Mädchens nach der zwölften Woche festgestellt wird und keine Abtreibung mehr möglich ist, fühlt die Mutter sich vielleicht von dem Mädchen erpresst, denn eigentlich sind die Kinder so alt, dass die Mutter ihren eigenen beruflichen Weg gehen will, und jetzt kommt diese Tochter und ist schwanger. Die werdende Oma hat das Gefühl, dass sie sich um das Baby kümmern soll. Sie wird unter Druck gesetzt, wogegen sie sich dann wehrt. Bei anderen gab es vorher schon massive Konflikte zwischen Mutter und Tochter, die mit der Schwangerschaft endgültig eskalieren. In unserer Teeniemüttergruppe wird ganz viel aufgefangen: Alle können zunächst einmal von ihren Kindern und den Entwicklungsschritten oder Sorgen erzählen wie in anderen Krabbelgruppen auch. Dann können die Mädchen natürlich Fragen stellen. Es geht dabei um Themen wie wunde Babypopos, das Zahnen oder Fieber nach Impfungen. Sie haben die gleichen Probleme wie alle anderen Mütter auch, nur gehen diese jungen Mütter wieder zur Schule und können nicht vormittags in Ruhe zum Babytreff spazieren.

Spezielle Themen kommen eben dann nur bei uns zur Sprache: Ärger mit den Ämtern oder der Familienhelferin, Stress mit dem Kindsvater, Druck von den Großeltern, Schulalltag, Freunde, Sexualität. Da funktioniert der Kreis wie eine Selbsthilfegruppe. Auch Piercing und Tätowieren ist ein wichtiges Thema, das in einer Krabbelgruppe von Mitdreißigerinnen eher weniger besprochen wird. Nebenher lernen wir viele Kinderlieder, ab und zu kommt eine Friseurin, die den Mädchen ehrenamtlich die Haare schneidet und Schminktipps gibt. So etwas organisiere ich gern, wenn die Mädchen in die Phase kommen, wo sie es dringend nötig haben, mal nicht nur vollgesabbert durch die Gegend zu laufen und auszusehen wie eine typische Mutter.

Auch eine Physiotherapeutin sieht sich ab und an ehrenamtlich die Kinder an. Die Teeniemütter nutzen diese Gelegenheit gern, um Fragen zur Entwicklung des Babys zu stellen. Es kommen auch häufig die Großmütter zu unseren Treffen. Sie wollen sich aussprechen und ihren Ärger über zähe Amtsmühlen und stoische Sachbearbeiter herauslassen.

Ich biete die Gruppe alle zwei Wochen an. Die Mädchen kommen phasenweise, weil das Treffen eben in bestimmten Lebensabschnitten und Situationen wichtig ist. Sie sind und bleiben Teenager, die immer wieder erinnert und neu eingeladen werden müssen. Ich rufe sie an und halte Kontakt, auch sie melden sich zwischendurch bei Problemen. Sie vergessen manchmal wirklich den Termin, obwohl der schon so lange am gleichen Tag zur gleichen Zeit stattfindet. Aber es wird massiv unterschätzt, wie voll der Terminkalender einer 16-jährigen Teenagermutter ist, die zur Schule geht oder eine Ausbildung macht.

Die Mädchen stehen spätestens um halb sechs auf, machen die Kinder fertig und bringen sie noch vor dem Unterricht zur Tagesmutter oder in die Krippe. Dann stürzen sie in die Schule, da sind andere gerade erst aufgestanden. Nach der Schule müssen sie die Kinder wieder abholen, alle brauchen ein Mittagessen, nachmittags stehen Kinderbespaßung, Arzttermine und Behördengänge auf dem Programm. Wenn das Kind nach dem Abendessen im Bett ist, setzen sich die Mädchen an den Schreibtisch und machen Hausaufgaben oder fangen an zu lernen, während die Mitschüler im Café oder vor dem Fernseher sitzen. Am Wochenende würden die Teeniemütter gern auch einmal ausschlafen, aber das Kind wird ganz pünktlich um sechs Uhr wach wie jeden Tag. Wenn die Mädchen dann noch einen neuen Freund oder einen Shoppingtag in der Großstadt in ihr Leben einbauen möchten, geraten sie arg unter Druck. Die wenigsten haben jemanden, der ihnen das Kind für die Freizeit einmal abnimmt. Inzwischen sind Freundschaften durch die Gruppe entstanden und die Mädchen unterstützen und besuchen sich gegenseitig!

Ich finde, unser Angebot der Teeniemüttergruppe gehört in jede Kleinstadt. In Großstädten gibt es tolle Möglichkeiten, die

Vernetzung ist ausreichend. Wir haben hier in der Nähe kein Mutter-Kind-Heim, die nächsten sind in Hannover, Lüneburg und Bremen. Wenn ein Mädchen aus Rotenburg dort hinzieht, verliert sie den ständigen Kontakt zu Freunden und ihrer Familie. Familien, die von Hartz IV leben, haben kein Auto und das Mädchen keinen Führerschein, die öffentlichen Verkehrsmittel sind teuer. Was passiert mit so einem Mädchen? Da ist die Überforderung fast unvermeidbar. Im schlimmsten Fall sind sich die Leute einig: »Siehst du, habe ich doch gleich gesagt, dass die keine Ausbildung schafft, wenn sie in dem Alter ein Kind kriegt.«

Mir als Hebamme liegt besonders daran, die Kompetenz von Teeniemüttern zu stärken und die Bindung zum Baby zu optimieren. Ich möchte, dass sie einfach immer für ihr Kind da sind und es nicht allein lassen, auch wenn der neue Freund ruft. Wenn sie merken, dass sie überfordert sind, muss ich ihnen auch klarmachen, dass es eine durchaus sehr erwachsene Entscheidung wäre zu sagen: »Ich schaffe es nicht, so wie ich lebe. Ich gebe mein Kind lieber in andere Hände.« Das ist ein Wahnsinnsschritt, für den ich großen Respekt habe.

Die Bindung zum Kind fördern wir Hebammen nach Möglichkeit bereits in der Schwangerschaft. Wir erklären, wie sich das Baby gerade entwickelt, dass es einem nicht wehtun will, sondern im Bauch herumtobt. Wir sprechen mit dem Kind, streicheln die schöne runde Kugel und üben Bauchatmung. Stillen ist das A und O hinterher. Zum einen wegen der Bindung, zum anderen aus finanziellen Gründen und weil das Kind dadurch die beste Ernährung erhält. Wenn die Familien wenig Geld haben, kaufen sie auch mal irgendeine billige Milch oder sie strecken sie. Außerdem begehen viele den Fehler, immer schnell etwas in das Kind hineinzustopfen, nur weil es schreit, um es zu beruhigen. Dadurch hat man die Fehlernährung schon vorprogrammiert. Nicht nur bei Teenies übrigens, sondern auch bei anderen Eltern, die einfach nicht erkennen, was das Kind gerade hat, weil man das nicht mit ihnen übt.

Auch das ist eine Aufgabe von Familienhebammen: Sie bringen den Müttern bei, was das Kind signalisieren will und wie man seine Entwicklung fördern kann. Teeniemütter sind aufgrund ihres jungen Alters sehr aufnahmefähig. Sie haben noch keine festgefahrenen Lebensstrukturen. Ich bin immer wieder fasziniert von der Kraft der Jugendlichen: Wenn das Kind fünfmal nachts schreit, stört es sie kaum. Sie legen sich einfach nachmittags um drei hin und schlafen. Ganz egal, wie die Wohnung aussieht, ganz egal, was ansteht. Sie brauchen Schlaf, also holen sie ihn nach. Von Frauen, die ein bisschen älter sind, höre ich oft: »Ich kann nachmittags nicht schlafen« oder » Ich will die Zeit lieber zum Saubermachen nutzen«. Diese Mütter kommen schwerer zur Ruhe. Die Teenies nehmen sich ganz natürlich das, was sie brauchen. Meine Aufgabe an der Stelle ist dann zu erinnern: »Gut, dass du dich ausruhst, du kannst aber nicht den ganzen Tag nur abhängen, du musst auch einkaufen und diese Unterlagen zum Amt bringen.« Die Teeniemütter müssen sich daran gewöhnen, vorausschauend zu planen. Sie müssen dafür sorgen, dass genug Windeln und ausreichend Essen im Haus sind und dass sie passende Anziehsachen für ihr Baby haben, wenn es kälter wird oder das Kleine einen Wachstumsschub hat.

Wir vom Mütterzentrum S.I.M.B.A.V. in Rotenburg haben im vergangenen Jahr unseren Treffpunkt »Düt & Dat« eröffnet. Wir kamen darauf, weil wir laufend große Mengen gespendeter Kinderkleidung erhielten. Zufällig wurden uns auch Räume zur Verfügung gestellt. Ich habe mich erst sehr schwergetan, da überhaupt einzusteigen, denn man haftet als erste Vorsitzende für solch ein Projekt. Außerdem bedeutete es, noch mehr Leute suchen zu müssen, die zuverlässig kommen und ehrenamtlich arbeiten. Aber alles entwickelte sich rasch und viele halfen. Durch den Verkauf von Kaffee und Kuchen sowie der gespendeten Baby- und Kinderkleidung trägt sich der Treffpunkt.

Der Treffpunkt ist eine tolle Werbung für das ganze Projekt Mütterzentrum S.I.M.B.A.V. Alle kommen früher oder später zu uns: Frauen, die neu herziehen, und Frauen, die ein Kind bekommen haben, gerade jetzt, wo das Elterngeld mit Hartz IV verrechnet wird und die Familien für Baby- und Kinderklamotten nur wenig Geld haben. Wir können durch unser Projekt viele unterstützen. Einige suchen einfach nur den Kontakt, sie kommen vom Dorf, wickeln bei uns und gehen wieder. Beim nächsten Mal bringen sie eine Freundin mit und trinken mit ihr einen Kaffee. Manche kommen mittlerweile regelmäßig zum Kuchenessen.

Die Kleidung hängt oder liegt in Regalen im hinteren Teil des um die siebzig Quadratmeter großen Raumes. Schuhe, Bücher, Spielsachen sind reichlich vorhanden. Alles ist sehr preiswert, sortiert und sauber. Wenn Eltern kommen, von denen wir wissen, dass sie nur sehr wenig Geld haben, bekommen sie auch mal etwas obendrauf oder umsonst.

Draußen haben wir noch einen Hof mit Sandkasten, Rutscheautos und Bänken. Im Sommer kann man dort entspannen. Wenn da ein paar Mütter sitzen und es schiebt eine besonders auffällige junge Frau einen Kinderwagen vorbei, kommen die ganz einfach ins Gespräch. Beim »Düt & Dat«-Treffpunkt geht es nicht nur um Klamotten, sondern auch um das Miteinander und die Solidarität von Müttern, ganz egal, wie alt sie sind.

3

»Mein Vater war mein Fels in der Brandung«

Natascha, 18, Rotenburg, Sozialassistentin in Ausbildung
Sohn **Lukas**, 3 Jahre

Für sie ist es das Größte, mit Kindern zu arbeiten. Natascha empfindet sie als unendlich lebensfreudig und unverfälscht. Sie zeigen ihr unmittelbar, was sie fühlen und empfinden. Man könne als Erwachsener viel von Kindern lernen, sagt die 18-Jährige. Die offene und fröhliche Art, auf andere zuzugehen, ganz ohne Vorurteile, das sollten sich die Menschen abgucken.

Natascha hat viel geschafft, seit sie mit 14 schwanger wurde: Jedes gesteckte Ziel wurde erreicht. Die Liste wird abgearbeitet sein, wenn sie in zwei Jahren endgültig ihren Abschluss als Erzieherin an der BBS Rotenburg macht. Ohne Zweifel wird ihr auch dies gelingen.

Mein Berufswunsch hängt sicher auch damit zusammen, dass meine Mutter wieder anfing, in Vollzeit zu arbeiten, als ich in die Grundschule kam. Meine zwei Jahre jüngere Schwester und ich waren häufig auf uns allein gestellt. Mein Vater ist Einzelhandelskaufmann und arbeitete zu der Zeit in Hamburg. Wenn er nach Hause kam, lagen wir meist schon im Bett. Meine Mutter ist Rechtsanwältin für Familienrecht. Sie war immer sehr korrekt im Beruf und auch zu Hause. Ordentlichkeit, Zimmer aufräumen, korrektes Benehmen bei Tisch, diese Dinge waren ihr wichtig.

Vernachlässigt hat sie andere Themen, die für Mädchen wichtig sind: Sexualität, Liebe, Kinder, ich kannte das nur aus der Schule. In der vierten Klasse haben wir im Unterricht mit einem ganz einfachen Buch angefangen, da hat ein Kind noch ein Geschwisterchen dazubekommen. Später in der neunten Klasse wurde die Aufklärung biologisch konkreter. Wir lernten, wie die Geschlechtsteile heißen und was während der Menstruation im Körper passiert.

Mit meiner Mutter konnte ich über diese Themen nicht sprechen, ich hatte nie ein besonders gutes Verhältnis zu ihr. Da meine Schwester das absolute Wunschkind war, stand sie sehr im Vordergrund. Ich habe den Vorstellungen meiner Mutter nie wirklich entsprochen, war ein sehr willensstarkes Kind. Meine Schwester war hingegen eher der ruhigere Typ. Vielleicht lag es einfach daran, dass ich damals unendlich viel Energie in mir hatte und einfach nicht wusste wohin damit. Ich war den ganzen Tag draußen, hatte dadurch viel Bewegung und strotzte nur so vor Kraft, dazu kam ein gesunder Dickkopf. Was meine Mutter von mir verlangte, verweigerte ich. In der Pubertät klappte zwischen uns beiden gar nichts mehr.

Ich war ungern zu Hause, weil es dort nur Ärger gab. Das hatte zur Folge, dass ich versuchte, meiner Mutter ständig aus dem Weg zu gehen, und dann auch teilweise länger weggeblieben bin, als sie es mir erlaubt hatte. Meine Freunde durften meistens alle länger als ich draußen bleiben. Ich wollte bei ihnen sein, bekam oft Hausarrest, wenn ich meine Ausgehzeiten überschritt. Weil meine Mutter aber beruflich so viel unterwegs war, konnte ich immer gut abschätzen, wann ich wieder zu Hause sein musste, und wenn ich Hausarrest bekam, habe ich das einfach ignoriert. Es kam vieles zusammen. Meine Eltern trennten sich, als ich 14 war.

Ben kannte ich seit der Grundschule. Dann gab es lange Zeit keine Berührungspunkte, wir gingen auf verschiedene Schulen. Wir haben uns bei Freunden wiedergesehen und wurden ein Paar, als ich 13 und er 15 war. Er hatte es auch nicht leicht zu Hause. Seine Mutter hat ihn zu Pflegeeltern gegeben, es war nicht ganz offensichtlich warum. Sie hat ihm gesagt, sie wolle ihn damit vor seinem Vater beschützen. Seine Pflegeeltern waren gute Menschen, er hatte dort ein geordnetes Leben mit pünktlichen, ausgewogenen Mahlzeiten, Strukturen und einer freundlichen Atmosphäre. Ich fand die Leute sehr nett.

Ich hatte vor Ben mein erstes Mal Geschlechtsverkehr mit 13, verhütet wurde mit Kondom. Auch Ben und ich griffen zu diesem Verhütungsmittel. Ich war nicht mutig genug, um meiner Mutter oder einem Frauenarzt den Wunsch vorzutragen, dass ich die Pille nehmen wolle.

Als ich schwanger wurde, war ich 14 und ein halbes Jahr mit Ben zusammen. Meine Mutter hat es vor mir gemerkt, sie hatte irgendwie einen sechsten Sinn und schleppte mich zum Frauenarzt. Der stellte eine Schwangerschaft in der 18. Woche fest. Ich hatte wirklich vorher nichts gemerkt. Ich habe mir viel später Konfirmationsfotos angesehen, die Feier war kurz vor dem Besuch beim Frauenarzt, ich war also schon recht weit. Man kann nichts entdecken. Erst nach den Sommerferien, als ich wieder zur Schule ging, hatte ich einen beeindruckenden Bauch.

Meine Mutter bestand darauf, mich zur Frauenärztin zu begleiten. Sie hat mich dorthin gefahren, ich hatte gar keine Chance zu entkommen. Ich war zum ersten Mal in einer gynäkologischen

Praxis. Meine Mutter hatte vorher schon am Telefon von ihrem Verdacht erzählt, ich könne schwanger sein. Es war dann eine befremdliche Situation für mich an der Anmeldung, weil die Sprechstundenhilfen schon alle wussten, worum es ging. Sie drückten mir einen Becher für die Urinprobe in die Hand und schickten mich auf die Toilette. Als ich zum Ergebnis im Wartezimmer aufgerufen wurde, sprang meine Mutter gleich mit auf und wich nicht von meiner Seite. Ich sah keine Chance, ohne sie ins Sprechzimmer zu gehen. Ich saß auf dem Untersuchungsstuhl und hörte nur, wie von hinten eine Assistentin »positiv« rief.

Ich erlebte diesen Moment wie durch einen Schleier, war geschockt. Alles, was meine Mutter herausbrachte, war, dass sie sich das schon gedacht hätte. Die Einzige, die mir ein halbwegs gutes Gefühl vermittelte, war die Ärztin, die weder überrascht noch empört tat, sondern mich ganz ruhig untersuchte. Ich sah Lukas auf dem Ultraschall, fand es toll, dass ich einen Jungen bekommen würde.

Eine Abtreibung wäre für mich auch Wochen früher nicht infrage gekommen. Ich finde den Gedanken an einen Schwangerschaftsabbruch schrecklich. Die Ärztin hat mir noch nahegelegt, das Kind vielleicht in eine Pflegefamilie zu geben. Auch das wollte ich nicht, darüber war ich mir zu dem Zeitpunkt im Klaren.

Über die weitere Zukunft habe ich mir gar keine großen Gedanken gemacht in dem Moment. Als ich zu Hause war und wir meinem Vater die Situation geschildert haben, hatte ich erste Sorgen, wie es weitergehen würde. Mein Vater sagte ganz klar, dass wir es gemeinsam schaffen würden. Ich konnte mir seiner Hilfe sicher sein und schöpfte großen Mut, die Schule trotz Baby weitermachen zu können. Mein Vater hat mir die Reaktion gegeben, die von meiner Mutter eigentlich hätte kommen müssen, jedoch ausblieb.

Meine Eltern haben zu dem Zeitpunkt schon getrennt gewohnt. Meine Schwester und ich konnten uns aussuchen, bei wem wir leben wollten. Ich habe mich ganz klar für meinen Vater entschieden. Meine Schwester ist zur Mutter gezogen, wobei sie sich fürchtete, ein ebenso schlechtes Verhältnis zu ihr zu bekommen wie ich, wie sie mir später erzählte.

Mit einer schwangeren Tochter umzugehen ist nicht unbedingt das Spezialgebiet eines Vaters. Meiner war großartig! Meine Eltern waren auch nicht unerfahren mit dem Thema der frühen Schwangerschaft: Meine Mutter war selbst mit 17 von meinem Vater schwanger geworden, hat aber das Kind verloren. Die beiden waren seit der Schule ein Paar. Mein Papa hat mir das erst viel später erzählt, meine Mama hat nie ein Wort darüber verloren, auch nicht, als mein Schwangerschaftstest positiv war. Vielleicht hätte mir das geholfen, wer weiß. Aber sie konnte nicht über ihren Schatten springen.

Bei dem Gespräch mit meinen Eltern war auch Ben dabei, er war noch so konsterniert, dass er kein Wort herausbrachte. Er musste dann bald nach Hause zum Abendessen. Auch meine Mutter verließ irgendwann hektisch das Gespräch, sie hatte noch etwas Wichtigeres zu erledigen.

Papa und ich saßen lange zusammen in dieser Nacht und redeten. Er vermittelte mir ganz stark das Gefühl, daran zu glauben, dass wir die ganze Sache gemeinsam schaffen würden. Es hatten gerade die Sommerferien angefangen, sodass ich erst einmal Zeit hatte, mich mit der Situation anzufreunden. Mein Vater und ich hatten etwas später ein Gespräch mit meiner Lehrerin und dem Direktor, in dem wir von der Schwangerschaft erzählten und gleichzeitig deutlich machten, dass nach wie vor das Ziel für mich der Realschulabschluss war.

Nach den Ferien war auch der Start in meiner Klasse sehr hilfreich: Die Lehrerin organisierte einen großen Sitzkreis und fragte, ob alle Bescheid wüssten. Bis auf wenige Ausnahmen waren alle im Bilde. Die Mädchen der Klasse waren ganz interessiert und wollten den Bauch anfassen. Es war unbeschreiblich: Alle übernahmen irgendwie ein Stück Verantwortung für das Kind. Im Unterricht, in der Pause, immer wollte jemand seine Hände auf meinen Bauch legen und hatte das Bedürfnis, sich um mein Baby zu kümmern. Später erzählte mir der Direktor, aus meiner Klasse hätte es erst geheißen: »Wir sind schwanger.« Und dann: »Wir haben ein Baby bekommen.«

Ich hatte eine wirklich angenehme Schwangerschaft, war topfit, mir war nicht übel, ich hatte kein Sodbrennen. Das einzige Problem hatte ich mit meinem wachsenden Bauch, den wollte ich nicht zeigen. In der Schule war das nicht schlimm, aber in der Stadt fühlte ich mich wie beim Spießrutenlauf. Ich habe mir eingebildet, dass mich alle Leute komisch anschauen. Ein so junges Mädchen mit dickem Bauch, das konnte ja nicht mit rechten Dingen zugehen. Ich bin immer mit gesenktem Blick durch die Straßen gelaufen, ständig in Angst, dass mich jemand anspricht und etwas Hässliches zu mir sagt.

Ich habe nicht gern Schwangerschaftsmode getragen. Meistens hatte ich noch meine alten ausgeleierten Jeans an. Im Winter, als der Bauch sehr groß war, konnte ich meinen weiten Mantel anziehen. In den Geburtsvorbereitungskurs habe ich mich ohne Bedenken getraut. In der Gruppe war ich natürlich die Jüngste. Es war ein Kurs, bei dem am ersten und letzten Termin der Partner mit dabei sein konnte. Ben begleitete mich nicht, er traute sich nicht. Darüber war ich sehr unglücklich, ich hätte ihn sehr gern dabeigehabt. Ersatzweise habe ich dann meine beste Freundin mitgenommen.

In der Runde saß auch eine Frau, die mit vierzig ihr erstes Kind erwartete. Der Altersunterschied war natürlich signifikant. Die anderen Schwangeren waren sehr interessiert und haben mir viele Fragen gestellt, aber ganz unaufdringlich. Sie haben mich aufgenommen wie eine ganz normale Mutter. Die erste Frage, die alle beschäftigt hat, war natürlich, ob es eine geplante Schwangerschaft war. Ich habe dann erzählt, dass sie nicht gewollt war, das Baby aber dann äußerst gewollt im Bauch geblieben ist.

Wir hatten in der Gruppe viele Gemeinsamkeiten, da es für alle das erste Kind war und letztendlich alle die gleichen Fragen beschäftigten. Für mich hagelte es neue Begriffe: Wörter wie »Dammriss« hatte ich bis dato noch nie gehört. Der Geburtsvorbereitungskurs war für mich eine wichtige Einweisung. Gleichzeitig hatte mein Vater noch Kontakt hergestellt zu einer Hebamme, die eine Gruppe für ganz junge Mütter leitete, auch dort ging ich hin.

Ich setzte mich sehr intensiv mit der bevorstehenden Geburt auseinander: Eine PDA wollte ich nicht, der Gedanke an eine lange spitze Nadel im Rücken schreckte mich ab. Ich hatte zu der Zeit den Spielfilm *Beim ersten Mal* im Kino gesehen, in dem eine Frau unter den Wehen in der Wanne liegt und dabei entspannt aussieht. Im Wasser zu entbinden konnte ich mir für mich auch gut vorstellen.

Lukas ließ auf sich warten, der errechnete Entbindungstermin verstrich, zehn Tage kann man warten, dann wäre aber der Heilige Abend der Geburtstermin gewesen. Also wurde die Geburt sieben Tage nach Termin eingeleitet, am 21.12. Meine Hebamme gab mir zu Hause das Medikament zum Trinken, das ganz grausam geschmeckt hat. Als die Wehen einsetzten, packte Papa mich ins Auto und wir fuhren nach Verden ins Krankenhaus.

Mein Vater war unendlich ruhig und gelassen, fragte nur immer zwischendurch, wie stark die Wehen seien und wie es mir ginge. Er behielt absolut die Nerven. Ben war auch die ganze Zeit bei mir. Wir beide waren aufgeregt, dass es jetzt, nach all den Monaten der Warterei, tatsächlich losgehen sollte. Nach der ersten Untersuchung im Krankenhaus schickte uns die Hebamme spazieren, es sei noch Zeit. Dann durfte ich in die Geburtswanne, leider dort jedoch nicht lange bleiben, da mein Kreislauf offensichtlich mit der Wärme überfordert war. Also habe ich meinen Sohn ganz normal spontan entbunden. Nach vier Stunden Wehen war er da. Ich weiß noch, wie ich dalag und dass ich vor Schmerzen geschrien habe. Aber mich erinnern, wie sich das angefühlt hat, kann ich nicht. Mein Vater hat mir die ganze Zeit meine Hand gehalten. Ben wurde immer bleicher und schaffte es dann gerade noch, die Nabelschnur durchzuschneiden, stehen konnte er allerdings nicht mehr.

Ich durfte Lukas gleich dicht am Körper bei mir haben. Das Schönste nach dieser Anstrengung für mich war, endlich dieses Kind zu sehen. Man hat ja die ganze Zeit dieses Bild vor Augen, fragt sich, wem es wohl ähnlich sehen wird. Das erste Mal in das Gesicht meines eigenen Kindes zu blicken war für mich unvergesslich schön.

Ein richtiges Familienidyll konnte für uns nicht beginnen. Ben war mittlerweile zu seiner Mutter nach Verden gezogen, das liegt dreißig Kilometer von Rotenburg entfernt. Wir haben uns nur an den Wochenenden gesehen, er pendelte dann immer mit dem Bus. Einen richtigen Plan hatten wir nicht. Es war klar, dass wir zusammenbleiben möchten und dass ich meine Schule zu Ende bringen wollte. Ben steckte zu der Zeit in einer berufsvorbereitenden Maßnahme. Über die fernere Zukunft haben wir nie gesprochen. Viel später erst habe ich erfahren, dass er sich damals gern mit mir verlobt hätte. Ich glaube, ich hätte in dem Moment gar nicht reagieren können, wenn er mich gefragt hätte. Ich fand mich einfach noch ein bisschen zu jung für so etwas.

Grundsätzlich war Ben immer eher der Typ, der alles auf sich zukommen ließ. Klare Vorstellungen zu haben und mit Plan und Struktur umzusetzen lag ihm nicht. Durch diese Schwangerschaft bin ich in kürzester Zeit stark gereift. Er nicht, er blieb mit seinen Vorstellungen seinem Alter entsprechend, für ihn waren Verantwortung, Regeln und der Druck, sich festlegen zu müssen, eine Bürde.

Ich hatte eine klare Vorstellung davon, wie Eltern, wie eine Mutter zu sein hatte: Sie musste die Verantwortung für ihre Kinder übernehmen, für sie einen geregelten Tagesablauf organisieren.

Gleichzeitig sollte genug Raum bleiben für Liebe, Wärme und Geborgenheit.

Meine eigene Mutter hatte keine Notwendigkeit darin gesehen, mich im Krankenhaus zu besuchen. Es war abzusehen: Seit sie von meiner Schwangerschaft wusste, hatte sie sich komplett von mir abgewendet. Wir hatten noch zwei Treffen, da sind wir essen gegangen. Eine glückliche Mutter-Tochter-Beziehung sieht anders aus. Ich glaube, es lag auch daran, dass meine Mutter neu verliebt war und zu der Zeit so etwas wie ihren zweiten Frühling erlebte. Mich empfand sie dabei eher als störend. Ich kann auch nicht vergessen, dass eine ihrer ersten Äußerungen nach dem Frauenarztbesuch damals war: »Dich stecke ich ins Mutter-Kind-Heim.«

Trotzdem hat mir natürlich ganz simpel die Erfahrung meiner Mutter gefehlt. Ich hätte mir gewünscht, dass sie mir ein paar Tipps für den Umgang mit meinem Baby gibt. Heute ist unser Verhältnis so zerrüttet, dass sie mir die Tür vor der Nase zuschlägt, wenn ich meine Schwester besuchen will. Ich muss warten, bis sie meine Schwester holt. Ein »Hallo« höre ich nicht.

Mein Vater war in der ganzen Zeit ein unschätzbarer Halt für mich. Er musste eine Rolle übernehmen, die er noch nicht mal im Ansatz kannte. Er hat sich unglaublich in meine Situation hineingedacht, bis hin zu Kleinigkeiten: Er brachte mir in der Schwangerschaft zwischendurch Teller mit klein geschnittenem Obst in mein Zimmer, damit ich genug Vitamine bekam. Er war für mich immer ansprechbar, auch bei Themen, mit denen er sich vielleicht nicht so wohlfühlte und in die er sich erst einarbeiten musste. Aber er hat das alles für mich getan. Als ich in Frankreich zwei Wochen Urlaub machte, hat er in der Zeit einen Teil meines Zimmers für Lukas gestrichen und für ihn ein Bett aufgebaut. Außerdem hat er Möbel gesucht und Anziehsachen gekauft.

Als Lukas geboren war, sagte er: »So, jetzt ist das Erste geschafft, jetzt planen wir weiter.« Er kümmerte sich um die Behördengänge, lernte mit mir gemeinsam, wie man einen Säugling versorgt, vom

Wickeln bis zur richtigen Ernährung. Am 23. bin ich aus dem Krankenhaus entlassen worden, einen Tag vor Weihnachten. Wir hatten zusammen dann die Feiertage, um uns gemeinsam an dieses Leben mit Lukas zu gewöhnen.

Wir haben auch im Nachhinein ganz viel aufgearbeitet, lange Abende habe ich mit meinem Vater ganz offen über meine Beziehung mit Ben gesprochen. Er wollte ganz viel wissen von meinem Leben, er hat sich auch auf einmal für die Schule interessiert. Früher hatte er einfach nicht genug Zeit dafür gehabt. Nun ging er zu Elternabenden und führte regelmäßig Gespräche mit den Lehrern.

Ich war eine gute Schülerin. Seit ich wusste, dass ich schwanger war, strengte ich mich noch viel mehr an, war fleißiger als vorher, als ich noch eine faule Socke war. Ich hatte einfach kapiert, dass es jetzt um meine Zukunft ging. Meine Lehrerin hat es mir bestätigt: Während der Schwangerschaft absolvierte ich mein bestes Schuljahr. Nach der Entbindung pausierte ich acht Wochen, dann ging ich wieder in den Unterricht.

Ich wollte voll stillen, also organisierten wir folgenden Tagesablauf: Die Mutter meiner besten Freundin betreute Lukas als Tagesmutter. Ich habe abgepumpt, damit er per Flasche durchgängig Muttermilch bekam. Das habe ich sechs Monate lang durchgehalten. Die Nächte waren eigentlich nicht zu anstrengend, Lukas schlief bei mir im Bett, ich habe ihn nachts, wenn er Hunger hatte, einfach angelegt und konnte weiterschlafen. Kurz vor sechs Uhr morgens begann mein Tag, während meine Klassenkameradinnen noch schliefen. Lukas musste gewickelt, angezogen und gestillt werden. Ich habe meine Schulsachen gepackt, ihn zur Tagesmutter gebracht und bin zum Unterricht gefahren.

Am ersten Tag war ich sehr nervös und konnte nur auf mein Handy starren, weil ich darauf gewartet habe, dass die Tagesmutter anruft, aber es rief keiner an. Mittags holte ich Lukas ab. Alles lief reibungslos, wir haben uns gut miteinander eingespielt.

Von Ben habe ich mich ein halbes Jahr später getrennt. Er nahm an Lukas' und meinem Leben gar nicht richtig teil, er hat sich lieber mit dem Internet beschäftigt als mit mir. Ich bin einfach gut ohne ihn klargekommen, er war in dem Moment eher eine zusätzliche Belastung.

Dann passierte ein ganz schrecklicher Vorfall: Wir hatten vereinbart, dass Ben Lukas für einen Tag in der Woche haben kann. Er kam vorbei und ich schrieb ihm auf, was Lukas wann zu essen bekommen sollte. In dem Moment wurde Ben die ganze Situation wohl zu viel, er wurde wütend. Ich war mitten in den Hausaufgaben gewesen, als er kam. Ich saß im Kellerbüro, dort hatten wir einen Internetzugang. Lukas lag zwei Stockwerke höher im Kinderwagen und schlief. Bens und mein Streit eskalierte, er brüllte nur noch und ließ mich nicht an sich vorbeigehen. Er ließ mich nicht zu meinem Baby, sondern sperrte mich im Kellerraum ein.

Zum Glück hatte ich dort unten den Internetzugang und konnte meinem damaligen besten Freund schreiben, dass er schnell herkommen und versuchen sollte, ins Haus zu gelangen, um mir zu helfen. Dann habe ich es doch geschafft, die Kellertür aufzubekommen, und rannte zu Lukas. Als ich ihn auf dem Arm hatte, schubste mich Ben mit Lukas gegen die Heizung. Es war wie in einem schlechten Film. Mein bester Freund kam in dem Moment rechtzeitig ins Haus und setzte Ben vor die Tür. Dann ist mein Kumpel zu meinem Papa gefahren, der sofort nach Hause kam, und ich bin gleich zur Polizei und zum Arzt geeilt. Für mich stand fest: Ben sollte Lukas niemals ohne Aufsicht sehen können, er hatte gerade alles aufs Spiel gesetzt. Wir hatten daraufhin eine Weile keinen Kontakt. Nach einem halben Jahr kam ein offizielles Schreiben, in dem Ben sein Recht einforderte, Lukas sehen zu dürfen. Wir haben uns erst einmal drauf geeinigt, dass er Lukas nur beim Jugendamt sehen darf, für eine Stunde, einmal die Woche. Diese Treffen haben sich mit der Zeit leicht verlängert und mittlerweile haben wir eine Regelung, dass er Lukas jeden Samstag für dreieinhalb Stunden zu sich nehmen kann. Er darf also wieder mit ihm allein sein. Lukas hat sich das eine Zeit lang gut gefallen lassen, bei den Treffen im Jugendamt lief alles glatt. Später wollte er nicht mehr mitgehen, hat nur noch geweint. Ben hat ihn nach kurzer Zeit wiedergebracht, weil er mit dem schreienden Kind nicht zurechtkam. Heute sehen sie sich unregelmäßig. Ben sagt auch öfter die Verabredung ab. Trotzdem halte ich an dem Kontakt fest. Ich denke, es ist wichtig für Lukas, seinen leiblichen Vater ab und zu sehen zu können.

Ich habe seit fast anderthalb Jahren einen neuen Partner. Er ist zwanzig, also zwei Jahre älter als ich. Als wir uns über einen gemeinsamen Freund kennenlernten, wusste er bereits, dass ich ein Kind hatte. Er war vorgewarnt und es hat ihn nicht abgeschreckt. Er hat mir später erzählt, wie es für ihn war, als er mich das allererste Mal sah: Er hing am Telefon und stand vor meiner Tür. Als ich aufmachte, habe er sofort auflegen müssen, so hätte ich ihn begeistert.

Ich wohne noch immer bei meinem Papa und Lukas wird weiterhin von einer Tagesmutter betreut. Nach meinem Realschulabschluss mit der Note 2,98 habe ich mich an der BBS für eine Ausbildung als Sozialassistentin beworben. In einem halben Jahr bin ich mit dem ersten Abschluss fertig, nach zwei weiteren bin ich dann Erzieherin.

Vielleicht werde ich danach mit meinem Freund zusammenziehen, natürlich nicht ohne Lukas. Anders als in meiner Beziehung mit Ben haben wir beide schon ganz häufig über die Zukunft gesprochen. Wir hätten gern mehr Kinder, ich würde mir zwei weitere wünschen. Dann wäre es wunderbar, auf dem Land zu leben. Ich möchte später nicht berufstätig sein. Wenn ich noch mehr Kinder bekomme, will ich mich ausschließlich um sie kümmern. Ich habe vieles nachzuholen. Lukas wird seinen Weg gehen. Einfach ganz unbeschwert, sodass er einfach nur Kind sein und das in vollen Zügen genießen kann.

4

»Wichtig ist es, zu verstehen und nicht zu verurteilen«

Dr. Elke Endler, 50, Soltau, Gynäkologin

Sie ist meist die Erste, die mit Sicherheit weiß, dass das 15-jährige Mädchen ihr gegenüber schwanger ist. Sie ist diejenige, die einer Pubertierenden sagt, dass die Jugend vorbei ist. Sie erlebt die erste Reaktion, wenn eine Jugendliche realisiert, dass sie ein Kind erwartet.

Dr. Elke Endler arbeitet seit vielen Jahren als Gynäkologin in einer Gemeinschaftspraxis. Extra für Teenager haben die Ärzte eine Spezial-Sprechstunde eingerichtet. Der Montagnachmittag ist für junge Mädchen reserviert. Dr. Elke Endler ist dann nur für die Teenager und deren spezielle Sorgen und Nöte da.

Viele Jugendliche betreten zum ersten Mal eine gynäkologische Praxis und sprechen oft auch erstmals über das erste Mal.

Unsere Teenie-Sprechstunde ist offen für junge Mädchen bis knapp zwanzig, wobei wir auch eine 21-Jährige natürlich nicht wieder wegschicken. Die Mädels können mit allem, was sie auf dem Herzen haben, zu mir kommen. Mit Fragen, die sie haben, die sie sich sonst nicht zu stellen trauen. Die meisten Unsicherheiten gibt es beim Thema Verhütung. Oft aber stellen die Teenager auch Fragen zu Impfungen, insbesondere zu der gegen Gebärmutterhalskrebs.

Viele Mädchen haben überhaupt keine Vorstellung davon, was sie beim Frauenarzt erwartet. Ursprünglich habe ich die Teenie-Sprechstunde eingerichtet, weil wir in der Praxis erhebliche Terminschwierigkeiten haben. Die Vorlaufzeiten betragen bis zu einem halben Jahr. Wenn aber ein junges Mädchen die Pille jetzt braucht, kann ich nicht sagen, sie soll sechs Monate darauf warten.

Außerdem gibt es viele, die eben niemanden haben, mit dem sie über intime Dinge sprechen können. Wenn ich einen Teil dazu beitragen kann, die Mädchen aufzuklären und ungewollte Schwangerschaften zu verhindern, hat die Teenie-Sprechstunde schon einen wichtigen Sinn.

Die Aufklärung findet überall ein bisschen statt: Lehrer in der Schule, Freundinnen, vieles kommt von zu Hause. Mütter sind heute relativ offen, versuchen, den Töchtern Basiswissen mit auf den Weg zu geben. Immer mehr spielt das Internet eine große Rolle, da geben die Mädchen bei Google das Stichwort »Frauenarzt« oder »Verhütung« ein und informieren sich dort.

Oft werden sie auch von den Müttern geschickt. Diese Mädchen sitzen dann bei mir und wissen gar nicht so genau, über was sie mit mir sprechen sollen. Entweder sie fragen direkt nach der Pille oder sie harren tapfer bei mir aus. Wenn ich dann wissen möchte, ob sie etwas Bestimmtes auf dem Herzen haben, kommt relativ wenig, sodass ich von mir aus mehr Informationen gebe, als dass sie gezielt danach fragen.

Wenn gar nichts kommt, spreche ich das Thema Verhütung an, frage, ob sie einen Freund haben, ob sie schon Verkehr hatten. Dazu gehört natürlich auch, über sexuell übertragbare Erkrankungen zu sprechen. Ich erkundige mich immer, welche davon die Mädchen kennen. Es ist schon erschreckend: Bei allen kommt wie aus der Pistole geschossen: »Aids« und weiter nichts. Hepatitis B, Chlamydien oder die HPV-Infektion, wogegen es eine Impfung gibt, kennen sie nicht. Da haben die jungen Mädchen eine enorme Wissenslücke.

Leider sind sie oft auch überrascht, wenn ich darauf hinweise, dass die Pille vor einer Schwangerschaft schützt, jedoch nicht vor Krankheiten, dass sie dabei mit Kondomen am sichersten sind. Die meisten Jugendlichen sagen, sie hätten darüber einmal in der Schule gesprochen, es dann aber wieder vergessen. Entweder wird dort das Thema nicht oft oder intensiv genug behandelt oder sie haben nicht hingehört. Paradoxerweise gehen die meisten davon aus, dass sie sich über ihre Gesundheit keine Sorgen machen müssen. Das hat mit Verdrängung zu tun. Im Grunde ihres Herzens wissen sie schon, dass auch sie gefährdet sind. Aber so, wie manche Erwachsene beschließen, gegen Krebs immun zu sein, und jegliche Vorsorge ablehnen, so erliegen auch manche Teenager der Vogel-Strauß-Politik.

Das Durchschnittsalter für die ersten Sexualkontakte liegt so bei 15, 16 Jahren. Einige fangen mit 13 oder 14 an, andere sind 17 oder 18. Ohne zu viele Klischees bedienen zu wollen: Je niedriger der soziale Status ist, desto früher fangen sie an, sexuell aktiv zu sein. Die Begründung ist schon traurig: Die Liebe und Zuwendung, die sie im Elternhaus nicht bekommen, versuchen sie sich auf andere Weise zu holen, und nehmen dann auch eine Schwangerschaft in Kauf. Ein Baby ist etwas, das man lieben kann und von dem man auch Liebe erhält. Es bedeutet Wärme, Zuwendung und Geborgenheit. Die schwerwiegenden Folgen, die eine Schwangerschaft in dem Alter mit sich bringen kann, werden ausgeblendet. Leider nutzen manche Mädchen eine Schwangerschaft auch als Druckmittel, um den Partner zu halten. Meist vergeblich.

Darüber hinaus gibt es nach wie vor leider die Gruppe der Mädchen, die schwanger werden, weil sie nicht ausreichend über Verhütung informiert sind. Man denkt, die Jugendlichen seien heute vollkommen aufgeklärt, aber ich glaube, sie sind es letztlich nicht. Sie sind sich nach wie vor nicht bewusst, dass man die Pille regelmäßig einnehmen muss, um ausreichend geschützt zu sein. Immer wieder höre ich, dass sie es nicht schaffen, jeden Tag daran zu denken. Dann sind sie auf einmal schwanger und wundern sich.

Das Elternhaus spielt eine große Rolle. Ich denke, man sollte nicht erst mit den Kindern über Verhütung reden, wenn sie 13 sind. Man muss in der Kindheit beginnen, offen über das Thema Sexualität zu sprechen. Denn mit 13 kann es schon zu spät sein. Das Kind will dann gar nicht mehr mit den Eltern sprechen. Es sucht sich eigene Quellen, die möglicherweise dann Falschinformationen liefern. Aufklärung sollte lieber rechtzeitig und für manche Mutter gefühlt zu früh als zu spät stattfinden.

Die Geschlechtsreife hat sich verschoben. Es gibt Mädchen, die wirklich mit zehn oder elf ihre erste Periode bekommen. Aber es gibt immer noch große Reifeunterschiede. So hält man manche Zwölfjährige für 18 und manche 17-Jährige wirkt noch sehr kindlich.

Zu mir kommen auch junge Mädchen, die mir im Rahmen des Sexualkundeunterrichts einen Besuch abstatten. Ich erlebe sie immer wieder als sehr verklemmt und albern. Ich zeige ihnen dann das Sprechzimmer und erläutere, wie eine Untersuchung abläuft. Bei einem dieser Besuche traute sich ein Mädchen, etwas zu fragen, die anderen kicherten unentwegt. Ich teilte sie dann in zwei Gruppen ein. Die eine schickte ich ins Wartezimmer, sie sollten ihre Fragen anonym auf Zettel notieren. Endlich kamen die Fragen, zum Beispiel ob man schon beim Petting schwanger werden könne. Und ob es unter bestimmten Voraussetzungen auch passieren könne, trotz Pille schwanger zu werden. Da waren gute Fragen dabei und die gemeinsame Beantwortung hat mir und den Mädchen viel Spaß gemacht.

Meine Teenager-Sprechstunde montagnachmittags ist tatsächlich nur eine Sprechstunde im wahrsten Sinne des Wortes. Solange die Jugendlichen noch keinen sexuellen Kontakt haben, führe ich keine Untersuchung durch, die nicht medizinisch notwendig ist. Wenn mir ein Mädchen erzählt, dass es bereits Geschlechtsverkehr hatte, bekommt es einen raschen Termin zur Untersuchung. Vor diesem Termin ist die Aufregung groß. Dann versuche ich, dem Mädchen klarzumachen, dass ich genau weiß, wie ihr zumute ist. Schließlich bin ich auch eine Frau und ich kenne beide Seiten des Stuhls. Ich erläutere jeden Untersuchungsschritt, beschreibe die Instrumente, erkläre, was ich untersuche. Ich verabrede auch grundsätzlich, sofort abzubrechen, wenn das Mädchen mir sagt, dass ihr etwas unangenehm sei. Mit diesen Vereinbarungen klappt es in der Regel gut. Die Mädels hüpfen ganz fröhlich vom Stuhl wieder runter und sagen, dass es ja gar nicht so schlimm gewesen sei.

Manche, die mit dem Ziel kommen, sich die Pille verschreiben zu lassen, sind sehr selbstbewusst und legen sich auf den Stuhl, ohne mit der Wimper zu zucken. Manche sind vorher sehr angespannt und verschüchtert, halten die Beine zusammen und schämen sich. Aber selbst bei diesen Mädchen hilft es, wenn ich sage: »Ich mache jetzt nichts, was du nicht willst. Du sagst jetzt bis wohin und wenn du nicht mehr willst, hören wir auf.« Kaum eine macht von diesem Angebot Gebrauch.

Die Anspannung vorher kommt auch von den unglaublichen Gerüchten, die sich um eine gynäkologische Praxis ranken. Details von Untersuchungen werden kolportiert, die abstrus sind. Ebenso Informationen über Schmerzen. Heute hatte ich ein Mädel zum Impfen da, die überzeugt war, dass ausgerechnet und nur die dritte

Spritze der HPV-Impfung ganz besonders wehtut. Das ist so viel unnötiger Ballast.

Es reicht eigentlich schon das Unwohlsein darüber, dass einem jemand sehr nahekommt, den man gar nicht kennt. Dann hilft es jedem Mädchen, gleich zu Beginn der Ärztin offen zu sagen, dass man sich ganz furchtbar fühlt und Angst hat. Wir verstehen das! Ich würde gern manchmal Mäuschen spielen, wenn die Mädels unter sich zusammenstehen.

Es hat sich aber trotzdem einiges verändert in meinen 24 Berufsjahren. Der Umgang mit dem anderen Geschlecht ist auf jeden Fall offener geworden. Der Schritt, miteinander ins Bett zu gehen, fällt heute sehr leicht. Kaum ein Pärchen ist längere Zeit befreundet, ohne nach ein paar Wochen miteinander zu schlafen. Ich kenne nur wenige Paare, die sich länger als ein Jahr Zeit lassen.

Die Liierten kommen übrigens selten zusammen zu mir in die Praxis, Verhütung ist in dem Alter doch in erster Linie Mädchensache. Wenn mal Jungs mitkommen, dann sitzen sie einfach dabei und äußern sich nicht. Ich denke, dass sie auch meist die Kondome von den Mädels serviert bekommen, denn denen gebe ich immer wieder mit auf den Weg, wie gefährlich es ist, darauf zu verzichten.

Das perfekte Einstiegsalter ins Sexualleben gibt es nicht. Es hängt viel davon ab, wie psychisch gefestigt ein Mädchen und wie weit fortgeschritten seine körperliche Entwicklung ist. Ich habe Mütter als Patientinnen, die fragen mich, wann sie mir ihre Tochter schicken sollen, ob es mit zwölf oder 13 Jahren zu früh oder schon zu spät sei. Zur Untersuchung ist es dann meist noch zu früh, aber eben genau dafür haben wir ja die Teenager-Sprechstunde.

Einige Mütter drängen darauf, dass die 14-jährige Tochter die Pille nimmt. Zu groß ist die Angst vor einer ungewollten Schwangerschaft. Wenn ich dann die Jugendliche bei mir sitzen habe, trügt mich mein Gespür selten. Ich meine einschätzen zu können, ob das Thema Verhütung wirklich schon eine Rolle spielt oder ob das Mädchen mit der Einnahme der Pille noch warten kann.

Bei manchen meiner Patientinnen hingegen kümmert sich keine Mutter darum, ob und wie die Tochter verhütet und ob sie sexuell aktiv ist. Das sind dann die 15-Jährigen, die zu mir kommen, weil sie davon ausgehen, schwanger zu sein. Meist kommen sie relativ zeitig, in einem Zeitraum, in dem ein Schwangerschaftsabbruch gesetzlich noch möglich ist, also bis zur abgeschlossenen zwölften Schwangerschaftswoche. Bevor dieser Abbruch durchgeführt wird, ist neben der gynäkologischen Untersuchung eine gesetzlich vorgeschriebene Pflichtberatung mit einer anschließenden Frist von drei vollen Tagen als »Bedenkzeit« Voraussetzung. Die Mädchen kommen, weil die Regel ausbleibt. Sie sitzen dann völlig verkrampft vor mir. Sie wissen oft bereits, dass sie schwanger sind. Die meisten entscheiden sich, das Kind auszutragen. Und das, obwohl der Freund sich schon längst verabschiedet hat und sie allein dastehen. Die wenigsten sind sich im Klaren darüber, was es bedeutet, ein Kind in diesem Alter zu bekommen.

Es gibt so viele wunderbare Präventionsprojekte wie zum Beispiel die Babybedenkzeit, bei der Jugendliche computergesteuerte Puppen für ein paar Tage rund um die Uhr bei sich haben. Sie sollen dabei lernen, dass ein Baby eine große Belastung darstellt und nicht ein Spielzeug zum Knuddeln ist, das man jederzeit weglegen kann. Ich glaube, dass man den Alltag mit einem Säugling nicht wirklich nachstellen kann. Es wirkt nicht nachhaltig, wenn sie ein Wochenende mit einer Schreipuppe verbringen. Meiner Erfahrung nach haben sie das Erlebte bis zum folgenden Wochenende wieder vergessen. Dass mit einem Baby ihre Jugend zu Ende ist, sie nicht mehr mit Freundinnen unterwegs sein, ins Kino oder in die Disco gehen können – alles Sachen, die so wichtig sind in diesem Alter –, das ist ihnen nicht bewusst.

Die Teeniemütter, die zu mir in die Praxis kommen, stammen überwiegend aus sogenannten bildungsfernen Schichten, aus Familien, in denen es Schwierigkeiten gibt. Meist sind entweder die Mütter alleinerziehend und selten zu Hause, weil sie die Familie ernähren müssen, oder beide Elternteile leben von Hartz IV. Diesen Jugendlichen werden oft zu wenig Werte mit auf den Weg gegeben, sie lernen es nicht, Verantwortung zu übernehmen und strukturiert und bedacht zu handeln. In Extremfällen wird diesen Kindern sogar vermittelt, dass es sich nicht lohnt, einen Schulabschluss zu machen, einer Arbeit nachzugehen und für sich selbst zu sorgen. Vor mir sitzen oft Mädchen, die sich kaum Sorgen machen, weil sie durch Kindergeld und Hartz IV auf ein sorgenfreies Leben mit Kind hoffen. Zudem denken sie, aufgrund ihrer Mutterrolle von der Gesellschaft automatisch respektiert zu werden.

Bei einigen meiner Patientinnen, die selbst schwere Probleme haben, muss ich schon manchmal schlucken, wenn ich die Schwangerschaft feststelle. Dann sehe ich diesen kleinen Embryo auf dem Bildschirm und denke: Du armes Kind, in welche Welt wirst du hineingeboren? Oft sind es Patientinnen, die verantwortungslos eine Schwangerschaft in Kauf genommen haben. Und dann denke ich an all die Paare, die sich sehnlichst ein Kind wünschen und aus physischen Gründen nicht schwanger werden. Das ist so ungerecht!

Wenn sich eine Teeniemutter für einen Schwangerschaftsabbruch entscheidet, geschieht dies meist auf Druck der eigenen Familie. Eine meiner Patientinnen, die mit 16 schwanger geworden ist, war Halbwaise, die Mutter lebte nicht mehr. Sie wollte das Baby austragen. Ihr Vater war aber mit der Situation völlig überfordert. Das ist für mich als Ärztin dann eine Gratwanderung: Auf der einen Seite bin ich verpflichtet, Leben zu erhalten. Auf der anderen Seite sehe ich aber diese Familie, die nicht weiß, wie sie dem Baby ein gutes Leben bieten kann. Diese Jugendliche hat sich letztlich für einen Abbruch entschieden. Die Folgen waren schlimm: Sie war danach lange Zeit schwer depressiv. Ich habe viele Gespräche mit ihr geführt. Dies ist die beste Therapie: reden, darüber sprechen. Das Mädchen konnte sich fangen, hat einen guten Schulabschluss geschafft und sogar eine Lehrstelle bekommen.

Die psychischen Spätfolgen eines Schwangerschaftsabbruchs bei Teenagern werden oft unterschätzt. Selten zeigen sich die Folgen sofort, wie bei dieser 16-Jährigen. Bei vielen kommen sie später. Bei manchen erst, wenn sie wieder schwanger sind. Dann beginnen sie zu grübeln, warum dieses Kind jetzt leben darf und das andere nicht.

Grundsätzlich stecken junge Mädchen aber einen Abbruch besser weg als eine gestandene Frau. Diese hat mitunter selbst schon Kinder geboren und Kinder großgezogen, sie sieht das aus einer anderen Perspektive. Sie hat mehr daran zu knapsen und wird durch jeden Kinderwagen in der Stadt oder Kleinkinder auf dem Spielplatz daran erinnert. Auch wenn der errechnete Geburtstermin heranrückt, beginnt eine schwere Zeit für diese Frau.

Das beobachte ich bei den Teenagern weniger. Sie werden aber nach einem Schwangerschaftsabbruch vorsichtiger, verantwortungsbewusster. Dass ich sogenannte »Wiederholungstäterinnen« habe, kommt selten vor. Sicherlich gibt es auch junge Frauen mit zwei oder mehr Abbrüchen. Aber oft streikt dann auch das Krankenhaus und sagt: »Stopp, bei uns nicht mehr!«

Die Teenies geben sich meist cooler, als sie wirklich sind. Wenn ich ihnen eröffne, dass sie schwanger sind, kommt selten eine deutliche Gefühlsregung. Wenn eine gestandene Frau ungewollt schwanger wird, bricht sie in Tränen aus. Die sehr jungen Frauen sitzen zunächst da wie vom Donner gerührt. Dann lasse ich sie erst einmal in Ruhe und sage: »Das verkraftest du jetzt erst einmal. Setz dich mit der Familie und deinem Freund zusammen und überlegt gemeinsam in aller Ruhe, wie es weitergehen soll.« Sie bekommt einen Termin eine Woche später.

Wenn die Familienverhältnisse sehr instabil sind, biete ich auch an, dass alle gemeinsam zum Gespräch kommen. Das wird gern angenommen. Die Mutter und der Freund sind dann dabei und sie teilen mir gemeinsam ihre Entscheidung mit. Sollte das Mädchen doch allein kommen, frage ich, ob die Familie die Entscheidung mitträgt.

Die Mehrheit sagt, sie würde unterstützt werden. Ich habe aber Patientinnen, da sehe ich die Mutter nie. Wenn ich eine schwangere 15- oder 16-jährige Tochter hätte, würde ich sie häufig zu den Vorsorgeterminen begleiten. Kommt das Mädchen immer allein, frage ich nach. Wenn ich dann deutlich mache, dass ich auch die Mutter einmal kennenlernen möchte, kommt meist diese Antwort: »Meine Mutter interessiert das alles überhaupt nicht.« Alternativ kommt der Freund mit – wenn es ihn noch gibt. Dann sitzt er eher unbeteiligt und cool daneben und vermittelt den Eindruck, nur wegen seiner Freundin anwesend und nicht wirklich involviert zu sein. Wenn ich diese beiden werdenden Eltern dann beobachte, sehe ich eben doch zwei Kinder, die sich auch wie solche benehmen. Es gibt ganz vernünftige, keine Frage. Aber ich kenne eben auch die, die sich aufführen wie auf dem Schulhof, sich schubsen, necken und rumgackern.

Die meisten Mädchen nehmen die folgenden Monate mit der Schwangerenvorsorge sehr ernst, kommen regelmäßig zu ihren Terminen und machen eigentlich auch das, was wir ihnen raten. Ein großes Problem ist das Rauchen. Wenn sie sehr nach Qualm riechen, frage ich nicht: »Rauchst du?« Sondern: »Wie viele Zigaretten rauchst du?« Dann drucksen sie herum und ich sage ihnen knallhart, welche Risiken sie eingehen: Kind zu klein, Kind anfälliger für Infektionen der oberen Luftwege, plötzlicher Kindstod, dass die Kinder später aggressiver sein können und häufiger an Krebs erkranken. »Mit jedem Zug, den du aus der Zigarette nimmst, bekommt dein Kind das Gift Nikotin pur über die Nabelschnur mit. Überlege dir, ob du das deinem Baby antun willst.«

Sie reagieren in der Regel sehr kleinlaut. Wenn der Mutterpass stark nach Qualm riecht, kann ich schon abschätzen, wie hoch der Zigarettenkonsum in diesem Haushalt ist. Manchmal ist es auch der Freund, der keine Rücksicht nimmt. Ich nerve die werdenden

Eltern dann schon ganz schön. Wenn er sagt, er sei der Raucher, mache ich ihm klar, dass meine Ermahnungen auch für ihn gelten. Beim nächsten Vorsorgetermin frage ich erneut nach und höre tatsächlich: »Ja, wir haben schon deutlich reduziert.« Ob das stimmt, kann ich natürlich nicht nachprüfen. Aber meistens sind die Mädchen einsichtig und wollen in der Schwangerschaft auch endlich einmal etwas richtig machen im Leben.

Wenn ich feststelle, dass eine minderjährige Schwangere nicht zur Vorsorge erscheint, hake ich nach. Oft erkundige ich mich gleich zu Beginn der Schwangerschaft sehr genau nach dem familiären Hintergrund, nach dem Freund und frage auch, wie die Vormundschaft geregelt werden soll. Wenn ich den Eindruck habe, dass etwas völlig schiefläuft, schalte ich auch das Jugendamt ein.

So teile ich beispielsweise mit, dass ein Mädchen auf einmal nicht mehr zur Vorsorge kommt, ich sie nicht erreichen kann und dass die familiäre Situation mehr als schwierig ist oder sogar Drogen im Spiel sind. Da frage ich nicht nach der Gesetzeslage, sondern nehme den Hörer in die Hand. Es ist zum Wohl der Kinder.

Es gibt kaum ein Frühwarnsystem, das in der Schwangerschaft schon greift, es sei denn, das Mädchen ist dem Jugendamt bereits vorher bekannt. Dann hat sie zum Beispiel die Chance auf eine speziell ausgebildete Familienhebamme. Aber meistens beginnt die offizielle Beobachtung in der Klinik nach der Geburt, wenn das Jugendamt bei einer minderjährigen Mutter automatisch die Vormundschaft für das Neugeborene übernimmt.

Für die Mädchen beginnt mit der Schwangerschaft ein harter Lebensabschnitt, sie müssen binnen kürzester Zeit erwachsen werden. Körperlich und auch psychisch durchlaufen sie unglaubliche Reifeprozesse.

Mich erschreckt immer wieder, dass die Teenager so jung so heftige Schwangerschaftsnarben bekommen. Der Bauch »reißt«, so heißt es volkstümlich. Viele haben nach der Entbindung einen völlig entstellten Bauch. Die Ursachen sind oft Übergewicht infolge ungesunder Lebensweise und das Rauchen. Das sind einfach schlechte Bedingungen für das Bindegewebe. So jung dann solch einen irreparablen Makel am Körper zu haben ist für Jugendliche besonders schwer zu verkraften.

Mit dem wachsenden Bauch hingegen haben die Wenigsten Probleme, ganz im Gegenteil. Die sind auch stolz auf ihre kleine Kugel. Wenn sie zum Ultraschall kommen und vor mir liegen, sage ich immer: »Ach, ein kleines Bäuchlein ist schon da.« Sie lächeln dann auch und sagen glücklich: »Ja, so langsam merkt man es.«

Piercings im Bauchnabel sind weitverbreitet. Ab dem zweiten Ultraschall, der so um die zwanzigste Woche herum ansteht, bitte ich sie, das Metall herauszunehmen. Es beschädigt den Ultraschallkopf.

Die Mädchen reden mit mir auf einer eher sachlichen Ebene. Ich bin für eine Teeniemutter mehr die medizinische Fachfrau als eine Vertrauensperson. Sie ziehen mich bei persönlichen Problemen natürlich seltener ins Vertrauen als beispielsweise ihre Freundinnen. Von mir nehmen sie medizinische Ratschläge an. Im Gegenzug erfahren sie Dinge, die nur ich ihnen sagen kann: ob es ein Mädchen oder Junge wird, wie groß das Baby ist und in welchem Entwicklungsstadium es sich gerade befindet.

Es gibt in unserem Praxisalltag einige Beispiele für einen richtig positiven Verlauf von Teenagerschwangerschaften. Ich erinnere mich sehr gern an ein Paar, das, beide 17 Jahre alt, noch nach der Geburt zusammenblieb. Sie schafften den Schulabschluss. Sie pumpte in der Pause ab, er badete das Baby, während sie ihre Hausaufgaben erledigte.

Meine schlimmen Fälle kann ich leider nicht so leicht vergessen. So gab es eine 16-Jährige, die schwanger vor mir saß, völlig auf sich allein gestellt, weil die Mutter mit dem neuen Freund weit weg in eine andere Stadt gezogen war. Ihr einziger Halt war dann der Kindsvater, ein pubertierender, alberner Jüngling. Sie kam in eine Mutter-Kind-Einrichtung. Aber selbst dort konnte sie nicht wirklich eine Beziehung zu ihrem Baby aufbauen. Es kam schließlich in eine Pflegefamilie.

Ich als Ärztin musste lernen loszulassen. Ich verdränge das meiste und habe einen Schutzmechanismus entwickelt. Als ich angefangen habe, als Gynäkologin zu arbeiten, habe ich so manches mit nach Hause genommen, das war schwer. Mit der Zeit habe ich mir einen Schutzschild aufgebaut, an dem vieles abprallt. Oft denke ich einfach an die stabilen Familien mit Kinderwunsch und Glück, erinnere mich an die vielen netten Paare und Mütter und halte mich daran fest. Daraus ziehe ich die Kraft, die ich brauche, um die schwereren Fälle unterstützen zu können.

Wenn junge Mädchen schwanger werden, brauchen sie keine Gynäkologin, die als Erstes den Finger hebt und fragt, warum sie nicht anständig verhütet haben. Sie brauchen jemanden, der Verständnis für ihre Situation hat und ihnen erklärt, dass sie selbst entscheiden können, ob sie diese Schwangerschaft beenden oder das Baby austragen möchten, und dass sie jede medizinische Unterstützung bekommen, die sie brauchen.

In mir sollen sie eine Ansprechpartnerin haben. Mir ist es wichtig, dass die Teeniemütter mit dem Gefühl aus meinem Sprechzimmer gehen, dass sie hier verstanden und nicht verurteilt werden.

5

»Ich habe meine Tochter zweimal verloren – das darf nie wieder passieren«

Caroline, 18, Hausfrau, Solingen
Tochter **Emily**, 2 Jahre

Caroline wuchs als fünftes von sieben Kindern auf. Die Mutter war immer wieder überfordert, bekam kaum Unterstützung durch ihren Mann, der als LKW-Fahrer viel unterwegs war. Der Vater versuchte, mangelnde Anwesenheit durch Härte auszugleichen. Die Geschwister lehnten sich gegen ihn auf, lebten ihre Aggression untereinander aus. Zeitweise kamen ihre Brüder ins Heim, Caroline ging nicht mehr in die Schule, als sie elf war. Angstzustände beim bloßen Gedanken, morgens zum Unterricht zu müssen, hinderten sie daran. Später wurden durch eine Therapie schwere Störungen offenbar – ausgelöst durch die vielen Umzüge und Ortswechsel in der unsteten Kindheit.

Als meine Freundinnen anfingen, sich für Jungs, Liebe und Sexualität zu interessieren, schreckte mich das eher ab. Ich hatte meinen ersten Freund mit 14, er war gerade volljährig geworden und sehr erfahren. Leider bewahrte mich das nicht vor einer ungewollten Schwangerschaft.

Ich hatte die Pille genommen, aber nicht gut vertragen. Ich habe sie dann einfach weggelassen und darauf gehofft, von ein-, zweimal ungeschütztem Sex nicht gleich schwanger zu werden. Irgendwann habe ich mir auch eingeredet, dass ich nun gar nicht mehr schwanger werden kann, weil ich bislang ohne Verhütung nicht schwanger geworden war. Ich habe das ganze Thema nicht mehr ernst genommen.

Weder mein Freund noch ich wollten ein Baby. Als ich ihm vom positiven Testergebnis erzählte, war seine erste Frage die nach der nächsten Abtreibungsklinik. Mein Vater war noch deutlicher: »Das Kind wird weggemacht, von dem arbeitslosen Taugenichts kriegst du kein Kind.«

Ich habe mich, vielleicht auch wegen der heftigen Ablehnung in meinem Umfeld, dafür entschieden, das Kind zu behalten. Das Jugendamt empfahl mir bereits in der Schwangerschaft, im siebten Monat, in eine Mutter-Kind-Einrichtung nach Hilden zu ziehen, damit ich mich frühzeitig an die neue Umgebung gewöhnen konnte. Es war klar, dass ich nach der Geburt nicht mehr zu Hause leben würde. Die Verhältnisse dort waren einfach nicht gut genug. Schon in meiner Kindheit hatte ich so viele schlechte Erfahrungen gemacht, die finanzielle Situation war schwierig. Ich wollte das meinem Baby nicht antun.

Anfangs war es sehr schwer für mich, mein Elternhaus zu verlassen, ich nabelte mich zum ersten Mal ab. Mir war auch klar, dass ich länger weg sein würde, der Gedanke bedrückte mich sehr. Im Krankenhaus hatte zufällig in den gleichen Tagen eine Freundin ebenfalls ihr Kind entbunden. Wir zogen fast zeitgleich in die Einrichtung, das war eine gute Starthilfe.

Emily kam drei Wochen zu früh. Die Fruchtblase war nicht mehr ganz dicht, die Wehen mussten eingeleitet werden. Als sie auf die Welt kam, waren meine Mutter und mein Freund dabei. Obwohl er ursprünglich für einen Schwangerschaftsabbruch gestimmt hatte, blieb er an meiner Seite. Wir waren auch in den darauffolgenden Monaten ein Paar.

Emily und ich lebten uns gut ein in der Hildener Mutter-Kind-Einrichtung, ich machte eine Therapie und ging wieder zur Schule. Eine ganze Weile lief alles gut, ich startete sogar mit einer Ausbildung zur Heilerziehungshelferin, das war eine schulische Ausbildung. Die Kleine kam in den Kindergarten. Es war die Zeit kurz vor ihrem zweiten Geburtstag, in der sie lernte, wie man aus einem Gitterbett klettert. Sie fing außerdem an, viele Widerworte zu geben und manchmal regelrecht herumzubocken. Ich war gezwungen, jeden Abend an ihrem Bett sitzen zu bleiben, bis sie eingeschlafen war. Ich hatte zwar die Gitterstäbe aus dem Bett gebaut, so dass sie immer rein und raus gehen konnte, anstatt darüberzuklettern und zu fallen. Aber sie sollte schlafen und das fiel ihr schwer. Abend für Abend hielt ich ein, zwei Stunden ihre Hand und wartete, bis sie endlich schlief. Die Zeit, die ich eigentlich abends für mich hätte haben können, fiel damit weg. Mein Tag begann morgens um halb sechs, ich ging zur Schule, kümmerte mich ums Kind, erledigte Hausaufgaben, Wäsche und Haushaltsdienste in der Einrichtung. Zeit für mich ganz allein gab es nicht.

Ich fühlte mich von Tag zu Tag überforderter. In der Schule kriegte ich nichts mehr hin, ich hatte zu wenig Schlaf, war unkonzentriert, vergaß vieles. Eines Tages blockierte mein Kopf komplett. Ich, die noch die neunte Klasse mit einem Notendurchschnitt von 1,8 beendet hatte, schrieb nur noch Fünfen. Ich fing an, meine Tochter anzuschreien, war nur noch genervt. Nicht nur abends, auch tagsüber konnte ich sie kaum noch ertragen. Unser Verhältnis wurde immer schlechter, ich fühlte mich nicht mehr wohl, Emily war unglücklich. Anfangs wollte ich mir nicht eingestehen, dass ich nichts mehr schaffte. Ich hatte doch beweisen wollen, dass ich alles packen kann, dass ich in der Lage bin, mein eigenes Leben zu führen, mit meiner Tochter zusammen, irgendwann auch in einer eigenen Wohnung.

Die Betreuer haben mich dann immer wieder angesprochen: »Hör mal, Caro, wie geht es dir eigentlich wirklich? Wir sehen dir einfach an, dass es dir nicht gut geht. Warum sagst du denn nichts?«

Ich habe tief Luft geholt und zum ersten Mal richtig ausgepackt. Ich habe zugegeben, dass es mir sehr schlecht geht und dass ich furchtbar unglücklich bin. Die Sozialpädagogen haben mich noch mehr unterstützt: Sie haben Emily aus dem Kindergarten abgeholt und sie abends auch ins Bett gebracht, damit ich mehr Zeit für mich haben konnte.

Es half nicht. Ich war so ausgebrannt und kaputt, dass ich mich an dem bisschen gewonnener Freiheit nicht hochziehen konnte. Ich habe gemerkt: Der Kleinen geht es nicht besser, mir auch nicht, ich bin ihr keine gute Mutter mehr. Und so habe ich mich selbst dann dazu entschlossen, sie in eine Pflegefamilie zu geben.

Es kostete all meinen Mut. Ich wollte aber immer ein gutes Leben für mein Kind. Für mich war einleuchtend: Wenn ich ihr das gerade nicht bieten kann, dann gebe ich sie erst einmal ab. Für mich war aber von Anfang an klar, dass ich sie zurückholen würde, sobald ich es geschafft hätte, mich aufzurappeln.

Ich kannte diese Rückführungsmöglichkeit, ich wusste, ich möchte meine Tochter auf jeden Fall wiederhaben. Das Jugendamt hat mir gesagt, dazu bestünde die Möglichkeit, jedoch nur in einem gewissen Zeitraum. Wenn Emily länger als ein halbes Jahr bei einer Pflegefamilie leben würde und eine enge Bindung aufgebaut hätte, würde es natürlich sehr schwierig werden. Da schwebt dann schnell das Wort »Kindeswohlgefährdung« durch den Raum.

Nach meiner Entscheidung begann für mich die schlimmste Zeit. Es ging mir nicht etwa besser, sondern eher schlechter.

Ich wusste, ich hatte eine Lawine in Gang gesetzt, die Betreuer arbeiteten jetzt daran, Emily unterzubringen. Ich habe zwei, drei Wochen nur geweint, ging nicht mehr zur Schule, war zu nichts mehr im Stande.

Ich hatte so unfassbare Angst: Davor, dass ich sie nicht zurück-bekommen, dass sie zu sehr unter der Trennung leiden würde, dass die Pflegefamilie nicht gut zu ihr wäre, dass sie die Bindung zu mir verlieren würde – es war ein Albtraum.

Als extreme Belastung kam noch dazu, dass meine Familie mir die Hölle heißmachte, als sie von meiner Entscheidung erfuhr: »Wie kannst du dein Kind abgeben?« und »Das kannst du doch nicht machen!« waren die Reaktionen und dann etwas versöhn-licher: »Wir helfen dir, aber du musst doch nicht die Kleine abge-ben.« Ich fühlte mich zerrissen.

Meine Mutter war die Einzige, die Verständnis zeigte: »Caro, es ist nicht schön, dass Emily wegkommt, aber man sieht dir an, dass es dir schlecht geht, wir schaffen das schon. Ich helfe dir und stehe zu deiner Entscheidung. Du musst damit klarkommen, nicht ich.«

Es gab auch noch ein Hilfsangebot meiner Einrichtung: Ich hätte eine Mutter-Kind-Kur machen können, eine letzte Möglich-keit, die ich aber nicht nutzen wollte. Ich war einfach fertig, wollte mich nicht noch einmal aufrappeln, um einen solchen Schritt zu wagen. Alles, was ich zu dem Zeitpunkt machen musste, fiel mir nur noch schwer. Ich wollte nicht mehr, ich konnte nicht mehr.

Emily wurde im August zwei Jahre alt, im Oktober ging sie in die Pflegefamilie. Alles passierte ganz schnell. Nachdem die Wei-chen gestellt waren, habe ich mich geschämt, meiner Tochter in die Augen zu blicken, weil ich ganz genau wusste, was ihr bevor-stand und ich ihr antat. Ich ging ihr aus dem Weg, die Betreuer mussten sich kümmern, es war eine unhaltbare Situation.

Eine Betreuerin und die Frau vom Jugendamt haben sie dann in die Pflegefamilie gefahren, ich durfte ja nicht wissen, wo diese wohnte. Beim Abschied habe ich versucht, stark zu bleiben. Emily war zum Glück sehr gelassen, sie hat ja auch überhaupt nicht verstanden, was in dem Moment passierte. Sie hat nicht geweint, hat sich mit einem leichten Grinsen und mit einem Winken von mir verabschiedet. Ich habe sie noch in den Arm genommen und dann sofort angefangen zu weinen, habe immer wieder gesagt, dass ich sie ganz doll lieb habe. Einen Tag vorher habe ich ihr auch erklären müssen, dass ich krank bin und dass sie vorübergehend zu einer anderen Familie kommt, bis es mir wieder gut geht.

Dann war Emily weg. Ich war 17 Jahre alt und hatte gerade mein Kind weggegeben. Damit war auch mein Platz in der Mutter-Kind-Einrichtung nicht mehr gerechtfertigt.

Die Situation an sich war, ganz ehrlich gesagt, für mich erleichternd. Ich musste Emily nicht mehr vor die Augen treten. Viel nachgedacht habe ich nicht, ich war erst einmal ganz leer. Ich bin dann von Hilden aus in eine Jugendwohngruppe nach Leverkusen gezogen und habe eine neue Therapie begonnen.

Nach anderthalb Monaten ging es mir besser, der Neuanfang tat mir gut. Trotzdem fehlte etwas: Ich ging nicht zur Schule, hatte kein Kind, es gab nichts, was mich erfüllte. Ich war frei, aber das reichte mir nicht, ich wollte schon etwas mit meinem Leben anfangen. Ich bin nicht der Mensch, der nur zu Hause herumsitzt und von morgens bis abends im Bett liegt oder Fernsehen guckt. Meine Eltern haben auch immer mal wieder ein bisschen gestichelt und nachgefragt, ob ich denn Emily nicht vermissen würde, ob ich sie nicht doch wieder zu mir nehmen wolle. Ich hatte außerdem große Angst, dass sie nicht mehr zu mir kommen würde, weil sie sich zu sehr an die Pflegeeltern gewöhnt haben könnte. Ich hatte nur einmal in der Woche für eine Stunde Besuchskontakt. Zunächst hat mir das gereicht. Ich habe mich intensiv mit ihr beschäftigt und wir hatten viel Spaß. Ich wollte dann mehr Zeit mit ihr verbringen.

Nach den anderthalb Monaten stimmte das Jugendamt unter der Bedingung zu, dass wir beide in eine Mutter-Kind-Einrichtung ziehen würden. Hier im Umkreis waren erst keine Einrichtungen frei. Nach Hilden konnte ich nicht zurück, weil es dort die Regel gibt, dass man nicht ein zweites Mal aufgenommen werden kann.

So kam ich nach R.* in eine Mutter-Kind-Einrichtung. Am 1. Dezember zog ich dort ein. Eine Woche später kam Emily zu mir. Es war keine stufenweise Rückführung, sondern es passierte von jetzt auf gleich. Ich war erst sehr glücklich, weil ich dachte, alles würde gut ausgehen.

Es lief auch erst sehr gut, es gab keinen Stress beim Ins-Bett-Bringen, wir verstanden uns prima. Bei mir schlug dann das Heimweh zu und überdeckte alles andere. Um von R. nach Langenfeld zu kommen, dahin, wo meine Familie und Freunde sind, brauchte ich mit Bus und Bahn mehr als zwei Stunden. Es war gerade tiefster Winter, der Schnee lag sehr hoch, meine Familie konnte mich nicht besuchen. Ich durfte nicht weg. Zu den Regeln der Einrichtung gehört, dass man in den ersten vier Wochen mit dem Kind das Grundstück nicht verlassen darf. Einkaufen gehen durfte ich mit der Kleinen, alles in Begleitung von Betreuern. Nachmittags spielte ich mit Emily im Spielzimmer, auch unter Beobachtung. Es lief zunächst alles gut, sie haben mich viel gelobt.

Aber das Heimweh wurde immer stärker. Der Gedanke, räumlich so weit weg von meiner Familie zu sein, belastete mich extrem. Dazu kam, dass ich massive Probleme mit einer Betreuerin hatte. Unser Verhältnis wurde immer schlechter. Dann wurde ich verdächtigt, meine Tochter misshandelt zu haben. Sie hatte eine Abfärbung von einem Kissen im Gesicht. Sie schlief bei mir immer auf der Couch, darauf lagen zwei schwarz-pinke Kissen. Weil sie gesabbert hatte, färbte das Kissen ab und hinterließ einen Fleck auf ihrer Wange.

Eine Woche später hatte ich abends ein Gespräch mit der Gruppenleitung und der Betreuerin, mit der ich nicht zurechtkam. Sie

---

* Die Stadt und die Einrichtung sind der Autorin bekannt.

konfrontierten mich mit dem Verdacht, Emily einen blauen Fleck auf der Wange zugefügt zu haben. Plötzlich hieß es, ich dürfe nur noch unter Aufsicht wickeln, baden und die Einrichtung verlassen. Außerdem sollte ich zur Überwachung rund um die Uhr das Babyfon angestellt lassen. Ich war verzweifelt, bekam noch zusätzlich zu hören, dass meine Tochter bei mir nur schreien würde, obwohl das nicht stimmte. Es war zum Verrücktwerden. Ich verstehe bis heute nicht, wie es so weit kommen konnte.

Mein Verhältnis zu Emily hatte sich sehr verbessert. Am Anfang hielt sie Abstand und musste verständlicherweise erst wieder Vertrauen zu mir aufbauen. Gleichzeitig war sie sehr anhänglich: Sobald ich einen Schritt von ihr wegging, hat sie angefangen zu weinen. Sie hat auch nur in meinem Bett geschlafen, weil sie von mir nicht wegwollte. Es gab aber auch so viele positive Entwicklungen. In diesem Gespräch mit den Betreuern war auf einmal alles schlecht. Ich konnte objektiv sagen, dass die Realität eine andere war. In der ersten Einrichtung in Hilden konnte ich hervorragend reflektieren und mich genau und realistisch einschätzen. Damals war mir klar, dass es nicht gut läuft zwischen mir und meiner Tochter. Aber in R. versuchten mir die Betreuer auf einmal einzureden, dass nichts funktionierte. Ich wusste, es war alles ganz anders, als sie es darstellten.

Die Situation war unerträglich. Ich wurde wieder depressiv, sah nur einen Ausweg darin, die Einrichtung zu wechseln. Das Jugendamt hat meiner Bitte aber nicht zugestimmt. Den Wechsel in eine dritte Einrichtung wollten sie nicht finanzieren.

Dann eskalierte die Situation. Eines Tages sagte mir eine Betreuerin, dass man mir die Kleine wegnehmen würde, wenn es so weiterginge. Ich antwortete: »Wenn ihr mir Emily wegnehmt, steche ich euch alle ab!«

Damit war alles gelaufen. Sie warfen mich aus der Einrichtung, Emily kam in Pflege. Ich würde niemals irgendjemanden verletzen. Ich habe mich noch nie geprügelt, nie mit der Polizei zu tun gehabt. Viele sagen mir, ich würde so rebellisch wirken, als ob ich jeden Moment auf andere losgehen würde. Ich habe es aber noch nie getan und werde auch nie jemanden angreifen.

In der Situation bin ich einfach ausgerastet. Ich hatte meine Tochter einmal freiwillig abgegeben und wollte sie mir jetzt nicht wegen irgendwelcher Geschichten, die nicht wahr waren, wegnehmen lassen. Ich kann zu meinen Fehlern stehen und sie auch selbst erkennen. Aber zu diesem Zeitpunkt wusste ich, dass es keinen Grund gab, mir Emily wegzunehmen. Ich wollte mir das nicht gefallen lassen.

Am nächsten Tag hatte ich ein Hilfeplangespräch, in dem mir die Sozialpädagogen sagten, dass sie mit mir nicht weiterarbeiten wollten. Wir waren sieben Wochen in der Einrichtung gewesen. Am gleichen Tag Anfang Februar musste ich ausziehen. Ich durfte ein paar von meinen Sachen zusammenpacken, musste Emily schon wieder sagen, dass sie wegkommt. Es hieß von Anfang an, wenn ich sie ein zweites Mal abgebe, dann kommt sie nicht mehr zurück. Ich musste ihr erklären, ich sei wieder krank, mehr durfte ich nicht sagen. Ich musste mich recht schnell von ihr verabschieden. Die Kleine hat geschrien und sich an mir festgeklammert. Ihr war wohl klar, was passiert. Sie hatte die Koffer und Taschen in meiner Hand gesehen. Ich habe ganz kurz geweint, sie gedrückt und bin dann sofort weggegangen. Ich wollte einen möglichst kurzen und schmerzlosen Abschied.

Dann zog ich zu meinen Eltern. Ich hätte in die Leverkusener Jugendwohngruppe zurückgehen können, aber für mich war absolut klar: Ich ziehe nicht ohne meine Tochter in eine eigene Wohnung. Ich wusste, ich wollte mein Kind wiederhaben. Ich setzte diesmal auf die Hilfe meiner Eltern und die bekam ich auch.

Sowohl meine Mutter als auch mein Vater sind zum Jugendamt gegangen und haben einen Aufstand gemacht. Sie haben immer wieder versucht zu erklären, dass ich diesmal keine Schuld trüge. Zwar sei meine Drohung gegen die Betreuer ein absoluter Ver stoß gewesen, aber an meinem Verhalten Emily gegenüber hätte es nichts zu kritisieren gegeben. Der Vorwurf, ich hätte meine Tochter misshandelt, sei absolut haltlos.

Wir konnten zum Glück tatsächlich das Jugendamt überzeugen. Die sprachen noch einmal mit meiner ersten Mutter-Kind-Einrichtung in Hilden und hörten von den Betreuern dort ganz deutlich, wie gut ich zurechtgekommen war. Dass ich kurz vor einem Auszug in ein eigenständiges Leben gestanden hätte, weil es mit meiner Tochter so prima lief, und dass nur meine psychischen Probleme dem im Weg gestanden hätten. Es hieß: »Carolin kam zwar wirklich an einen Punkt, wo sie nicht mehr konnte, aber sie würde ihr Kind niemals misshandeln.« Das war der Befreiungsschlag und die Bestätigung, dass es diesmal an der Einrichtung und nicht an mir gelegen hatte. Es war offensichtlich, dass es ein Fehler gewesen war, Mutter und Kind erneut zu trennen.

So bekam ich doch noch eine Chance. Ich weiß, dass es die allerletzte ist. Ich selbst sehe das auch so. Ich habe gleich gesagt: Wenn es diesmal nicht klappt, erkläre ich schriftlich, dass ich Emily nicht mehr haben wolle, weil ich ihr das nicht antun möchte.

Alles ist neu jetzt: Emilys Vater und ich waren noch lange zusammen. Die Beziehung ist im Januar vor fünf Monaten in die Brüche gegangen. Ich habe sie beendet. Drogen und Alkohol gehören nicht zu meiner Familie.

Ich bin jetzt seit vier Wochen hier in Solingen, Mitte März bin ich eingezogen. Emily kam erst vier Wochen nach mir, es war eine stufenweise Rückführung. Erst gab es begleiteten Besuchskontakt, parallel wurde nach einer passenden Einrichtung gesucht. Ich habe gefleht, es möge eine in der Nähe meiner Eltern sein. Das klappte auch, ich durfte nach Solingen.

Emily ist vorgestern bei mir eingezogen. Ich bin unendlich glücklich. Trotzdem bleibt die Angst, dass wieder irgendetwas passiert. Ich fühle mich hier geborgen, es ist ein bisschen so wie in Hilden, das eine Art zweites Zuhause für mich geworden war. Die

Einrichtung hier in Solingen ist ähnlich. Ich bin räumlich dicht bei meinen Eltern, wir können uns regelmäßig sehen. Ich habe jetzt wieder ein Stückchen Hoffnung, dass es wirklich klappen kann. Bis jetzt habe ich nur Lob bekommen.

Emily hat sich hier schon bei den ersten Besuchen heimisch gefühlt. Sie sah das Kinderbett in meinem Zimmer und bezeichnete es gleich als *ihr* Bett. Ich habe ihr anfangs noch nicht gesagt, dass sie endgültig wieder zurückkommt. Sie ist einfach auch noch viel zu klein, um langfristig zu denken. Sie freute sich über jeden Besuch und ist jetzt einfach gern hier, das merke ich. Sie fragt morgens, wenn sie hier aufwacht, ob die Pflegemutter sie später abholt. Sie ist immer noch ein wenig ängstlich, betont abends: »Mama, ich will nicht weg, ich will heute noch mal bei dir schlafen.« Ich hoffe, dass ihr bald klar ist, dass sie bei mir bleiben kann.

Diesmal werde ich mir auch von Anfang an mehr Hilfe holen und auch sofort sagen, wenn mich etwas bedrückt. Es darf nichts zu einem dicken Kloß werden, an dem ich mich irgendwann verschlucke. Ob es wirklich klappt, das kann ich nicht zu hundert Prozent sagen, aber ich werde auf jeden Fall mein Bestes geben. Ich möchte es möglich machen, mit meiner Tochter gemeinsam hier auszuziehen.

Ein Leben ohne Emily ist für mich eigentlich unvorstellbar. Ich kann manchmal nicht mit ihr, aber auch nicht ohne sie sein. Wenn sie nicht bei mir ist, ist mein Leben nicht vollständig. Ich merke dann, dass etwas fehlt.

6

»Die wichtigste
zweite Chance im Leben«

Petra Jablonski, 40, stellvertretende Leiterin
der Mutter-Kind-Wohngruppe Hilden

Im Paragrafen 8a des Sozialgesetzbuches ist der Schutzauftrag bei Kindeswohlgefährdung beschrieben: Besteht eine dringende Gefahr, wird ein Kind der Mutter entzogen und »in Obhut genommen«.

Für viele junge Mütter bedeutet dies, dass das Damoklesschwert ständig über ihnen hängt. Die Angst, das Kind könnte ihnen »weggenommen« werden, ist groß. Wenn es so weit kommt, ist der Schritt aber nicht immer endgültig. Die Mutter erhält in manchen Fällen eine zweite Chance.

»Modalitäten im Falle der Rückführung eines Kindes« ist ein Konzept, das die Sozialpädagogin Petra Jablonski mit einem Fachteam vor zwei Jahren für die Graf-Recke-Stiftung Hilden entwickelt hat und dort seitdem erfolgreich durchführt.

Zu einer Rückführung kommt es, wenn ein Kind, das in einer Pflegefamilie lebt, auf den Wunsch der Mutter hin zu dieser zurückkehrt. Meist entscheidet das Gericht, dass die Frau eine zweite Chance bekommt, verbunden mit der Auflage, dass sie in einer Mutter-Kind-Gruppe unterstützt wird.

Die Vorgeschichte hat immer etwas mit dem »Wohl des Kindes« zu tun, das nicht mehr gewährleistet war. Oft ist es so, dass die Mutter in einer eigenen Wohnung mit dem Kind gelebt hat, aber vollkommen überfordert war.

Sie hat den Haushalt vernachlässigt, das Kind nicht mehr einwandfrei versorgt, ihm nicht mehr genug Aufmerksamkeit gewidmet. Im schlimmsten Fall passiert etwas Konkretes: Die Mutter fährt mit dem Kind ins Krankenhaus, erzählt von einem Unfall, die Ärzte stellen aber fest, dass es eine massive Gewaltanwendung gegeben haben muss – jemand das Kind misshandelt hat. Wenn also das Kindeswohl nicht mehr gewährleistet ist, entscheiden dann die Beteiligten, in erster Linie das Jugendamt, Mutter und Kind zu trennen. Es gibt aber auch Situationen, in denen die Mutter selbst zum Jugendamt geht und sagt, sie könne nicht mehr, sei absolut überfordert.

Wenn die Wohnung verwahrlost ist, dann sieht es dort so aus, wie niemand es zu Hause haben möchte: Dreck liegt in den Ecken, der Müll ist nicht runtergebracht, Betten sind nicht sauber, der Schlafplatz des Kindes ist nicht in Ordnung. Die Mutter macht vielleicht tagsüber gar nicht mehr die Vorhänge auf, lässt alles abgedunkelt und entwickelt sich in eine depressive Richtung. Wenn auch ein Laie in solch einer Wohnung erkennt, dass hier jemand überfordert ist und die Haushaltsführung vorn und hinten nicht klappt, dann ist Hilfe bitter nötig.

Diese jungen Mütter kommen selbst meist aus einem Elternhaus, wo die Zustände ähnlich waren. Sie wissen oft gar nicht, wie man mit einem Kind umgeht, was es braucht. Warum sollen sie aufräumen, dem Kind geht es doch gut?

Menschen in unserer Gesellschaft rümpfen dann die Nase und meinen, es könne ja nicht schwer sein, dem Kind regelmäßig Essen zu machen und mit ihm zu spielen. Aber die Mütter, die wir betreuen, haben das oft selbst nicht erfahren und folglich nicht gelernt. Es bedeutet für die Mütter harte Arbeit, von jetzt auf gleich umfassend zu lernen, was ein Kind alles braucht, um optimal aufzuwachsen. Wenn ich den ganzen Tag zu Hause bin, könnte ich aufräumen – schon zu solchen Schlussfolgerungen reicht es oft nicht. Den Müttern fehlt der Antrieb, manchmal sind sie innerlich noch so mit sich selbst und den eigenen schlechten Erfahrungen beschäftigt, dass es ihnen einfach nicht möglich ist, eine gesunde Struktur für sich und ihr Kind zu entwickeln.

Leider setzt sich das bei der Säuglingspflege fort, wenn Windeln nicht oft genug gewechselt werden, Kleidung nicht sauber ist, das Kind nicht oft genug gebadet wird und sich dann beispielsweise einen Pilz wegen mangelnder Hygiene entwickelt. Man sieht meist schon auf den ersten Blick, wenn das Kind nicht gut versorgt ist.

Die Gründe, aus denen junge Mütter selbst die Entscheidung treffen, nicht mehr für ihr Kind sorgen zu können und zu wollen, sind ganz unterschiedlich. Manchmal haben sie einen neuen Partner und dieser akzeptiert das Kind nicht. Manche sind 16 Jahre alt und merken, dass das Leben an ihnen vorbeizieht und sie absolut überfordert sind mit Schule, Ausbildung und der täglichen Versorgung eines Kindes. Sie möchten auch ein Stück noch jugendlich sein und merken dann, dass das mit Kind kaum machbar ist.

Wir haben in der Mutter-Kind-Einrichtung auch des Öfteren schon Mütter betreut, bei denen wir dachten, alles läuft prima. Es wirkte, als hätten die Mütter eine gute Bindung zum Kind und schafften auch die Versorgung gut. Trotzdem kam die Mutter dann irgendwann zu uns und hat gesagt: »Wisst ihr was, ich mache das hier zwar alles ganz vorbildlich, aber ich möchte dieses Leben eigentlich gar nicht so führen, es ist nicht mein Leben. Ich schaffe das einfach nicht!«

Das überrascht selbst uns, wie klar diese Mütter sich dann einfach bewusst für ein anderes Leben entscheiden. Meist geben sie das Kind erst einmal in eine Pflegefamilie und möchten sich aber die Option offenhalten, vielleicht zwei, drei Jahre später mit dem Kind wieder zusammenzuleben.

Ich finde diesen Wunsch insofern legitim, als dass es doch recht verantwortungsbewusst von einer 16-jährigen Mutter ist zu sagen, dass sie ihre momentane Situation nicht bewältigen kann und sich eingesteht, dass sie ihrem Kind nicht gerecht wird und es besser bei anderen Menschen versorgt werden sollte. Das ist doch besser, als wenn man sich irgendwie durchwurschtelt und es dem Kind schlecht geht. Ich habe auch Verständnis für ein Mädchen, das 16 ist, plötzlich ein Kind hat und nicht weiß, wo hinten und vorne ist, und das gleichzeitig aber die Hoffnung hegt, dass es besser zurechtkommt, wenn es ein paar Jahre älter ist.

Die Mütter können dann aber nicht völlig verschwinden und nach drei Jahren einfach auftauchen, um ihr Kind zurückzufordern. Sie müssen schon einen guten Kontakt aufbauen und den während der Zeit der Trennung aufrechterhalten. Die meisten Mütter wollen das auch.

Einige junge Frauen haben Probleme, die sie erst einmal bewältigen müssen. Einige waren drogenabhängig, haben Gewalt und Misshandlung erfahren, sind nicht gesund, psychisch und physisch. Es dauert, bis sie zu dem Punkt kommen, an dem sie selbst einsehen, dass es nicht mehr weitergeht wie bisher. Fast alle Mütter tun sich unheimlich schwer damit, ihr Kind abzugeben, und so ein Wunsch reift lange in ihnen, bis sie ihn kommunizieren. Dass tatsächlich das Jugendamt mit der Polizei kommt und »Wir nehmen das Kind jetzt mit« sagt, ist natürlich für alle Beteiligten die schlechteste Variante. Aber es gibt sie.

Die häufigste Konstellation ist, dass bereits eine sozialpädagogische Familienhilfe die junge Mutter betreut. Es ist wichtig, offen zu kooperieren und immer zu versuchen, die Mutter mit einzubeziehen, damit sie auch bestimmte Schritte versteht und ihr Verhalten anpassen kann. Keine Mutter lässt sich einfach so das Kind wegnehmen. Sie muss in den Entscheidungsprozess mit einbezogen werden und im besten Falle selbst einsehen, dass die Notbremse gezogen werden muss. Wichtig ist, ihr zu zeigen, wie sie trotzdem verantwortungsbewusst handeln und weiterhin Mutter bleiben kann für ihr Kind, auch wenn es nicht mehr bei ihr lebt. Eine gute Zusammenarbeit ist die Voraussetzung, damit die Mutter nicht abspringt und zumacht, verhärtete Fronten die Folge sind und dann das Kind tatsächlich mit Polizeieinsatz aus einer Wohnung geholt werden muss.

Für alle Mütter, die zu uns in die Mutter-Kind-Wohngruppe kommen und sich für eine Rückführung entschieden haben, ist der Ausgangspunkt der gleiche, egal, wie die Vorgeschichte war. In manchen anderen Einrichtungen werden gleich am ersten Tag Mutter und Kind zusammen aufgenommen, auch wenn sie mehrere Monate überhaupt nicht zusammengelebt haben und das Kind in einer Pflegefamilie war. Die Mutter muss dann von jetzt auf gleich selbstständig die Versorgung ihres Kindes gewährleisten. Bei uns läuft das aus guten Gründen anders. Nachhaltiger ist es, wenn man die Beziehung zunächst sondiert und dann schrittweise arbeitet.

Wir beginnen mit einem Vorstellungsgespräch und prüfen schon da die Motivation der Mutter. Oft ist es so, dass bei den Müttern, die wenig einsichtig sind und glauben, bisher alles richtig gemacht zu haben, eine Kooperation schwierig ist. Sie sind manchmal mit unseren Anforderungen, unseren Auflagen und unseren Gruppenregeln schon so überfordert, dass sie unter diesen Voraussetzungen absagen. Das entscheidet sich relativ schnell.

Die nächste Möglichkeit auszusteigen, kommt oft nach einer Woche in der Einrichtung. Dann stellen manche Mütter fest, dass sie so, wie es bei uns läuft, nicht leben können und wollen. Das Regelpaket ist ihnen möglicherweise zu groß, der Gruppenrahmen wird als lästig empfunden und dass sie erst allein aufgenommen werden ohne Kind, gefällt vielen Müttern auch nicht. Sie wollen in erster Linie ihr Kind wiederhaben, sehen oft keinen Sinn darin, erst einmal allein vieles lernen zu müssen, um richtig vorbereitet zu sein.

Die ersten paar Tage sind auch ohne Kind schon hart für die Mutter, die vielleicht vorher ganz anders gelebt hat und sich jetzt komplett umstellen muss. Die wenigsten Mütter schreien »Hurra«, wenn sie bei uns einziehen. Es wird ihnen klar, dass es bei uns vorrangig um das Kind geht und bestimmte Bedingungen erfüllt werden müssen. Ansonsten erhalten sie nicht die Chance, wieder mit ihrem Kind zusammenzuleben.

Jede Frau muss sich hier gemeinschaftlich einbringen, muss Rücksicht nehmen und Aufgaben erledigen, das ist das Grundkonzept dieser Wohngruppe. Die Mütter müssen beispielsweise jeden Tag bestimmte Räume putzen. Wie in jeder anderen WG muss jeder der Hauswirtschafterin helfen, die das Mittagessen zubereitet. Wenn das Kind mit in der Einrichtung ist, erst stundenweise, dann tageweise, gibt es eine feste Tagesstruktur. Die Mütter können nicht sagen: »Mensch, ist ja alles wunderbar entspannt, ich schlafe jetzt einfach mal bis zwölf. Mein Kind schläft ja auch noch. Es reicht, wenn ich zum Mittagessen aufstehe.«

Das läuft anders: Sie sollen lernen, mit ihrem Kind um halb neun am Frühstückstisch zu sitzen und auch danach den Rest des Tagesablaufs den Bedürfnissen des Kindes anzupassen. Zu einer bestimmten Zeit wird gemeinsam Mittag gegessen, danach halten die Kinder je nach Alter Mittagsschlaf. Oft sind die Mütter dann selbst müde und legen sich mit hin. Am Vormittag muss die Mutter mit ihrem Kind gemeinsam zwei Stunden in unserem Babybereich verbringen. Dort, in einem großen Spielzimmer, werden die jungen Frauen von der Erzieherin angeleitet und lernen, was wichtig ist für das Kind, was es können muss, wie man es weiter fördern kann. Das läuft auf eine sehr zwanglose Art ab, nicht wie Frontalunterricht. Trotzdem gibt es Regeln. Handys sind beispielsweise im Spielzimmer verboten.

Nachmittags ab 14 Uhr kann die Mutter ihre Zeit frei gestalten, es sei denn, sie hat einen Arzt- oder Amtstermin. Sie kann in die Stadt gehen, sich mit dem Freund treffen oder Ähnliches. Spätestens um zwanzig Uhr müssen die Mütter mit ihren Kindern wieder in der Gruppe sein. Manchmal sogar eher, wenn das Kind einen anderen Rhythmus hat. Dann ist es völlig egal, wenn die Freunde noch unterwegs sind und die Zigarette noch nicht aufgeraucht ist. Der Tag ist kindbestimmt, das sage ich den Müttern, die sich für eine Rückführung vorstellen, in aller Deutlichkeit.

Wir haben nur selten Mütter aus Hilden bei uns, die meisten kommen aus anderen Städten und da beginnt die nächste Hürde: Das Kind ist in der Heimatstadt untergebracht, zum Beispiel in einer Pflegefamilie in Köln. Die Mutter muss dann über die Entfernung die Besuchskontakte, so wie sie vorher auch schon organisiert waren, als sie noch in Köln lebte, von uns aus eigenständig managen. Das bedeutet, dass sie mit Bus und Bahn dorthin fahren muss, nur um eine Stunde ihr Kind zu sehen. Dafür braucht es dann vielleicht zwei Stunden Fahrtweg, je nach Besuchsstruktur zwei- oder dreimal in der Woche. Wir hatten schon einige Mütter bei uns, die gleich die Rückführung abgebrochen haben, weil ihnen die langen Anfahrten zu umständlich waren.

Jeder Tag ist eine Herausforderung: Wenn die junge Mutter auch am dritten Tag nicht um halb neun am Frühstückstisch sitzt, besprechen wir das mit ihr. Wir beziehen die Mütter sehr offen und intensiv in die Auseinandersetzung mit ein. Natürlich beraten wir uns auch intern, aber wir machen es häufig so, dass wir die Mutter mit ins Fachteam bitten, wo dann fünf bis sieben Mitarbeiterinnen sitzen, denen sie sich stellen muss. So müssen sich die Frauen mit der Problematik auseinandersetzen. Wir prüfen immer wieder die Motivation. Jede Frau hat eine Bezugsbetreuerin, die mit ihr aufarbeitet, was die Gründe dafür waren, dass das Kind von ihr getrennt wurde oder sie es abgegeben hat. Dafür ist in den ersten zwei Wochen viel Zeit, denn dann kommt das Kind noch nicht in die Wohngruppe, die Mutter fährt zu den Besuchsterminen.

Die Pflegefamilien sind meistens inkognito und die Besuchskontakte finden in Räumlichkeiten von Ämtern statt. Manchmal sind die Treffen auch begleitet. Es kommt darauf an, wie sich die Beziehung entwickelt. Es kann vorkommen, dass wir die Mutter mit ihrem Kind in einem speziell eingerichteten Raum eine Stunde allein lassen. Dass eine Mutter in einer solchen Situation wegläuft, habe ich persönlich noch nicht gehört. Dass man sie unbeaufsichtigt lässt, wird erst dann zugelassen, wenn sich alle Fachleute einig sind, dass man sich auf die Frau wirklich verlassen kann. Dann geht man davon aus, dass nichts passiert und die Mutter sich angemessen um ihr Kind kümmert.

Es gibt Fälle, da läuft es wirklich gut. Wir haben jetzt eine Mutter aufgenommen, von der das Jugendamt sagte, dass in den letzten Monaten alles wunderbar gelaufen sei: Die Mutter war immer zuverlässig zu den Besuchsterminen erschienen, hat sich gut gekümmert und jetzt möchte sie das Kind dauerhaft zurückhaben. Das sind natürlich gute Ausgangsvoraussetzungen. Es kann auch ganz anders sein. Manchmal stellt eine Mutter erst bei uns fest, dass sie mehr als eine oder zwei Stunden doch nicht mit ihrem Kind gestalten kann. Sie erscheint nicht mehr zu den Terminen und distanziert sich.

In der Regel gibt es immer einen Bezug oder eine Bindung zwischen Mutter und Kind in irgendeiner Form. Es ist auf jeden Fall gut, wenn der Kontakt beibehalten wird, selbst dann, wenn die Mutter entscheidet, das Kind nicht zu sich zurückzuholen. Die Mutter bleibt einfach die Mutter. Und sie wird es immer bleiben, ob das Kind gerade woanders lebt oder nicht. Es gibt genügend Erfahrungen, die zeigen, dass es wichtig fürs Kind ist zu wissen, wer seine Mutter ist, auch wenn es sie nur einmal die Woche für eine Stunde sieht.

Eine der ersten Mütter, die ich gegen Ende der Neunzigerjahre betreut habe, hatte ihr Kind von sich aus abgegeben. Heute hat sie mit einem neuen Partner ein neues Kind, aber sie hat den Jungen bei der Pflegefamilie sehr, sehr lange regelmäßig besucht. Es war dann sehr tragisch, dass der Kontakt mit dem neuen Mann und Baby endete. Der Junge ist jetzt älter als zehn. Aber ich bin davon überzeugt, dass es für ihn trotz allem wichtig ist zu wissen, wo seine Wurzeln liegen. Auch wenn er älter wird, wird er wissen wollen, warum sich seine Mutter entschieden hat, ihn in einer Pflegefamilie unterzubringen. Es kommen immer Fragen bei den Kindern auf. Vielleicht noch nicht mit fünf, sechs, aber wenn sie 14, 15, 16 oder älter sind mit Sicherheit.

Es gibt Lebensrealitäten, die nicht schön sind, aber mit denen viele Kinder irgendwann zurechtkommen müssen. Andere Eltern lassen sich scheiden, den Vater sehen diese Kinder dann vielleicht nur alle zwei Wochen für einen Sonntagsbesuch. Trotzdem bleibt er der Vater und es ist ganz wichtig für die Kinder, dass er diese Rolle ausfüllt und nicht plötzlich ganz aus ihrem Leben verschwindet.

Wenn unsere Mütter im Rückführungsprogramm die ersten zwei Wochen durchgehalten, auch die Mühen des öffentlichen Nahverkehrs nicht gescheut haben und sich insgesamt engagiert zeigen, ziehen wir Bilanz. Dann kann man überlegen, ob man das Kind für ein, zwei Stunden in die Mutter-Kind-Gruppe holt. Nichtsdestotrotz muss die Mutter für einen weiteren Zeitraum von wieder etwa zwei Wochen den Fahrtweg auf sich nehmen. Sie fährt also in unserem Beispiel von Hilden nach Köln und holt das Kind ab, verbringt drei Stunden in Hilden und bringt das Kind wieder zurück nach Köln. Eine Strecke kann dann schon zwei Stunden dauern. Diese Hürde ist auch eine gute, denn man kann viel daran messen. Die ersten vier Wochen sind von einigen Unannehmlichkeiten bestimmt. Die Mutter muss in Aktion treten und zeigen, was sie bereit ist zu tun, um ihr Kind zurückzubekommen.

Die meisten Mütter machen in dieser Phase keine Ausbildung, gehen nicht zur Schule. Wenn sie es tun, dann bitten wir darum, für die Zeit der Rückführung zu pausieren. Wir denken, dass es erst einmal darum gehen sollte, das Kind gut zurückzuführen. Oft war die Zeit der Trennung für Mutter und Kind schwierig und hat insbesondere die Bindung stark belastet. Diese muss dann erst wieder aufgenommen und intensiviert werden; Mutter und Kind müssen also viel Zeit miteinander verbringen, sich wieder aneinander gewöhnen, sich aufeinander einstellen. Wenn das klappt und Mutter und Kind sich gemeinsam gut bei uns eingelebt haben, kann man darüber nachdenken, wann die Mutter ihre Schule oder ihre Ausbildung fortsetzt.

Nach den ersten vier Wochen erhöhen wir noch einmal die Anzahl der Besuchskontakte: Dann kommt das Kind zu uns und übernachtet in der Wohngruppe. Für die Mütter ist das ein ganz großer Moment: Mein Kind kommt zu mir und darf bei mir in meinem Zimmer schlafen – ein aufregender Tag, der natürlich oft auch von Unsicherheiten geprägt ist, weil sie vielleicht die Schlafgewohnheiten des Kindes von der Pflegemutter auf einen Zettel geschrieben bekommen haben, aber nicht unbedingt wissen, was das in der Praxis heißt. Oft geben sich gerade in dieser Phase die Mütter sehr große Mühe. Sie gestalten das Kinderzimmer besonders schön, kaufen besondere Bettwäsche, dekorieren liebevoll. Dabei sind sie gleichzeitig unendlich nervös, ob sich das Kind in der fremden Umgebung wohlfühlen wird und ob es sich beruhigen lässt. Viele Fragen rasen den Müttern dann durch den Kopf. Erfahrungsgemäß läuft es oft sehr gut, das glaubt man kaum.

Die Mütter übernehmen erst einmal den »Beipackzettel«, der von der Pflegemutter mitgegeben wird und auf dem steht, wann das Kind üblicherweise isst, mittags schläft und abends ins Bett geht. Das sind die Strukturen, die das Kind kennt und mit denen es zu dem Zeitpunkt lebt. Die werden dann erst einmal auch so übernommen, ebenso Gewohnheiten mit bestimmten Kuscheltieren im Bett, Lieder singen zum Einschlafen, Lieblingsspiele. Das heißt nicht, dass es immer so bleiben wird, aber am Anfang ist es sehr hilfreich, wenn das Kind seine gewohnten Abläufe hat. Wir erhöhen dann wieder die Zahl der Übernachtungen, lassen das Kind auch zwei oder drei Tage und Nächte am Stück hier bei der Mutter.

Kürzlich betreuten wir eine Frau, die einen außergewöhnlich weiten Weg zur Pflegefamilie zurücklegen musste. Sie hat die Besuche trotzdem durchgehalten, doch wir mussten auch bedenken, dass die Strapazen für das Kind nicht unerheblich waren. In dem Fall haben wir dann eine Kontaktphase von Freitag bis Montag zugelassen, die wir dann sogar auf die Zeit von Donnerstagnachmittag bis Montag verlängert haben. Einzelne Tage mit Unterbrechungen wären hier einfach nicht sinnvoll gewesen.

Die Pausen zwischen den Besuchstagen wecken bei den Müttern eher Sehnsucht, als dass sie Erholung sind. Es ist nicht leicht für diese Frauen, hier in einem Kontext zu leben, wo andere Mütter rund um die Uhr mit ihren Kindern zusammen sind. Das mitzuerleben und das eigene Kind wieder wegbringen zu müssen wühlt das schlechte Gewissen darüber auf, sein Kleines abgegeben zu haben, und erinnert oft auch (unbewusst) an eigene Wunden.

Die Mütter im Rückführungsprogramm werden in der Regel von den anderen Bewohnerinnen aber sehr unterstützt. Diese motivieren sie, erinnern immer wieder daran, worum es geht und was das Ziel ist, und leben letztendlich das vor, was sie sich wünschen.

Zwischendurch gibt es immer wieder Auswertungsgespräche mit allen Beteiligten wie zum Beispiel dem Jugendamt oder dem Kinderpflegedienst. Wenn es Mutter und Kind prima geht und wir alle denken, dass die Rückführung auf einem guten Weg ist, läuten wir nach sechs bis acht Wochen den Endspurt ein und überlegen, wann wir das Kind hier in der Gruppe aufnehmen.

Üblicherweise bleiben Mutter und Kind mindestens ein weiteres halbes Jahr bei uns. Dieses Modell hat sich bewährt. Es ist zwar erst einmal doppelt so teuer, weil sowohl die Pflegefamilie als auch der Platz für die Mutter in der Einrichtung bezahlt werden müssen, aber diese Art der Rückführung ist definitiv erfolgversprechender. Es macht keinen Sinn, Mutter und Kind am selben Tag in der Einrichtung aufzunehmen, um dann drei Wochen später festzustellen, dass es zu früh war, die Mutter wieder überfordert ist und alles vollkommen eskaliert. Das sehen auch immer mehr Jugendämter ein.

Den Ämtern geht es natürlich um das Kindeswohl, aber es wird auch immer mehr auf die Kosten geschaut. Wir hatten auch schon einen Fall, bei dem das Jugendamt uns eine Schwangere mit der Vorgabe geschickt hat, sie unbedingt ein halbes Jahr nach der Entbindung wieder zu entlassen. Diese Mutter hat es dann tatsächlich geschafft, sie hatte Glück. Mit solch einer Frist zu leben ist aber für jede Frau mit einem furchtbaren Druck verbunden.

Es steht sehr viel auf dem Spiel, denn es geht wirklich um eine zweite Chance für Mutter und Kind. Ich kenne keinen Fall, bei dem es nach einer missglückten eine weitere Rückführung gegeben hätte. Ab einem bestimmten Punkt kann man das einem Kind einfach nicht mehr zumuten.

7

»Für manche war ich eine Art Heldin«

Jessica, 17, Bispingen,
Ausbildung zur Gesundheits- & Krankenpflegerin
Tochter **Amelie**, 3

Sie würde Amelie immer wieder haben wollen – nur später. Mit 14 war sie schwanger. Während andere über das erste Mal nachdachten, kaufte Jessica bereits die Baby-Erstausstattung.

Unterstützt wurde sie von der eigenen Familie und dem Kindsvater, eine Konstellation, die nur wenige Teeniemütter genießen können. Ohne die Hilfe ihrer Mutter hätte Jessica wahrscheinlich nicht durchgehalten.

Ihre Zukunftsplanung ist konkret: Jessica hat den Realschulabschuss geschafft und beginnt jetzt eine Ausbildung zur Krankenschwester – ihrem Traumberuf.

Amelie soll es an nichts fehlen, sie soll normal aufwachsen wie andere Kinder auch. Dass ihre Eltern so jung sind, kann irgendwann ein Vorteil sein. Momentan erschwert es die Lage. »Nicht aufgeben!« ist Jessicas Devise.

Ich war immer schon ein Wildfang, laut, schnell und lustig. Vielleicht ist das typisch für ein Sandwichkind: Meine Schwester ist ein Jahr älter, mein Bruder drei Jahre jünger als ich. Die christliche Erziehung durch meine Eltern hat uns sehr geprägt. Wir sind in der freien evangelischen Kirche und besuchten in meiner Kindheit regelmäßig den Gottesdienst.

Mit 14 lernte ich Amelies Papa Daniel kennen. Er kam nicht gerade aus einem perfekten Elternhaus und war ein ziemlicher Mädchenschwarm. Mein Vater hat ihm deutlich zu verstehen gegeben, dass er unsere Freundschaft, aber keinen sexuellen Kontakt duldet. Wir waren ihm einfach zu jung, ich kann das heute nachvollziehen.

Ich durfte bis 22 Uhr ausgehen, streng nach Jugendschutzgesetz. Einmal wollte ich in ein besonders angesagtes Lokal weiter weg, mein Vater ist einfach mitgekommen. Er hat in der Disco meine Tasche gehalten und ich bin auf die Tanzfläche gesprungen. Papa ist cool in jeder Hinsicht, nur in puncto Sex ist er sehr speziell. Meine Schwester Anica und ich haben uns damit abgefunden, wir hatten auch gar keine Lust mehr, mit ihm darüber zu sprechen. Es gab dann immer nur Streit.

Ich bin zu Hause und in der Schule ganz gut aufgeklärt worden, nur Verhütung war damals noch kein Thema. Ich denke, Mama hielt mich einfach noch für zu jung für Gespräche dieser Art. Ich wollte die Pille haben, wusste aber, dass meine Eltern von dieser Idee nicht begeistert sein würden. Ich habe auf stur geschaltet und für mich beschlossen, es sei mir egal. Dann mache ich es eben trotzdem und verhüte anders – das war meine Reaktion. Mit einem richtigen festen Freund fühlte ich mich schon sehr erwachsen. Ich war mir über meine Gefühle im Klaren und wollte für mich selbst entscheiden.

Ich habe Daniel über gemeinsame Bekannte kennengelernt. Wir haben im Sommer im Freundeskreis häufig zusammen gegrillt und die Abende durchgequatscht. Wir beide haben uns immer viel zu sagen gehabt. Dann wurden wir ein Paar. Meine Eltern haben ihn sehr herzlich hier mit aufgenommen. Die Bedingungen waren uns klar.

Das erste Mal ist dann einfach passiert, da waren wir zwei Monate zusammen. Wir waren sehr verliebt und machten uns nicht viele Gedanken über Verhütung, wir wollten uns einfach nahe sein. Daniel, der Mädchenschwarm, und ich ein Paar, wir schwelgten im Glück. Dann blieb meine Regel aus. Ich holte mir ohne große Sorge einen Schwangerschaftstest aus der Drogerie, der war negativ. Ich habe ihn weggeschmissen und das Problem ad acta gelegt. Dann bekam ich aber auch weiterhin meine Periode nicht. Ich habe noch einen Test gemacht. Es ist fast vier Jahre her, aber ich weiß noch ganz genau, wie ich mit meiner Freundin im Badezimmer eingeschlossen war und wir beide auf das positive Testergebnis starrten. Ich habe geheult, mich aber trotzdem irgendwie gefreut.

Der schlimmste Gedanke war dann, es meinen Eltern erzählen zu müssen. Ich hatte große Angst vor den enttäuschten, betroffenen Gesichtern. Ich habe Daniel sofort angerufen und er hat nur immer wieder gesagt »ach, du Scheiße« und ist sofort hergekommen. Wir hatten unglaubliche Angst vor meinen Eltern. Meiner Schwester habe ich mich anvertraut und die hat dann die Vorarbeit bei meiner Mutter geleistet. Die hat es meinem Vater erzählt. Ich habe es insgesamt eine Woche geheim gehalten, das bedeutete etliche Nächte ohne Schlaf, mit vielen Tränen und großen Sorgen.

Eines Tages hörte ich Mama unten im Haus weinen, sie riefen mich zu sich. Da saßen Papa, Mama und Anica auf dem Sofa und ich wusste genau, dass meine Schwester es nicht mehr hatte für sich behalten können. Toll war, dass mein Vater sofort sagte, meine Eltern würden mich unterstützen, egal, wie ich mich entschied. Sie haben mich lange in den Arm genommen und dann haben wir versucht, einen Plan zu machen. Mama hat einen Termin beim Frauenarzt arrangiert und mir versprochen, mit mir gemeinsam hinzufahren. Ich erinnere mich noch an das erste Ultraschallbild. Da war ein ganz kleiner Punkt und mir wurde ganz schummerig. Ich war 14 Jahre alt, hatte gerade meinen ersten richtigen Freund. Plötzlich fühlte ich mich richtig erwachsen. Es war ein Reifeprozess innerhalb kürzester Zeit, so, als ob ich mich ganz und gar auf die neue Lebenssituation einstellen würde.

Daniel war erst für eine Abtreibung, er traute sich selbst die Verantwortung für ein Baby nicht zu. Aber dann rief er mich abends an und sagte: »Wir behalten das Kind! Wir haben es verbockt, wir ziehen das jetzt gemeinsam durch. Wir können noch überlegen, ob wir es behalten oder weggeben, aber wir werden das Kind bekommen.«

Meine Mutter hat viel geweint in der Zeit, sie war einfach unheimlich enttäuscht, dass ich sie angelogen hatte. Ich hatte immer behauptet, keinen Sex mit Daniel zu haben. Sie ist von dieser Zeit so geprägt, dass sie noch heute immer wieder nachfragt, ob wir richtig verhüten, und zusätzlich Kondome empfiehlt. Es könne ja trotzdem so viel schiefgehen. Recht hat sie, aber sie macht sich immer noch viel mehr Gedanken als ich. Sie ist einmal im Monat sehr unruhig und ist erleichtert, wenn ich meine Tage habe.

Als ich schwanger wurde, ging ich in die achte Klasse. Meine Eltern und ich hatten einen Termin beim Direktor während einer großen Pause. Wir haben mit ihm und meiner Klassenlehrerin geklärt, dass ich die Schule weitermache, und haben gemeinsam überlegt, wie wir das am besten organisieren. Es ging dann so weit, dass meine Lehrerin zu mir nach Hause gekommen ist und mit mir auf dem Sofa Mathearbeiten geschrieben und gelernt hat. Das war eine tolle Hilfe, sie war eine fantastische Lehrerin, die selbst sieben Kinder hatte.

Die Schulzeit war hart. Am ersten Schultag habe ich mich gleich übergeben, die Übelkeit hielt lange an. Dazu kamen permanente Rückenschmerzen, die mich quälten. Auch hier half die Lehrerin: Ich hatte hinten in der Klasse ein Stehpult und einen Gummiball.

Keiner hat schlecht geredet, niemand zog über mich her. Als Amelie auf der Welt war, wurde ich mit Geschenken aus der Schule überschüttet. Meine Klassenlehrerin brachte mir einen riesigen Korb nach Hause, voll mit selbst gestrickten Söckchen und anderen Geschenken von Lehrern und Schülern, die ich zum Teil gar nicht persönlich kannte. Auch aus der Nachbarschaft kamen von allen möglichen Leuten Präsente und Glückwünsche, das war schon beeindruckend. Für manche war ich eine Art Heldin. Auch heute noch, wenn ich Menschen begegne, sagen die immer wieder, wie sehr sie bewundern, dass wir das hier als Familie hinkriegen und ich genügend Disziplin für Schule und Ausbildung mitbringe.

Ich habe eine gleichaltrige Bekannte, die gerade ein Kind bekommen hat. Ich habe sie vor zwei Tagen besucht. Diese junge Mutter ist ganz anders, als ich damals war: Ich fand es entsetzlich, sie dabei zu beobachten, wie sie beim Stillen telefonierte und gar nicht richtig mit dem Baby kommunizierte. Da war ich völlig anders im Umgang mit Amelie. Mir ist aber auch bewusst, dass diese Bekannte ohne den Rückhalt, den ich in den letzten drei Jahren von so vielen Menschen bekommen habe, klarkommen muss. Man kann das nicht alles als Einzelkämpferin und ohne Hilfe durchziehen, dafür reicht die Kraft nicht.

Amelie wurde im Februar geboren. Ich hatte immer vor, spontan zu entbinden. Leider wurde bei mir der Beginn einer Schwangerschaftsvergiftung festgestellt. Die Folge war ein Kaiserschnitt. Ich habe im Universitätskrankenhaus Eppendorf in Hamburg entbunden. Ich hatte dort sowohl an einem Geburtsvorbereitungskurs als auch an einer Sprechstunde für junge Mütter teilgenommen, fühlte mich dort gut aufgehoben und verstanden. Ich hätte sonst auch einen Kurs gemeinsam mit Älteren gemacht, aber dies war nun mal ein Glücksfall: Es war schön, in der Schwangerschaft zu sehen, dass ich nicht allein war in dieser außergewöhnlichen Situation. Im Vergleich mit den anderen jungen Schwangeren war ich wiederum eine Ausnahme mit meinem Hintergrund: Die meisten Mädchen waren allein, waren vom Freund verlassen worden, bekamen keine familiäre Unterstützung und mussten mit Stress aus dem Umfeld leben, statt dort auf Verständnis zu stoßen.

Bei mir waren allein schon die räumlichen Voraussetzungen ideal: Ich konnte im Haus meiner Eltern wohnen, Amelie und ich in eigenen Zimmern. Möbel bekam ich von meiner Familie, alle haben geholfen.

Das Tollste war, dass Daniel meine Erwartungen in der schweren Zeit noch übertroffen hat: Wir kannten uns ja nicht wirklich gut nach acht Wochen Beziehung. In der Schwangerschaft war er immer für mich da, wir haben viele Abende und Nächte durchgeredet, lernten uns richtig kennen. Wir akzeptierten die Situation und fühlten uns auch kurz vor der Geburt noch nahezu unbeschwert.

Vorher habe ich mir oft viele Gedanken gemacht. Ich wollte beispielsweise nie ins Schwimmbad gehen mit meinem Babybauch, ich hatte Angst vor den Blicken der Leute. Daniel hat mich in solchen Situationen aufgebaut und einfach mitgezogen, sodass ich meine Hemmungen in der Öffentlichkeit ablegen konnte.

Wir beide haben das wirklich prima hinbekommen, hatten beide gute Schulzeugnisse, haben uns um unser Kind im Bauch gekümmert. Ich weiß noch, wie liebevoll Daniel immer meinen Bauch massiert hat. Mir war die ganze Zeit klar, dass er mich nicht verlassen würde. Auch heute bin ich mir seiner sehr sicher, ich könnte meine Hand für ihn ins Feuer legen.

Ich habe mich zwei Monate nach Amelies Geburt von ihm getrennt, weil ich Abstand brauchte. Trotzdem war er jeden Tag da, wir haben immer noch etwas zusammen als Familie unternommen, das haben wir nie infrage gestellt. Ich denke, die Kleine hat die Beziehungspause als solche gar nicht wahrnehmen können.

Als Amelie nach dem Kaiserschnitt ihren ersten Schrei tat, hörte ich Daniel darin. Das war absolut irre. Ich hörte den Klang seiner Stimme in ihrer ersten Äußerung auf dieser Welt. Ich werde das nie vergessen.

Für mich war es schwer nach der Entbindung. Ich hatte solche Schmerzen nach dem Kaiserschnitt und leider einen hartnäckigen Husten, der mich jedes Mal innerlich zerriss. Ich hing am Schmerztropf und habe nur geheult. Ich wollte keinen Besuch, sondern nur Ruhe. Wenigstens das Stillen hat gleich geklappt, wobei ich nur drei Wochen lang durchgehalten habe. Ich wollte schnell wieder zur Schule und das Abpumpen erschien mir als zu stressig.

Fünf Tage musste ich im Krankenhaus aushalten, es war für mich eine Quälerei. Es ging mir körperlich und psychisch so schlecht, dass ich einfach nur nach Hause wollte. Ich bin trotz größter Schmerzen immer schnellen Schrittes an der Glasscheibe des Schwesternzimmers mit dem Baby vorbeigegangen, damit die mich als gesund und stabil einschätzen. Ich hätte alles getan, um entlassen zu werden. Ich hatte zu allem Überfluss noch eine Frau in meinem Zimmer, die immer draußen rauchte, streng roch und deren Baby ständig komische Geräusche machte. Es war insgesamt ein Albtraum.

Unser erster Tag zu Hause war ein guter Start ins neue Leben: Ich war so stolz auf Amelie, dass ich Daniel gebeten habe, mit uns einen langen Spaziergang zu unternehmen. Ich wollte sie überall vorzeigen: im Supermarkt, beim Bäcker, an der Tankstelle, jeder sollte meine Tochter sehen.

Während der ersten Wochen zu Hause haben wir uns sehr schnell eingespielt. Ich war zunächst rund um die Uhr mit Amelie zusammen. Daniel kam nach der Schule dazu und war täglich bei uns. Meine Familie stellte sich ganz toll auf den Babyrhythmus ein und die für den Anfang typische Unsicherheit war bei allen schnell verflogen.

Meine Mutter hat es geschafft, mich nicht spüren zu lassen, dass sie die erfahrene Mutter von drei Kindern ist. Sie hat mich machen lassen, hin und wieder Tipps gegeben und natürlich meine Fragen beantwortet. Aber grundsätzlich konnte ich hier mit meiner Aufgabe wachsen.

Meine große Schwester war stolz auf mich, unser Verhältnis wurde nach Amelies Geburt besser, als es früher gewesen war. Sie hat mich einfach ernster genommen.

Die Nächte waren weitaus harmloser, als ich befürchtet hatte. Amelie hat relativ früh durchgeschlafen, bekam keine Dreimonatskoliken, war immer schnell zu beruhigen. Nach drei, vier Wochen ging ich wieder täglich zur Schule, meine Mutter übernahm das Baby. Für mich waren das lange Tage: frühmorgens meine Tochter fertig machen, Schule, Amelie, Hausaufgaben machen, Amelie, lernen. Meine Freunde sahen in mir, wenn ich mit ihnen zusammen war, noch die alte Jessi, die albern und ausgelassen war. Zu Hause schlüpfte ich in die Rolle einer vernünftigen jungen Mutter. Diese zwei Seiten musste ich auch haben, sonst hätte ich komplett meine Jugend übersprungen, so etwas kann nicht gut gehen. Deshalb war ich auch in der Schule nicht plötzlich eine Außenseiterin, sondern Jessi, das lustige Mädchen, mit dem man Pferde stehlen konnte wie früher auch.

In der Zeit lernte ich einen anderen Jungen kennen und war auf einmal verknallt. Es war nichts Rationales, meine Gefühle und Hormone spielten einfach verrückt. Wir liefen uns öfter über den Weg und ich war immer hin und weg, sobald ich ihn sah.

Er war aber kein verlässlicher Typ, mit dem man eine Beziehung aufbauen konnte, er war unstet. Und da ich mich mit Daniel weiterhin gut verstand, überdachte ich meine ganze Situation lange und gründlich. Ich wusste, ich musste eine Entscheidung treffen und mich um unser aller Wohl festlegen. Daniel und ich sind seit einem halben Jahr wieder fest zusammen. Es musste reiflich überlegt sein, ich wollte nicht immer nur einen Schritt vorwärts- und dann gleich wieder einen zurückgehen. Irgendwann war ich mir absolut sicher und ich habe gedacht: Wir schaffen das. Seitdem läuft es gut und ich bin mit Daniel sehr glücklich.

Mein Verhältnis zu Amelie war immer schon unheimlich eng, obwohl sie viel mit ihrer Oma zusammen ist. Aber die ist eben die Großmutter und ich bin ihre »Mama«. Amelie kennt unsere Strukturen und lebt gut damit. Wie andere Kinder, deren Mütter arbeiten gehen, wird sie betreut, wenn ich in die Schule gehe. Wir haben viel Spaß zusammen und sie ist ein pflegeleichtes Kind. Ich habe schon manchmal ein schlechtes Gewissen, wenn ich an die Ausbildung denke, die bald anfängt, weil ich dann noch weniger für sie da sein kann. Aber ich hätte ein noch viel schlechteres Gewissen, wenn ich keine Ausbildung machen und nur rumsitzen würde.

Eine Ausbildung zur Krankenschwester hat mir schon immer vorgeschwebt. Es liegt mir, Menschen zu pflegen. Ich werde am Anfang in Walsrode zur Berufsschule gehen und dann im Krankenhaus Soltau die verschiedenen Stationen durchlaufen. Ich hätte gern in Hamburg gearbeitet, aber es wäre schwierig geworden, den Schichtdienst dort mit Amelies Betreuung zu vereinbaren. Da ist es hier einfacher. Das Krankenhaus ist nur zwanzig Minuten mit dem Auto von uns entfernt, Amelie kann hier im Kindergarten bleiben. Die restliche Zeit deckt meine Mutter ab.

Ich habe entweder Früh- oder Spätdienst. In der ersten Schicht muss ich gegen halb fünf aufstehen, damit ich um Viertel vor sechs im Krankenhaus zur Übergabe bereit bin. Den Führerschein habe ich bereits geschafft, die erste Zeit darf ich nur mit Begleitperson fahren. Wenn die Schul-Blockzeit vorbei ist und die praktische Ausbildung im Krankenhaus beginnt, werde ich 18 sein und kann dann auch allein Auto fahren. Die Spätschicht geht von 14 bis zwanzig Uhr, das ist auch noch im Rahmen. Nachtschichten macht man erst im dritten Ausbildungsjahr.

Irgendwann möchte ich noch selbstständiger sein und mit Daniel und Amelie eine eigene Wohnung haben. Aber jetzt bin ich einfach auf Mamas Hilfe angewiesen. Ohne ihre Unterstützung könnte ich keine Ausbildung machen. Ich weiß ihren Einsatz sehr wohl zu schätzen.

Das Verhältnis zwischen meiner Mutter und mir ist wirklich gut, über den Umgang mit Amelie streiten wir eigentlich nie, das ist schon beeindruckend. Und das, obwohl wir so eng und viel aufeinanderhocken und wir alle in einem Haus laufend Kompromisse eingehen müssen. Was die Erziehung und den Umgang mit der Kleinen angeht, sind wir uns einfach einig.

Amelie geht ab Sommer bis mittags um 13 Uhr in den Kindergarten. Mama bringt sie hin, weil ich dann schon längst aus dem Haus sein muss. Mittags holt sie Amelie ab, die beiden essen zusammen. Dann komme ich aus dem Krankenhaus und übernehme komplett. Wenn ich meine Tochter bei mir habe, dann ausschließlich, nichts anderes darf mir dann in die Quere kommen. Wenn ich Spätdienst habe, kann ich sie selbst morgens in den Kindergarten bringen. Das wird sich bestimmt alles gut einspielen. Bisher hat bei uns auch alles geklappt, da bin ich sehr optimistisch.

Mama hat mich immer angespornt, das war hilfreich. Ich glaube, den Führerschein hätte ich immer noch nicht bestanden, hätte meine Mutter nicht immer wieder geschubst. Sie treibt mich an, spielt manchmal mein Gewissen.

Ich hatte mich sowohl bei der Bundeswehr als medizinische Fachangestellte beim Zahnarzt als auch in Soltau im Krankenhaus beworben. Erstaunlicherweise habe ich von beiden Stellen sofort eine Zusage bekommen, obwohl ich geschrieben hatte, dass ich Mutter sei. Die wollten nur sichergehen, dass ich alles gut organisiert habe mit der Kinderbetreuung, und als sie merkten, welche Unterstützung ich von meiner Mutter bekomme, haben sie mich sofort genommen.

Daniel arbeitet momentan bei der Bundeswehr weiter weg und kommt seit letztem Sommer nur am Wochenende nach Hause. Für Amelie und mich ist das schon schade, aber wir hoffen, dass diese Wochenendbeziehung kein Dauerzustand bleibt.

Amelie ist ein Mamakind und muss sich immer wieder neu auf ihren Papa einstellen. Sie entwickelt sich so schnell, dass auch Daniel sich erst einmal neu an sie gewöhnen muss, wenn er sie fünf Tage lang nicht gesehen hat. Wir drei unternehmen an den

Wochenenden einiges zusammen und versuchen, so viel wie möglich nachzuholen. Abends bringen wir sie gemeinsam ins Bett und gehen dann zu zweit aus, einfach nur wir beide als Paar.

Ich bereue nichts von meinem bisherigen Leben. Wann ist der richtige Zeitpunkt zum Kinderkriegen? Manche lernen, studieren, wollen im Beruf arbeiten, sind plötzlich Mitte dreißig und reiben sich die Augen. Die verpassen den Zeitpunkt, Kinder zu bekommen, komplett. Berufliche Unsicherheit gibt es in jeder Altersklasse.

Ich wüsste gar nicht, was ich machen sollte, wäre Amelie nicht da. Ich kann mir nicht vorstellen, wie ich dann wäre. Ich wäre wahrscheinlich ein ganz anderer Mensch.

8

»Mein kleines Mädchen wurde Mama und ich mit 38 Jahren Oma«

Franziska, 41, Bispingen
Zwei Töchter, ein Sohn, eine Enkelin

Ab und zu muss sie einfach mal raus. Sie packt ihre Jacke, verlässt das Haus und macht einen langen Spaziergang durch die Lüneburger Heide. Manchmal reicht auch eine Viertelstunde Schlaf, nur kurz, denn sie muss viel leisten. Ihre Tochter Jessica wurde mit 14 schwanger, das war vor drei Jahren. Franziska absolviert ein Mammutprogramm: Neben der Tätigkeit im Büro ihres Mannes und der Versorgung ihrer eigenen drei Kinder übernahm sie auch die Versorgung des Babys, während ihre Tochter weiter zur Schule ging.

Sie gehört zu den wenigen Müttern, die ihren Töchtern mit Kind den Rücken stärken und sie voll unterstützen – manchmal bis über die Grenzen der Belastbarkeit hinaus. Mutterliebe kann stark genug sein für zwei Generationen.

Wir sind das, was einige wohl als gutbürgerliches, wohlsituiertes Elternhaus bezeichnen würden. Wir haben unsere Kinder liebevoll aufgezogen, waren immer sehr auf ein harmonisches Familienleben bedacht. Wir haben uns stets viel Zeit für unsere Kinder genommen, haben sie sowohl in Haushalt und Gartenarbeit mit einbezogen als auch viel mit ihnen unternommen: Schwimmen, Fahrradtouren, Tierpark, Urlaube – unser Leben war immer ein großes »Wir«.

Die beiden Mädchen hingen bis zur Pubertät sehr an mir, dann begann ein Abnabelungsprozess, in den unser Sohn gerade erst kommt. Die Pubertät ist eine schwierige Phase, anstrengend – für die Eltern und auch für die Kinder. Die Symptome sind Distanz, mangelnde Redebereitschaft, Widerworte, Diskussionen ohne Ende. Jede Mutter wünscht sich doch, dass es funktioniert in der Familie, dass das Zusammenleben harmonisch und das Verhältnis intakt ist. Das möchte ich auch weitergeben. Ich wünsche unseren Kindern, dass sie einmal in ebenso heilen Familien leben können.

Ich bin durch meine Kindheit einfach geprägt: Meine Mutter hat viel gearbeitet, sie konnte gar nichts dafür. Mein Vater ist früh gestorben, ich war noch so jung, gerade 16 Jahre alt. Meine Mutter stand mit fünf Kindern und einem Haus, das noch abbezahlt werden musste, allein da. Sie hatte nie viel Zeit für uns Kinder, sie hatte keine Chance. Leider starb sie 2002 im Alter von 63 Jahren. Das wollte ich ganz anders machen, meine Kinder sollten etwas haben von ihrer Mutter.

Mein Mann ist Schornsteinfeger und als er sich 2003 selbstständig machte, übernahm ich die Büroarbeit mit. Dazu kamen Aufgaben im Haus, Garten und mit den Kindern. Ich hatte immer schon lange Tage.

Wir haben unsere Kinder sehr christlich erzogen, das war uns beiden wichtig. Wir wollten eine gute Wertebasis schaffen. Im Grunde genommen geht es doch darum zu wissen, wer diese

Welt erschaffen hat, warum wir leben, dass es nach dem Tod weitergeht. Es ist nicht irgendwann einmal Schluss, sondern es geht weiter. Die Hoffnung geht weiter. Meine Kinder sollten wissen, dass sie immer mit jemandem reden können, ob mit uns oder mit Gott. Egal, was passiert ist.

Jedes Hoffnung machende und positive Bild hat auch mit gewissen Auflagen zu tun. Man muss sich klarmachen, dass nichts selbstverständlich ist, dass man zum Beispiel für das Essen danken sollte und sich bewusst ist, dass ein sorgenfreies Leben mit großem Haus und Harmonie ein Geschenk ist.

Zur christlichen Erziehung gehört eigentlich auch, dass man mit Sex bis zur Ehe wartet. In der Praxis sieht das anders aus, da muss man realistisch bleiben. Wir haben es unseren Kindern nicht verboten. So weit waren wir ja gar nicht. Jessi wurde mit 14 schwanger, da war sie gerade zwei Monate mit ihrem Freund zusammen. Das ging alles so schnell, wir hatten gerade erst kapiert, dass sie überhaupt einen festen Freund hat.

Anica, ihre ältere Schwester, hatte noch gar keinen Partner gehabt. Wir waren als Eltern auf diese Thematik nicht eingestellt. Wie so oft waren hier die Kinder schneller in der Entwicklung, als wir als Eltern es realisierten. Aufklärungsgespräche hatten wir schon gehabt, beide Mädchen wussten genau über Verhütung Bescheid. Aber für mich war Geschlechtsverkehr bei den beiden einfach noch kein Thema. Ich bin noch nicht so weit gewesen. Welche Mutter denkt denn schon daran, dass die eigene Tochter mit 13, 14 schwanger werden könnte?

In meiner Vorstellung sollten die Kinder die Schule fertig machen und danach eine Ausbildung anfangen, die ihren Wünschen entspricht. Sie sollten irgendwann Familien haben und es sich gut gehen lassen. Das haben wir ihnen gewünscht.

Heute weiß ich, dass Jessi damals gern die Pille genommen hätte. Aber sie hat mir nichts von diesem Wunsch gesagt und ich bin auch nicht auf die Idee gekommen, mit ihr darüber zu sprechen!

Wäre sie zu mir gekommen, hätte ich sie ihr selbstverständlich nicht verboten. Eine Mutter wäre naiv zu glauben, dass sie solche Pläne verhindern kann. Da muss man schalten und Schadensbegrenzung betreiben. Aber wie gesagt: Dazu hat mir niemand die Chance gegeben.

Irgendwann habe ich gemerkt, dass irgendetwas nicht stimmt. Wir wussten gerade mal, dass sie einen Freund hatte, den brachte sie mit nach Hause. Sie war 14, da denkt man als Mutter an Café- und Kinobesuche. Nicht an Sex. Nicht nach ein oder zwei Monaten Teenager-Beziehung.

Jessi veränderte sich. Sie kam nicht mehr auf mich zu, wich meinen Blicken aus, mied Gespräche. Ich merkte, dass sie mir etwas verheimlichte, konnte es aber nicht greifen.

Eines Tages hatte Jessica Besuch von ihren Freundinnen, später fand ich im Badezimmer im Mülleimer einen Schwangerschaftstest. Als die Mädels weg waren, habe ich sie darauf angesprochen. Sie erklärte mir, das ihre Freundin den Test gemacht habe. Ich war ahnungslos!

Später wusste ich dann, dass es Jessi war, die den Schwangerschaftstest gemacht hatte. Sie hatte mich angelogen. Mich hat diese Erkenntnis sehr traurig gemacht. Ich verstand nicht, warum sie nicht zu mir kam. War ich eine schlechte Mutter?

Heute bin ich mir sicher: Ich habe nicht versagt. Meine Tochter war einfach fertig und traute sich nicht, mir die Schwangerschaft zu beichten. Dann kam Anica, ihre große Schwester, zu mir. In der Schule brodelte die Gerüchteküche, und Jessi hatte sich ihr anvertraut. Ich bin dann in die Offensive gegangen, habe Jessi angesprochen und einen Termin beim Frauenarzt gemacht.

Ich war 38 Jahre alt. Mein Mann und ich haben ein Jahr vorher noch selbst überlegt, ob wir ein viertes Kind möchten. Jetzt war uns Jessi zuvorgekommen.

In der gynäkologischen Praxis habe ich im Wartezimmer gesessen, Jessi wollte allein ins Untersuchungszimmer. Es war wohl noch zu früh, um etwas zu sehen. Wir sollten nach ein paar Tagen wiederkommen, dann bin ich allerdings mit zur Untersuchung gegangen. Damit war meine Tochter einverstanden. Sie wurde untersucht und bei mir flossen die Tränen. Ich glaube, ihr war zu dem Zeitpunkt gar nicht bewusst, was gerade passiert. 14 Jahre alt und schwanger.

In meinem Kopf stand das Gedankenkarussell nicht mehr still: Hatte ich etwas verkehrt gemacht, hätte ich früher mit ihr über die Pille sprechen sollen? Aber wann, ich hatte doch keinen Anlass gehabt, darüber nachzudenken. Ein Freifahrtschein auf Verdacht hin, das wäre mir nicht in den Sinn gekommen. Es gibt offensichtlich Mütter, die ihren Töchtern schon mit 13 Jahren einfach die Pille nahelegen, obwohl sie überhaupt keinen Freund haben.

Ich habe es dann meinem Mann erzählt, das habe ich Jessi abgenommen. Er war fix und fertig, es riss ihm regelrecht den Boden unter den Füßen weg. Ich glaube, für ihn war die Situation noch schlimmer als für mich. Uns beiden war aber klar: Wir helfen, wo wir können, und Jessi muss all unsere Unterstützung jederzeit spüren, ebenso ihr Freund, der von zu Hause aus keinen großen Rückhalt hatte. Die Lehrer in der Schule signalisierten ebenfalls Hilfe, wir wurden langsam doch zuversichtlich, dass wir es schaffen könnten. Alle gemeinsam.

Ich wollte aber unbedingt vermeiden, dass Jessi das Gefühl bekam, von uns allen überrannt und erdrückt zu werden. Das ist ein schmaler Grat, den man dann gehen muss. Sie sollte frei entscheiden können. Wir haben sie nicht gezwungen, das Kind zu behalten. Wir hätten auch die andere Entscheidung mitgetragen.

Ich selbst musste mich auch mit der Situation erst einmal anfreunden. Ich bin nicht gerade vor Freude schreiend herumgelaufen: »Juhu, ich werde Oma!«

In der Nachbarschaft und im kleinen Ort hier wurde natürlich über uns geredet: die junge Tochter schwanger und das in einem so christlichen Elternhaus! Die Leute haben sich aber dann schnell beruhigt und waren ganz friedlich. Von unseren ganzen Freunden und der Familie kam nur Zuspruch. »Das schafft ihr!«, war die einhellige Meinung.

In einer solchen Situation als Mutter helfen zu dürfen war für mich eine Erleichterung. Es wäre viel schlimmer gewesen, wenn Jessi mich abgelehnt hätte und es allein hätte durchziehen wollen. Ich hatte keine Angst um unser Verhältnis, wir hatten ja einfach eine gute Basis. Sie war nach wie vor ein Teenager. Trotzdem hat sie sich dann nach und nach verändert: Sie wurde in kürzester Zeit viel reifer. Sie war nicht mehr das kleine Mädchen, machte einen richtigen Sprung. Ich war mir sicher, dass sie den Schulabschluss packen würde. Sorgen machte mir nur die Suche nach einem Ausbildungsplatz. Ich konnte nicht einschätzen, wie ein potenzieller Arbeitgeber auf eine so junge Mutter reagieren würde. Dass sie nun sogar ihren Wunschberuf Krankenschwester lernen kann, erleichtert mich enorm.

Es wäre ohne uns nicht gegangen, das ist ihr und uns klar. Es hat bei uns in der Familie auch Opfer gekostet, alle mussten ihren Teil beitragen. Ich habe ein Baby zu versorgen zusätzlich zu Jessi, außerdem noch eine 19-jährige Tochter und einen fast 15-jährigen Sohn.

Nichts ist mehr wie vorher. Wir müssen hier alle Rücksicht auf die kleine Amelie nehmen: Mittagsschlaf, Urlaubsplanung, Jessicas Lernphasen. Mein Mann und ich sind zum Schlafen in ein ganz kleines Zimmer gezogen, damit Mutter und Kind zusammen viel Raum haben. Wir alle mussten im wahrsten Sinne des Wortes Platz machen für die neue Situation.

Anica konnte sich am ehesten arrangieren. Sie hat unten im Keller ein Zimmer mit Gäste-WC, wo sie sich wohlfühlt. Thomas muss am meisten zurückstecken. Er ist schon genervt, wenn er gerade am frühen Abend leise sein muss wegen der Kleinen. Aber das würde ihn vielleicht auch nerven, wenn er noch eine kleine Schwester oder einen kleinen Bruder bekommen hätte.

Ich musste mir für mich klar werden, wo der Rat aufhört und wann der Schlag anfängt. Wann helfe ich, wann halte ich mich zurück, wann vertraue ich einfach der Intuition meiner Tochter? Es ist schwer, immer richtig zu entscheiden. Ich bin hier gleichzeitig Mutter und Oma, dementsprechend Erziehungsberechtigte, Respektsperson, eine Art Familienhäuptling.

Auch für Jessi ist das hier eng. Auch sie braucht ihre Freiräume. Am liebsten hätte sie eine eigene Wohnung mit Amelie und ihrem Freund, das kann ich absolut verstehen. Aber es ist leider nicht umsetzbar. Sie möchte ihre Ausbildung machen. Sie muss morgens sehr früh raus. Ich bringe Amelie dann in den Kindergarten und hole sie mittags wieder ab. Ich koche und kümmere mich um die Einkäufe. Es ist schwer für uns alle. Ich denke, dass wir es im Rahmen unserer Möglichkeiten richtig machen, aber ich kann nicht alles richtig machen.

Ich bin sehr stolz auf meine Tochter! Ich finde, dass Jessi das ganz toll macht mit Amelie. Auch der Papa bringt sich intensiv ein und kümmert sich rührend, wenn er da ist. Er arbeitet in einer anderen Stadt, ist jedes Wochenende bei uns. Jessi erzieht ihre Kleine in meinen Augen genau richtig. Sie bringt ihr gute Manieren bei, ist liebevoll und vorausschauend. Die Gefahr ist in unserem Haus immer gegeben, dass sich alle einmischen in die Erziehung. Man muss das trennen. Das ist das Schwerste, man funkt sonst immer automatisch dazwischen, als Oma und auch als Opa. Man muss sich heraushalten, schafft es aber nicht immer.

Mein Verhältnis zu Amelie ist das einer Oma zu ihrer Enkelin. Anders darf es auch nicht sein. Sie ist nicht mein Kind, sie ist Jessis Tochter. Ich liebe sie über alles und wenn ich daran denke, dass sie irgendwann nicht mehr hier leben wird, tut das mir und meinem Mann sehr weh.

Jessi hat mir aber immer das Gefühl gegeben, dass sie viel auf mein Urteil gibt. Sie hört auch viel auf die Kindergärtnerin und gibt mir das weiter. Wir sind so etwas wie eine Erziehungsgemeinschaft. Alle ziehen an einem Strang, keiner setzt auf einen Alleingang. Jessi guckt sich auch manches von mir ab. Genauso beobachte ich ihre Leichtigkeit, mit der sie schwierige Situationen meistert. Das übernehme ich genauso.

Ich bin schon öfter in Grenzsituationen gewesen, in denen ich dachte, ich kann nicht mehr. Wenn alles zu viel wird: die ganze Erziehung, Schlafmangel, Haushalt, Job, kein Freiraum für mich, keine Privatsphäre, das Gefühl, niemandem so richtig gerecht zu werden. Wenn ich manchmal denke, dass ich nicht alles schaffe, dann kommt der Tiefpunkt.

Als Amelie ein Jahr alt war, ging nichts mehr. Ich bin nach zwei chirurgischen Eingriffen am Knie und wegen einer Überbelastung zur Kur gefahren, eine Reha für vier Wochen. Ich hatte kein schlechtes Gewissen dabei, so bitter nötig hatte ich die Auszeit. Eine Freundin hat hier den Haushalt geschmissen. Ich genoss die Ruhe: mal nichts machen müssen. Kein Kochen. Keine Kindererziehung. Einfach mal so für mich sein.

Es war natürlich klar, dass hier alles weiterlaufen und ich dafür die Vorbereitungen treffen musste: Jessi sollte nicht wegen meiner Abwesenheit ihre Schule vernachlässigen. Die Rentenversicherung hat die Haushaltshilfe finanziert.

Es ist eine Frage der Planung, der Kopf muss ab und zu wieder freigemacht werden, sonst können die Räder nicht weiterlaufen. Wobei ich dann auch zu sehr Mutter bin, um nicht gleich zu denken, dass Jessi solche Auszeiten genauso braucht. Ich möchte nicht, dass sie irgendwann unter der Belastung zerbricht. Sie soll mit ihrem Freund auch mal ein Wochenende wegfahren können. Da ermuntere ich die beiden sehr.

Ich habe mir jetzt freie Stunden regelrecht auferlegt: Ich gehe konsequent einmal in der Woche in die Sauna und zum Sport. Darauf bestehe ich, das ist ein Ankerpunkt. Das Wochenende planen wir genau und schauen, dass auch für uns Erwachsene Freiräume bleiben. Für meine Ehe waren die letzten Jahre ebenfalls eine Belastung: Wir mussten schon sehr auf uns aufpassen, damit wir nicht untergehen. Auszeiten müssen auch wir nehmen, nur für uns als Paar. Genau das gleiche Problem haben Jessi und ihr Freund: Es dreht sich alles um Amelie und um die Ausbildung, da steht die Beziehung auch erst ganz hinten an.

Mein Mann und ich sind letztes Jahr eine ganze Woche nach Zypern geflogen. Das war wunderschön und wir haben gemerkt, dass wir solche Reisen öfters machen müssten. Wir brauchen das für uns, weil nur wir beide eines Tages im Haus übrig bleiben werden. Die Kinder gehen irgendwann.

Ich hätte mich gern während der ganzen Zeit ausgetauscht. Ich hätte gern andere Frauen in meiner Situation kennengelernt. Ich habe im Internet gesucht und nichts gefunden. Als Jessi gerade schwanger war, habe ich Kontakt mit einer Frau in Bayern aufgenommen, die auch sehr früh Oma geworden war. Aber die hat mir nur knapp geantwortet und mich an Beratungsstellen verwiesen. Einen Austausch wollte sie anscheinend nicht. Ich suche nach wie vor nach anderen betroffenen Omas. Es gibt fast 5000 Geburten minderjähriger Mütter im Jahr. Wo sind die Großmütter?

Ich selbst bin nicht schneller gealtert, nur weil ich schon eine Enkelin habe. Ich betone auch überall, wenn ich unterwegs bin, dass ich nicht meine Tochter, sondern meine Enkelin auf dem Arm habe. Ich denke, ich bin eine recht lockere Oma, so wie Jessi eine sehr lässige Mutter ist. Die beiden machen sich manchmal ganz schick, bevor sie einkaufen gehen. Jessi lackiert Amelies Fingernägel, die beiden hören coole Musik und tanzen. Es ist schon ein Unterschied zu meiner eigenen Entwicklung. Ich habe mein erstes Kind mit 21 bekommen, da war ich längst verheiratet und wir hatten eine richtige Familienplanung. Meine Mutter hatte mich aufgeklärt, Stefan und ich kannten uns schon seit der Schule. Ich kann also gut nachvollziehen, wie es ist, mit dem ersten Freund gleich eine Familie zu gründen. Nur bei mir war alles geplant.

Wir planen mit Jessi einfach jetzt. Mir ist immer besonders wichtig gewesen, dass sie trotz Kind ihre Jugend genießen kann und nicht das Gefühl bekommt, erdrückt zu werden. Sie soll schon die Verantwortung tragen für ihre Tochter, aber das pubertierende Mädchen Jessica soll auch ab und an ein sorgloser Teenager sein dürfen.

Jessi ist eine tolle Mama, die ihre Tochter über alles liebt, und ihr Freund ist eine hervorragende Wahl. Die drei werden es schaffen! Familie zu haben ist so wichtig: füreinander da zu sein und sich gegenseitig zu helfen, egal was kommt. Wir können uns glücklich schätzen. Dazu kommen Freunde, die uns immer bestärkt haben und es heute noch tun.

Die kleine Amelie fühlt sich hier pudelwohl, sie ist sehr lieb und aufgeweckt. Sie spricht gern und viel. Neulich saßen wir zusammen in der Badewanne und sie sagte zu mir, ich sei ihre beste Freundin. Wir hatten uns unterhalten. Ich habe ihr erzählt, dass ihre Mama jetzt anfängt zu arbeiten und einen Beruf lernt. Dass Amelie dann bald mit Mama und Papa in eine eigene Wohnung zieht. Amelies Antwort darauf war: »Und du kommst auch mit!«

9

»Ich habe versucht,
aus dem Fenster zu springen«

Dorothee, 22, Hausfrau
Tochter **Lea**, 5 Monate*

Dorothees Geschichte ist geprägt von Gewalt und Selbstmord-versuchen. Ihr Leidensweg führte zu der Inobhutnahme ihres Babys drei Wochen nach der Geburt.

Erinnerungen an die früheste Kindheit kamen in zahlreichen Therapien ans Licht: Es sind bruchstückhafte Momentaufnahmen. Furchtbare Szenen, in denen eine Mutter ihr Kind im Zimmer ein-schließt und nur hereinkommt, um einen Teller Essen abzustellen. Dorothee sieht einen Raum, in dem viele Rohre an der Wand ver-laufen, ähnlich einer Heizung. Sie erinnert sich weder an Nähe noch an Zuneigung.

Die Geschichte geht jetzt doch noch ein Stückchen weiter, es gibt große Hoffnung auf ein Happy End.

* Die richtigen Namen von Mutter und Tochter sind der Autorin bekannt.

Meine Mutter war 16, als sie mich geboren hat. Ich blieb ihr einziges Kind, meine Eltern trennten sich früh.

Ich kann mich dunkel an die Zeit erinnern, als ich im Kindergarten und fünf oder sechs Jahre alt war. Ich bin zu Hause abgehauen und mit dem Fahrrad zu meinem Vater gefahren, er wohnte in der gleichen Stadt. Ich klingelte, heulte und durfte rein. Wir hatten immer Kontakt gehalten, verstanden uns eigentlich sehr gut. Ihm war jedoch nicht bewusst, was bei mir zu Hause los war. Ich habe alles in mich hineingefressen, bis ich dann am Überkochen war. An dem Tag ließ ich alles heraus.

Mein Vater hat mich geschnappt, ins Auto gesetzt und ist mit mir zu meiner Mutter gefahren. Er stellte sie zur Rede, packte dann mit mir meine Sachen und nahm mich mit. Das war der Umzug ins Leben meines Vaters. Ich weiß nicht mehr, wie dann das offizielle Prozedere war, was das Jugendamt für eine Rolle spielte. Ich kann auch jetzt nur schwer über diese Zeit reden, ich muss sie weiterhin Stück für Stück mit meinem Therapeuten aufarbeiten. Der Schmerz sitzt tief, es tut mir sehr weh, darüber zu sprechen.

Mein Vater lebte zu der Zeit allein. Es war schön, ihn ganz für mich zu haben. Nach einiger Zeit lernte er eine Frau kennen und von dem Moment an fühlte ich mich abgemeldet. Ich sollte nicht zu viel im Weg sein, mich lieber außerhalb der Wohnung aufhalten. Ich fühlte mich nur noch hin und her geschoben. Als ich sieben, acht war, weiß ich noch, dass die Möglichkeit diskutiert wurde, mich ins Heim zu stecken. Da versuchte ich, mich umzubringen.

Ich war allein zu Hause und stieg aufs Fensterbrett. Ich hatte mich gerade überwunden zu springen, da fuhr die Frau meines Vaters auf den Hof. Ich zögerte und konnte den letzten Schritt nicht mehr gehen.

Meine Taktik war dann der Rückzug: Wenn ich aus der Schule kam, ging ich gleich in mein Zimmer, drehte die Musik auf, machte Hausaufgaben. Die Frau machte öfter den Versuch, mit mir zu reden, ich wollte nicht.

Kontakt zu meiner Mutter hatte ich die ganze Zeit nicht. Ich musste zweimal vor Gericht wegen Unterhaltszahlungen, die sie erst verweigert hatte. Dann versprach sie mir, sich mehr um mich zu kümmern, aber nichts änderte sich: keine Karte zu Weihnachten, kein Geschenk zum Geburtstag. Eines Tages war mir klar, ich musste mit meiner Mutter endgültig abschließen: Ich packte alles, was mit ihr zu tun hatte oder mich an sie erinnerte, in eine große Kiste und verbrannte sie. Ich will nichts mehr von ihr wissen, nie wieder.

Als ich elf oder zwölf war, ließ mein Vater mich untersuchen. Er hatte den Verdacht, dass mit mir psychisch etwas nicht stimmte. Ich wurde in die Psychiatrie eingewiesen, dort schnitt ich mir die Pulsadern auf. Drei Monate blieb ich dort in Behandlung. Die Aufarbeitung meiner Kindheit war die Hölle, ich war einfach durcheinander, im Kopf nicht zurechnungsfähig. Nach einem Monat ging es langsam bergauf, ich bekam Schulunterricht, fand Freunde, am liebsten wäre ich dort geblieben. Aber ich kam wieder zu meinem Vater. In der Therapie hatte er mich zweimal im Monat besucht, das gehörte zur Behandlung. Wir haben auch über die Zeit danach gesprochen, in der ich wieder zu Hause leben sollte. Ansonsten arbeiteten wir Gefühle auf, die man hat, Gefühle, die längst verdrängt waren, Gefühle, über die ich mich nie traute zu sprechen. Wir haben auch einen Plan gemacht, was ich verändern kann, wie ich mich im Leben verhalten soll. Ich habe versucht, Wut zu verarbeiten. Wut auf meine Mutter, die nie etwas für mich empfunden hat und die mir das weitergegeben hat, sodass ich heute erst ganz mühsam lernen muss, meiner Tochter zu zeigen, dass ich sie liebe.

Zurück bei meinem Vater und seiner Frau, klappte es erst sehr gut, nach zwei Monaten ging es bergab: Ich konnte die Frau nicht ertragen, sie hat mich so wütend gemacht. Den ganzen Tag über musste ich mir anhören, was ich falsch machte, wie unordentlich ich sei und welch schlechtes Vorbild ich für meine Stiefgeschwister abgab. Ich fing wieder an, alles in mich hineinzufressen. Die Angst war zu groß, erneut weggeschickt zu werden. Unser Verhältnis war extrem wechselhaft. Zwei Tage kamen wir gut zurecht, zwei Tage lang brüllten wir uns an und knallten Türen.

Zu meinen Stiefgeschwistern hatte ich eigentlich ein gutes Verhältnis, sie haben auch meistens in meinem Bett geschlafen, bis Papa es verboten hat. Auch mit ihm hatte ich Schwierigkeiten, er wollte Frieden in der Familie. Ich fühlte mich immer als das schwarze Schaf und rebellierte. Ich fühlte mich stets benachteiligt, sowohl materiell als auch emotional.

Er hatte mit vielem recht, das weiß ich heute, ich habe mich oft falsch verhalten. Wir hatten zu der Zeit eine Familienhilfe, die ich jedoch abgelehnt habe. Es gab einen schlimmen Vorfall, über den ich nie geredet hatte, aber durch den ich eines Tages förmlich geplatzt bin: Ich wurde mit 14 vergewaltigt.

Es war der Vater meiner damaligen besten Freundin. Er fuhr Lkw, nahm mich eines Abends mit und fasste mich an. Ich war noch Jungfrau. Ich wusste gar nicht, was er von mir wollte. Ich habe mitgemacht aus Angst, dass er mich verprügelt.

Die Sache kam vor Gericht, ich hatte ihn angezeigt. Aber erst nach anderthalb Monaten, vorher konnte ich nicht darüber sprechen. Es war reiner Zufall, dass die Familienhelferin und ich diesen Mann auf einem Spaziergang trafen. Es war wie ein Schock, ich schrie und alles kam heraus.

Am gleichen Tag noch abends haben wir uns alle zusammengesetzt. Papa war dabei, er weinte und sagte mir immer wieder, dass ich mich ihm doch hätte anvertrauen können. Ich aber war die ganze Zeit in Sorge, dass mir niemand glauben würde. Dann gab es die Vorladung vor Gericht. Ich hatte große Angst auszusagen. Vor Gericht hat der Mann alles abgestritten. Er wurde aus Mangel an Beweisen freigesprochen. Ich bin zusammengebrochen. Es war geschehen, was ich die ganze Zeit befürchtet hatte: Niemand glaubte mir. Ich war innerlich wie tot.

Mit meinem Freund machte ich Schluss und es dauerte mehr als zwei Jahre, bis ich wieder eine Beziehung hatte. Mit 15 machte ich einen Sonderschulabschluss. Mein Vater wollte, dass ich eine Ausbildung anfing. Ich ging in ein Internat in Timmendorfer Strand. Die Einrichtung ist ein Berufsbildungswerk, in dem Jugendliche ausprobieren können, was sie beruflich machen wollen, und sich in einem Lehrgang auf den Fachbereich vorbereiten können.

Die ersten Monate waren furchtbar, ich habe regelmäßig verschlafen, ging nicht zum Unterricht, boykottierte den ganzen Apparat. Es war schließlich nicht meine Idee gewesen, dort hinzugehen. Mein Vater hatte dort Maler gelernt und war sehr überzeugt von der Einrichtung.

Nach den ersten drei Monaten, in denen ich in der Küche herumvegetierte, kam ich in die Verkaufsabteilung. Da wachte ich auf, es machte mir Spaß, ich entwickelte Ehrgeiz. 2005 fing ich in dem Bereich eine richtige Ausbildung an, habe durchgehalten und auch die Prüfungen trotz extremer Prüfungsangst geschafft.

2007 arbeitete ich nach der Ausbildung für ein halbes Jahr in Lübeck und wohnte dort bei einer Freundin. Ich bekam massives Heimweh und bat meinen Vater, wieder nach Hause zurückkommen zu dürfen. Also zog ich mit 19 wieder zu ihm und seiner Frau. Es ging nicht lange gut, alles begann von vorn: der Ärger, das Schwarzes-Schaf-Dasein, die Vorwürfe, der ewige Streit. Ich suchte mir eine Wohnung und zog aus. Ich war arbeitslos, das Amt finanzierte die Wohnung. Zwei Jahre lebte ich allein, fand in Verden sogar Arbeit als Verkäuferin in einem Möbelgeschäft. Bewerbung und Vorstellungsgespräch packte ich ohne Hilfe. 2009 wurde ich schwanger, da war ich 21.

Ich hatte viel im Internet gechattet, dabei lernte ich den Vater meiner Tochter kennen. Er war ein Jahr älter als ich, wohnte in Salzgitter, zwei Stunden von Verden entfernt. Er war gut zu mir, kümmerte sich rührend, kam fast jedes Wochenende zu mir. Unter der Woche arbeitete er bei der Bundeswehr.

Mein erstes Mal hatte ich mit 16 gehabt, die Freunde danach hatten es schwer. Ich war so geprägt von der Vergewaltigung, dass ich nur widerwillig beim Sex mitmachte. Wirklich gefallen hat es mir nie.

Diesem Freund nun habe ich meine ganze Geschichte erzählt. Ich wollte ihm gegenüber mit offenen Karten spielen, so viel bedeutete er mir. Er war extrem liebevoll und vorsichtig und irgendwann konnte ich mich bei unserer Sexualität entspannen. An Silvester wollten mich seine Familie und Freunde kennenlernen. Es gab ein großes Fest und zum Jahreswechsel landeten wir im Bett. Die Pille hatte ich schon zwei Wochen davor nicht mehr genommen. In der Nacht entstand unsere Tochter. Erst am 15. Februar schöpfte ich Verdacht und machte einen Schwangerschaftstest. Ich hatte ewig meine Tage nicht mehr bekommen. Ich zitterte am ganzen Körper, den Test habe ich auf die Waschmaschine im Bad gelegt, dann musste ich aus dem Raum gehen. Ich war gierig nach frischer Luft, bevor ich mich in der Lage fühlte, das Ergebnis abzulesen. In der Zeit war mein Freund schon ins Badezimmer gegangen, schaute nach und kam strahlend herein: »Müssen da zwei Striche sein?« Als ich nickte, nahm er mich in den Arm und sagte nur: »Hurra, wir werden Eltern!«

Nach dem dritten Monat fiel ihm auf, dass sein Interesse an mir und dem Kind stark nachgelassen hatte. Die Schwangerschaft hatten wir bis dahin für uns behalten, ich wollte mit niemandem darüber sprechen. Bis meine Cousine den Mutterpass in meiner Wohnung entdeckte und die Neuigkeit in kürzester Zeit in der Familie verbreitete.

Das Gespräch mit meinem Vater war dann sehr liebevoll. Ich habe ihm gestanden, schwanger zu sein, und habe erklärt, dass ich nicht gleich zu ihm habe kommen können, weil ich Angst hatte, dass er mich nicht mehr gern hätte und mich endgültig abschieben würde. Aber er hat gut reagiert. Ich bin diejenige gewesen, die gleich zum Jugendamt gegangen ist. Ich bat um Hilfe, hatte Angst, das Gleiche durchzumachen und die gleichen Fehler zu begehen wie meine Mutter. Ich wusste nicht, ob ich je in der Lage sein würde, mein Kind zu lieben.

Ich war 21 und fühlte mich eigentlich reif genug, nur war ich unsicher, ob ich stark genug war. Ich hatte eine Familienhebamme, die sich gut um mich kümmerte und mich auf die Geburt vorbereitete. Im Oktober kam Lea zur Welt. Mein Ex war bei der Geburt dabei, richtige Vatergefühle hatte er nicht, er hat weder meine Hand gehalten, noch liebevoll mit mir gesprochen, er stand nur irgendwie dabei. Die Geburt war heftig und zog sich über viele Stunden hin. Als die Kleine herauskam, konnte ich mir nur schwer vorstellen, dass dieses winzige Wesen bei mir im Bauch gewesen war. Die ganzen Schmerzen waren schlagartig vergessen. Ich hatte wahrhaftig Muttergefühle, das zu merken war wunderschön. Alles, was mein Ex herausbrachte, war: »Ist es schon da?«

Er nahm Lea nicht auf den Arm, machte nur ein paar Fotos und fuhr weg. Er ließ mich gleich nach der Geburt allein. In den ersten drei Tagen im Krankenhaus traute ich mich nicht, meine Tochter anzufassen. Ich hatte Angst, dieses kleine Würmchen könnte zerbrechen. Nach dem vierten Tag wurde ich gezwungen, das war aber auch gut so, denn ich konnte eigentlich mit ihr umgehen. Trotzdem bat ich immer wieder um Hilfe und Unterstützung, ich fühlte mich nie richtig sicher.

Nach einer Woche wurde ich entlassen. Die Familienhebamme kam zur Wochenbettbetreuung. Ich hatte große Probleme mit dem Stillen. Die Brust war viel zu dick, es hat auch jedes Mal wehgetan, wenn Lea gesaugt hat. Meine Brustwarzen waren blutig. Die Kleine hat stark abgenommen und die Hebamme hat mich ermahnt, ich solle sie alle drei Stunden anlegen. Das habe ich wiederum nicht getan, weil eine Freundin zu mir sagte, ich solle sie schlafen lassen, wenn sie schlief.

Diesen Rat habe ich befolgt, ich war zu blöd. Lea war nur selten wach und wenn, dann weinte sie, dann habe ich sie wieder angelegt, und sie trank ein kleines bisschen. Dann schlief sie direkt wieder ein. Ich hatte auch keinen Überblick darüber, wie viel sie trank. Als meine Tochter drei Wochen alt war, stand das Jugendamt vor der Tür und nahm sie mir weg.

Es gab vorher genug Warnungen, die Familienhebamme hatte mich ermahnt. Außerdem hatte ich noch eine Familienhelferin, die einmal die Woche kam und mir Trinklisten verordnete, die ich aber nicht einhielt. Sie war letztendlich diejenige, die das Jugendamt alarmierte. Die Sozialarbeiter kamen dann und sagten mir deutlich: Wenn ich meiner Tochter nicht alle drei Stunden etwas zu essen gäbe, käme sie in Pflege.

Ich weiß nicht, warum ich diese ganzen Anweisungen nicht befolgt habe. Ich habe das nicht ganz ernst genommen. Ich war einfach zu jung und fühlte mich so allein. Mein Vater hat mir gesagt, ich müsse selber klarkommen, er könne mich mit Baby nicht aufnehmen. Ich konnte niemanden um Rat fragen, der sich wirklich auskannte. In meinen 22 Jahren, die ich lebe, hatte ich noch niemals jemanden, der sich wirklich richtig um mich gekümmert hat und zu dem ich jederzeit gehen konnte, um mir einen Rat geben zu lassen.

Sie standen zu dritt vor der Tür: eine vom Jugendamt, die Familienhebamme und die Familienhilfe. Sie kamen nachmittags um Viertel vor vier, ich hatte gerade Besuch von meiner Freundin. Die schickten sie weg und sagten: »Wir müssen Lea wegnehmen.«

Ich hätte sie verwahrlost, mich nicht ausreichend um sie gekümmert. Ganz stimmten die Vorwürfe nicht in meinen Augen. Ich habe mich schon um sie gekümmert, aber vielleicht nicht so, wie eine richtige Mutter es getan hätte. Ich hatte Lea auch nur einmal in der Woche umgezogen, ich hatte Angst, sie richtig anzufassen, etwas kaputt zu machen. Meine Familienhebamme hatte mich immer wieder ermahnt, aber auch darauf habe ich nicht gehört. Jetzt sollte meine Tochter fort von mir.

Ich habe geschrien und getobt. Sie haben erklärt, dass sie Angst haben, dass das Kind irgendwann tot im Bettchen liegt. Dass sie irgendwann morgens vorbeikommen und sie nicht mehr lebt. Die Sozialarbeiter haben mir gesagt, dass die Kleine erst einmal in eine Pflegefamilie kommt und dass es nicht endgültig sein müsse. Dass ich jedoch meinen Kopf freikriegen und die Wohnung und mein Leben aufräumen muss. In den drei Monaten, in denen sie weg von mir war, habe ich sie jeden Tag besucht. Ich durfte nicht mit ihr allein sein. Es waren immer entweder die Familienhebamme oder die Familienhelferin dabei. Ich habe es so genossen, Lea zu sehen, ich wollte sie immer zurückhaben. Eine Mutter-Kind-Einrichtung hatte ich bis dahin abgelehnt, jetzt schien sie mir die einzige Lösung zu sein. Es war klar: Nur so bekomme ich meine Tochter zurück.

Seit dem 7. Februar, seit fünf Wochen also, bin ich hier in der Mutter-Kind-Einrichtung. Nach drei Monaten der Trennung. Es ist schwer für mich. Die Anfangszeit war besonders hart. Meine Tochter hat nur geweint, sie wollte nicht mehr in meine Arme und die Flasche wollte sie auch nicht von mir. Sie hat in mir nicht ihre Mutter gesehen. Nach vier, fünf Tagen wurde es besser. Ich habe mir solche Mühe gegeben. Am Anfang habe ich gedacht, ich schaffe es nicht. Vor drei Wochen noch war ich kurz davor, alles hinzuschmeißen. Hier in der Einrichtung wurde mir immer wieder gesagt, ich würde es packen, alle würden an mich glauben. Es fällt mir schwer, 24 Stunden am Tag für mein Kind da sein zu müssen, nicht weggehen zu können, nicht mal auf eine Party. Aber es ist eine Phase, in der ich entscheiden muss, was wichtiger ist.

In den drei Monaten, in denen Lea nicht da war, konnte ich wählen, ob sie ganz weg soll oder ich sie wiederbekommen möchte. Ich habe mich endgültig für meine Tochter entschieden.

10

»Stufen abwärts,
Stufen aufwärts«

Iris Zimmer, 51, Soltau, Diplom-Sozialpädagogin / Sozialarbeiterin,
seit April 2010 Leiterin der Wohngruppe für Mutter und Kind Soltau

Minderjährige Mütter, die in einer Mutter-Kind-Einrichtung gelernt
haben, wie sie für ihr Kind sorgen, einen Haushalt führen und sich
ihr Geld einteilen können, gehen irgendwann in die sogenannte
Verselbstständigung. Sie dürfen in eine eigene Wohnung ziehen
und können ein selbstbestimmtes Leben führen. Doch obwohl die
meisten von ihnen stundenweise weiterhin betreut werden, ist für
viele junge Frauen der Schritt in die Eigenständigkeit ein zu großer,
sie gehen wieder zurück in die Einrichtung.

Die Soltauer Mutter-Kind-Wohngruppe überlässt so wenig wie
möglich dem Zufall: Hier zieht sich der Übergang von betreutem
in selbstständiges Wohnen über vier Etappen. Für einige Mädchen
bilden die Stille und Einsamkeit im Einzel-Appartement die größte
Hürde.

In der ersten Wohn-Stufe haben unsere Bewohnerinnen eine ganz enge Anbindung an die Betreuer. Die Zentrale ist ein Haupthaus mit Büro, Betreuerzimmer, einem gemeinsamen Essraum mit Wohnzimmer, einer Gemeinschaftsküche und Zimmern für zwei Mütter mit jeweils einem Kind. Sie haben dort eigene Zimmer, teilen sich zu zweit ein Bad, das sie im Wechsel sauber halten. Wenn sie das Haus verlassen möchten, was natürlich jederzeit möglich ist, müssen sie am Betreuerzimmer vorbeigehen. Die Tür lassen wir immer weit offen stehen, damit wir sehen können, wann sie kommen und wann sie gehen. Wenn sie Nahrung für ihre Kinder zubereiten, dann findet das in der Hauptküche statt. Alle Mahlzeiten werden gemeinsam am Esstisch eingenommen, natürlich von den ganz frischen Säuglingen abgesehen, die gestillt oder gefüttert werden. Die Mütter haben niemals einen weiten Weg zu uns. Wenn sie Fragen haben, egal wann, auch mitten in der Nacht, sind wir im Haus rund um die Uhr ansprechbar. Wir stehen unseren jungen Müttern auch immer zur Seite, wenn sie Kummer haben. Meist sind es Probleme mit dem Kindsvater, der sich selten so um sie und das Kind kümmert, wie sie es sich wünschen würden. Großeltern machen oft Stress und Vorwürfe, Babyblues nach der Geburt erschwert die Situation noch einmal. Eigentlich stellen alle fest, dass ein Kind zu haben viel stressiger ist, als sie dachten. Die jungen Mütter merken, dass es an den Nerven zerrt und bis zur Erschöpfung fordert. Wenn es ganz schlimm ist und die Mutter an ihrem Limit, nehmen wir das Baby auch für eine Nacht mit ins Betreuerzimmer, damit die junge Frau einmal wieder durchschlafen kann, zur Entlastung und um wieder Kraft zu tanken.

Die Großeltern mischen sich oft ein, wollen gute Ratschläge geben oder die Konflikte, die bisher bestanden, weiterhin austragen. Unsere jungen Mütter geraten dann in einen Zwiespalt, wem sie nun glauben sollen. Sie sind gebunden an die eigenen Eltern, aber auch an unsere Regeln in der Einrichtung, das erzeugt Konflikte.

Fast noch schlimmer ist es allerdings, wenn sich die Großeltern gar nicht melden, dann ist der Kummer groß.

Wir können am besten mit den jungen Frauen arbeiten, wenn wir sie zur Eingewöhnung und Orientierung schon ein, zwei Monate vor der Entbindung bei uns haben. So können sie sich leichter einleben, Sicherheitsgefühle und Vertrauen aufbauen. Nach der Entbindung bleibt die Mutter mindestens sechs Wochen im Haupthaus, bis wir sehen, dass es mit der Versorgung des Kindes klappt. Es geht in dieser ersten Zeit nach der Geburt ganz erheblich um den Aufbau von Bindung. In vielen Fällen ist es daher sinnvoll, den engen Kontakt und den Kontrollmechanismus der ersten Stufe ein bisschen länger bestehen zu lassen. Wir sprechen von Bindungsschwierigkeiten, wenn wir sehen, dass ein Kind nicht liebevoll behandelt wird. Das bedeutet, dass es nicht getröstet wird, wenn es schreit, oder dass die Mutter genervt reagiert, weil das Kind nicht so funktioniert, wie sie es gerne hätte. Wenn ein Baby nicht regelmäßig gewickelt wird, wenn es mit dem Flaschensäubern nicht klappt, die Milch in den Flaschen nicht die richtige Temperatur hat. Viele Mütter sind gar nicht in der Lage, das Wasser abzumessen und die richtige Menge anzurühren. Andere brüllen ihr Kind an, anstatt ihm bei Dreimonatskoliken den Bauch zu massieren und es zu trösten. Dann müssen wir verstärkt beobachten und sie noch intensiver begleiten.

Nach drei Monaten sind die meisten bereit für den nächsten Schritt. Es kommt auch ein bisschen darauf an, was die Mütter wollen. Manche möchten selber noch ein bisschen bemuttert werden und genießen die Nähe zu uns und die Möglichkeit, auch im Schlafanzug noch einmal herunterzukommen und drei, vier Sätze mit jemandem zu reden.

Ich persönlich lege sehr viel Wert auf Menschlichkeit und das bedeutet, dass ich eben sehr mütterlich bin und auch mal nachgebe. Natürlich bin ich streng, aber in erster Linie geht es darum, den Müttern Geborgenheit zu vermitteln, damit sie selber Geborgenheit geben können. Was ich selber nicht bekomme, kann ich auch nicht weitergeben. Menschlichkeit birgt aber immer die Gefahr der Verletzung. Sie lernen von mir, wie ich mit Verletzungen umgehe, und sie müssen selber auch lernen, mit Verletzungen umzugehen, das gehört dazu. Ich kann sie nicht vor allem beschützen.

Die Wohnungen von Stufe zwei liegen ein paar Meter vom Haupthaus entfernt. In dem WG-Gebäude sind sechs Zimmer, drei für Mütter, drei für Kinder. Sie alle teilen sich zwei Bäder und eine kleine Teeküche, in der sie selbstständig Nahrung zubereiten und Flaschen säubern können.

Hier haben die jungen Mütter natürlich mehr Freiräume, weil sie nicht mehr direkt dem Betreuer unterstehen. Sie bekommen einen eigenen Schlüssel fürs Haupthaus und ihre WG, wodurch sie unabhängiger sind. Dazu kommt mehr Spielraum im Umgang mit Geld: Jede Mutter erhält Taschengeld für Säuglingsbedarf, Kleidung und Hygieneartikel. In Stufe zwei wird das Geld nicht mehr nach Bedarf ausgezahlt, sondern wochenweise, am Ende vierzehntägig. Die Frauen lernen immer besser, sich ihr Geld einzuteilen und auch mal mit gefülltem Portemonnaie loslaufen zu können, ohne gleich alles unter die Leute zu bringen.

Die Frauen in Stufe zwei haben mehr Freiraum, müssen aber gleichzeitig auch mehr Eigenverantwortlichkeit zeigen. Sie säubern nicht mehr nur ihr eigenes Zimmer und das Bad, sondern auch Teeküche, Flur, Treppe und Eingangsbereich. Wenn das gut klappt und sie ausreichend Selbstständigkeit und Verantwortungsbewusstsein zeigen, wenn sie sich selbst unaufgefordert in den Tagesablauf einbringen, dann besteht die Möglichkeit, in Stufe drei umzuziehen. Es klingt leichter, als es ist, denn die größte Herausforderung besteht darin, sich mit seinem Kind alleine zu beschäftigen. Die Mütter merken oft gar nicht, wie sehr sie versuchen, das Kind loszuwerden. Das sehen wir trotz reduzierter Kontrolle deutlich: Wenn zum Beispiel Kleinteile auf dem Boden liegen, wenn Plastiktüten nicht weggeräumt werden, wenn kein

Spielzeug für die Kinder greifbar ist, oder sie einfach nur ins Bett gepackt werden. Wir merken schnell, wenn die Mütter sich zurückziehen, nur noch zu den Mahlzeiten erscheinen und wir sie ansonsten gar nicht draußen sehen. Dann ist klar, dass es nicht so gut läuft, und wir gucken noch mal genauer hin. Die jungen Frauen bekommen dann von uns Besuch, wir setzen uns mit in ihr Zimmer und schauen, wie gespielt wird, ob es ein Zubettgeh-Ritual gibt, wie das Baden abläuft, ob dabei Kontakt aufgenommen wird oder es nur wie eine lästige Pflicht in drei Minuten abgehandelt wird. Wir schauen beim Wickeln wieder genauer hin, kontrollieren Körperhygiene und Pflege und wenn wir merken, dass alles in allem mehr Kontrolle nötig ist, dann gibt es eine Rückführung in Stufe eins.

Wenn sich die Mütter positiv weiterentwickelt haben, ziehen sie aus der WG in eines der drei Appartements, die jeweils aus zwei Zimmern, Küche, Bad und einem kleinen Flur bestehen. Ein Umzug dorthin ist das vorrangige Ziel der jungen Mütter. Im Appartement haben sie die meiste Freiheit, sie können sich in der Küche Kaffee kochen, wann sie wollen, auch nachts um drei Uhr. Die Kontrolle wird weiter reduziert, die Verselbstständigung ausgebaut. Das Taschengeld wird zweimal monatlich aufs eigene Konto überwiesen, die Mütter bereiten sich und den Kindern eigene Mahlzeiten zu, das fängt mit dem Abendessen an. Wir beobachten sehr genau, was eingekauft und zubereitet wird. Das machen wir aber ganz liebevoll und dürfen teilweise auch mitgenießen, wir laden uns nämlich zum Abendessen ein.

Bei uns im Haupthaus wird in der Regel kalt gegessen; wenn die Mütter im Appartement abends warm kochen wollen, ist das gar kein Thema. Werden wir eingeladen, bringen wir natürlich etwas mit, wenn die Mütter es möchten. Eigentlich bereiten sie am liebsten selber eine Kleinigkeit zu. Sie sind dann sehr stolz auf ihr Werk und haben auch gerne Gäste. Darin liegt für die Mütter nämlich die größte Schwierigkeit: dass sie auf einmal ganz alleine sind und nicht mehr in der Gruppe. Daran haben sie schwer zu knabbern.

Sie können ganz schlecht damit umgehen, die Mahlzeit mit ihrem Kind alleine einzunehmen. Dann ist es nämlich plötzlich so still. Beim Abendessen geht es, weil das Kind ohnehin schon quengelig ist, man selbst erschöpft, und es gut tut, dem Trubel der Gruppe zu entfliehen. Schwierig wird es, wenn das Frühstück dazukommt und kein Betreuer da ist, zu dem man sagen kann: »Gib mal schnell, bevor ich in die Schule muss, meinem Kind noch eine halbe Scheibe Brot, ja?«

Wenn alle Mahlzeiten in den Appartements zubereitet werden, empfinden viele Mütter die Einsamkeit als Belastung. Erstaunlicherweise brauchen wir keine Angst zu haben, dass sich durch die Distanz etwas unserer Kontrolle entzieht: Die Mütter suchen unsere Nähe und erzählen uns in fast allen Fällen, wenn sie nicht zurechtkommen, manchmal indirekt. Wir haben jetzt eine Mutter im Appartement, die eigentlich im Sommer ausziehen möchte. Sie kommt jeden zweiten Abend zu uns rüber und möchte bei uns essen. Nicht, weil sie nicht einkaufen will, oder weil sie nicht kochen kann, sondern einfach, weil sie die Gesellschaft liebt. Weil sie jetzt merkt, dass sie doch ganz schön an uns hängt. Das ist auch für uns Betreuerinnen sehr schwierig und bricht einem manchmal fast das Herz, wenn man sagen muss, dass sie wieder zurück in ihr Appartement gehen soll.

Die junge Mutter nimmt es trotzdem sehr persönlich und versteht es als Ablehnung. Ich versuche, sie dann auf andere Art einzubeziehen, schlage gemeinsame Spiele- oder Karaoke-Abende vor. Aber Alltag ist eben hart und sie muss lernen, mit ihrem Kind auch alleine sein zu können, denn so wird es in einer eigenen Wohnung meistens sein.

Theoretisch dürfen die jungen Frauen im Appartement Besuch haben, es kommt aber selten jemand. Im Alter von 15 bis 18 sind sie besonders einsam, weil andere gleichaltrige Bekannte keine

Kinder haben und ein völlig anderes Leben führen. Unsere Bewohnerinnen haben nur die anderen Mütter und die wohnen im Haupthaus und essen dort. Das ist schon schlimm.

Man hat sich gewünscht, endlich selbstständig zu sein, plötzlich merkt man, was das alles mit sich bringt. Die Mütter wachsen an der Situation, es dauert und es ist schwer zuzugucken, weil sie natürlich auch leiden. Ich weiß, ich muss dann präsenter sein, mehr stärken, immer wieder Zuspruch geben.

Manche Frauen sind ein halbes Jahr bei uns, andere bis zu vier Jahre, je nachdem, welche Defizite aufgeholt werden müssen.

Nach Stufe drei kommt der letzte Schritt in die eigene Wohnung, mit einer sozialpädagogischen Familienhilfe als ambulante Unterstützung. Wir schlagen dem Jugendamt immer zehn Stunden pro Woche vor, bewilligt werden meistens zwischen sechs und acht. Die Besuche reduzieren sich nach einiger Zeit auf vier Stunden wöchentlich.

Wir entlassen hier keine Frau leichtfertig. Es gibt in der Regel einmal in der Woche ein Gespräch zwischen mir und jeder Mutter. Wir ziehen gemeinsam Bilanz, wie die Woche gelaufen ist, was sie erreicht hat, was schlecht lief und was gut. Die Zusammenfassung nehme ich mit ins Team und schlage zum Beispiel Mutter XY für die nächste Stufe vor. Dann äußert das Team entweder Zustimmung oder Einwände. Wir entscheiden so etwas immer gemeinsam, denn jede Einzelne von uns kann wichtige Aspekte übersehen. Wenn wir alle Augen und Ohren zusammenfassen, rutscht uns kaum etwas durch. Alle Betreuerinnen und Betreuer müssen bei uns hinter der Entscheidung stehen und sie auch mittragen. Ich als Pädagogin möchte natürlich, dass es gut läuft, trotzdem muss ich misstrauisch bleiben.

Wir haben den Auftrag vom Jugendamt zu kontrollieren, wie die Beziehung zwischen Mutter und Kind ist, ob es dem Kind gut geht. Wir überprüfen, ob die Mutter mit dem Kind zum Arzt geht. Kann sie schon alleine gehen? Wenn sie auf sich allein gestellt ist, geht sie auch wirklich hin? Es gibt Situationen, da telefonieren wir hinterher und fragen nach, ob die Mutter beim Arzt oder im Therapiegespräch war. Teilweise lassen wir uns Quittungen geben, um zu überprüfen, ob die Mutter wie angekündigt den Babyschwimmkurs besucht hat. Manchmal machen wir auch Kontrollbesuche, wenn die Mutter angibt, bei einer bestimmten Freundin zu sein und wir den Verdacht haben, sie trifft in Wahrheit jemand anderen. Wenn man so kontrolliert, muss man natürlich auch Maßnahmen ergreifen. Die Mütter können sich das Vertrauen erarbeiten, aber sie können es genauso wieder verlieren, wenn sie sich nicht an die Regeln halten. Das geht auch bis hin zu Drogentests. Wir haben einen Auftrag und den müssen wir erfüllen. Ich finde das wichtig, es ist wie beim Autofahren, auch dort finden immer wieder Kontrollen statt, und wer sich an die Regeln hält, dem passiert ja auch nichts.

Die letzte Stufe ist die schwierigste: der Auszug. Die meisten Mütter müssen wir hier nahezu raustragen, es werden tatsächlich alle Tricks angewendet. Gerne genommen: »Ich muss jetzt in die Psychiatrie, ich bin krank.« Dann vergammeln bei einer sonst peniblen Mutter auf einmal Lebensmittel im Kühlschrank, damit wir glauben, sie kann keinen Haushalt führen. Bei einer anderen Mutter springt der Rauchmelder an, weil sie auf einmal nicht mehr kochen kann und das Essen auf dem Herd verbrennt. Bei manchen ist das Zimmer nicht mehr aufgeräumt, das Kind wird nicht mehr gebadet, plötzlich herrscht Chaos. Es gibt viele kreative Versuche, einen Grund für eine Verlängerung des Aufenthalts zu liefern. Man darf nicht vergessen: Wir sind für viele Frauen hier die einzige Familie. Sie fühlen sich sicher und plötzlich sollen sie in die kalte, schreckliche Welt, sollen dort überleben. Wir versuchen das vorzubereiten, mehr als liebevoll, aber schwimmen lernt man nur durch Schwimmen. Wir müssen unsere Schützlinge ganz hart aus dem Nest stoßen. Das tut auch uns erst weh, aber es tröstet, wenn diese jungen Frauen nach zwei, drei Wochen aufblühen und ihr neues Leben genießen können. Das geht sehr schnell. Sie haben dann plötzlich ihre Freiheiten und sie sind nicht mehr so an Zeiten und Regeln gebunden, die wir vorgeben.

Letztendlich weicht die neue Tagesstruktur gar nicht so weit von unserer ab, es wird dann eben nicht um 18 Uhr Abendbrot gegessen, sondern um 18.20 Uhr. Es ist ein befreiendes Gefühl, nicht in die Einrichtung hetzen zu müssen, sondern normalen Schrittes nach Hause gehen zu können.

Die jungen Mütter sind für uns nicht aus der Welt, sollten sie hier in der Gegend bleiben, dürfen sie jederzeit anrufen, gerne auch vorbeikommen. Wir sind ebenfalls neugierig, ich gebe ehrlich zu, dass ich manche Frauen einfach besuche und wissen möchte, wie sie leben, wie es ihnen geht. Zu sechzig, siebzig Prozent der Ex-Bewohnerinnen habe ich noch Kontakt. Ich weiß nicht, wie lange der in den einzelnen Fällen anhält, die jungen Mütter haben eine ganz enge Bindung an uns und das tut ihnen gut. Wir sagen ihnen immer wieder, dass sie zu uns kommen sollen, bevor das Schiff untergeht. Das ganze Team steht hinter dieser Überzeugung.

Eine ausgezogene Mutter ist jetzt wieder schwanger und plant ihre Zukunft gemeinsam mit einem neuen Partner. Wir sind alle zur Hochzeit eingeladen und ich werde eventuell Patentante. Das zeugt schon von einer ziemlich engen Bindung.

Sollte eine Frau hier bei uns schwanger werden, nur um bleiben zu können, würde ich sie nicht in der Einrichtung behalten. Es wäre weder für die Mutter noch für uns gut. Außerdem hätten wir ihr dann offensichtlich entscheidende Dinge nicht beibringen können. Sonst wäre sie nämlich nicht wieder schwanger geworden. In so einem Fall wären wir für sie weiterführend die falsche Einrichtung. Wir können eine junge Mutter ein Stück ihres Weges begleiten, aber nicht für immer, und das ist auch nicht mein Anspruch. Ich möchte gerne, dass sie selbstständig leben, doch ich kann ihnen nur das mitgeben, was sie auch annehmen.

Ich persönlich arbeite besonders gerne mit diesen Frauen, weil ich selbst meinen Sohn mit 19 Jahren bekommen habe, zwischen meinem schriftlichen und mündlichen Abitur. Das war auch nicht ganz einfach und ich war damals mutterseelenallein, meine Situation hat niemanden wirklich interessiert.

Nach meinem Studium habe ich als sozialpädagogische Familienhilfe gearbeitet. Im Rahmen dieser Tätigkeit lernte ich die Mutter-Kind-Einrichtung in Soltau kennen. Ich war hier, um über eine junge Mutter zu recherchieren, die ich ambulant betreute. Ich kam her und wollte bleiben. Hier wird Basisarbeit geleistet. Wir können Strukturen durchbrechen, die schon über Generationen weitergegeben worden sind. Die meisten Sozialarbeiter machen Schadensbegrenzung. Hier bei uns kann man wirklich am Fundament noch etwas ändern.

11

»Ich musste mich am Riemen reißen«

Jeanette, Rotenburg, 20,
Ausbildung zur Heilerziehungspflegerin
Tochter **Aliyah**, 3

Abends vor dem Einschlafen erzählt sie ihrer Tochter vom eigenen Englischunterricht. Die dreijährige Aliyah plappert schon munter »I love you« und »Good night« vor sich hin. Sie besucht den Kindergarten der Lebenshilfe, damit sie lernt, mit Kindern, die eine Behinderung haben, normal umzugehen. Schließlich ist das der Beruf, den ihre Mutter jetzt lernt. Jeanette macht eine Ausbildung zur Heilerziehungspflegerin bei den Rotenburger Werken. Die Zwanzigjährige musste lange kämpfen, bis sie einen Beruf erlernen konnte. Sie hatte viel Pech, gab aber nie auf. Der Tochter zuliebe.

Meinen Vater habe ich lange nicht kennengelernt, meine Eltern trennten sich, noch bevor ich geboren wurde. Da meine Mutter die Miete nicht bezahlen konnte, sind wir öfters aus unseren Wohnungen rausgeflogen. Es war ein unstetes Leben, meine Mutter trank, seit ich denken kann. Es gab immer wieder Phasen, in denen sie versuchte, vom Alkohol loszukommen. Endgültig abgestürzt ist sie dann mit einem neuen Freund, der trank wie sie. Sie kümmerte sich weder um sich noch um einen Job, noch um mich.

Ich hatte zunehmend Schwierigkeiten mit dem Mann, der uns beiden gegenüber gewalttätig war. Meine Mutter schaffte es nicht, sich zu lösen, sie war abhängig von ihm und seinem Geld, sie musste schließlich ihre Sucht finanzieren.

Wir lebten in einer entsetzlichen Wohnung, bis ich ungefähr 16 war und eine Lungenentzündung bekam. Die Ursache dafür war wohl, dass mein Zimmer stark von Schimmel befallen war, weil es nie richtig gelüftet wurde, es hatte keine Heizung und nur ein winziges Fensterchen. Ich kam ins Krankenhaus.

Meine Mutter brachte mich hin, besucht hat sie mich danach kaum. Meine Oma und mein Freund, Aliyahs späterer Papa, haben sich um mich gekümmert. Meine Großmutter war in den Jahren zuvor meine stärkste Bezugsperson geworden. Sie wusste, dass es mir nicht gut ging und ich Halt in schlimmen Kreisen suchte. Sie hat mir immer wieder zwischendurch ein bisschen Geld zugesteckt und mich am Wochenende gerne mal zu sich genommen, wenn meine Mutter zustimmte.

Kurz bevor ich so krank wurde, eskalierte ein Streit mit meiner Mutter. Sie schlug mir gegen den Brustkorb, ich bekam kurzzeitig keine Luft und lief weg. Ich bin zur Polizei gegangen und habe deutlich gemacht, dass ich nicht mehr nach Hause zurückgehen würde. Es war Zeit für Hilfe vom Jugendamt. Ich zog direkt vom Krankenhaus in ein Heim, ich wollte es so. Ich wollte weg.

Ein Schock für meine Mutter, sie war wie verwandelt. Sie erhöhte mein Taschengeld und rief mich jeden Abend an. Zudem behauptete sie, mit dem Trinken endgültig aufgehört zu haben. Es schienen ideale Bedingungen für einen Neustart. Ich zog wieder nach Hause. Dort begrüßte mich auf dem Wohnzimmertisch die altbekannte Flasche Cola-Korn.

Trotzdem gab sich meine Mutter große Mühe, als ich wieder zu Hause war. Aber der Alkohol war stärker als alle Bemühungen. Nach einem weiteren großen Streit habe ich meiner Familienhelferin klargemacht, dass ich zu meiner Oma gehen wollte. Ich wollte in der Nähe meiner Mutter bleiben, aber nicht mit ihr zusammenleben. Meine Mutter war fertig, das Problem mit der Trinkerei war ihr klar, aber sie war zu schwach, um es in Angriff zu nehmen. Sie konnte oder wollte nichts ändern.

Das Zusammenleben mit meiner Oma war wie eine Befreiung, ich genoss meine Freizeit, Taschengeld und den Alltag ohne Streit. Ich begann zu leben – bis ich nach zwei Wochen feststellte, dass ich ein Kind erwartete, ich war noch 16 Jahre alt. Erst im achten Monat, so konnte ich ausrechnen, würde ich 17 werden. Immer noch ganz schön jung, das war mir klar.

Ich hatte meine Pille offensichtlich nicht regelmäßig genommen, außerdem beeinträchtigten wohl Antibiotika die Wirkung. Als meine Regel ausblieb, ging ich zum Arzt, um dort einen Urintest zu machen.

Freundlicherweise hat er nicht mir das Ergebnis mitgeteilt, sondern meine Mutter angerufen, während ich noch im Unklaren war. Ich rief von meiner Realschule aus in der Praxis an. Als ich das Testergebnis hörte, war ich am Boden zerstört und machte mich sofort auf den Weg zu meiner Oma. Unterwegs erwischte mich meine Mutter auf dem Handy und erklärte mir ohne Luft zu holen, was ich jetzt alles für eine Abtreibung tun müsse und wie man das am besten organisiere. Ich habe einfach aufgelegt. Ich wollte mit niemandem sprechen, erzählte auch meiner Oma nichts, packte ein paar Sachen zusammen und haute über Nacht ab. Ich wollte bei meinen damaligen besten Freunden sein und mich einfach nur ausheulen. Am nächsten Tag war ich gefasst genug, um meiner Oma die Situation zu schildern.

Mit Aliyahs Vater war ich dato drei Monate liiert. Er war der erste Mann, mit dem ich geschlafen hatte. Eigentlich hatte ich einen genauen Plan: Ich wollte eine feste Arbeitsstelle haben und nicht vor 25 Kinder bekommen.

Jetzt war mein erster Gedanke, das Kind abzutreiben, aber ich wollte es mir nicht von meiner Mutter anhören, die mich selber mit 18 geboren hat und mit 17 schwanger war. Ich hatte gerade erreicht, dass ich doch noch meine Jugend genießen und feiern gehen konnte. Das hatte sich mit der Schwangerschaft erledigt.

Meine Oma hat mir gut zugeredet, ich solle in aller Ruhe eine Entscheidung treffen und vorher sorgfältig abwägen. Ihr war klar, dass es ohne Kind leichter sein würde, aber sie wollte, dass ich selbst über mein weiteres Leben entscheiden konnte. Mein Freund, sieben Jahre älter als ich, wollte unbedingt, dass ich das Baby bekomme.

Seine erste Reaktion war nicht sehr überzeugend: Ich habe ihn frühmorgens aufgeweckt, er war noch betrunken von der Nacht. Er stand vor mir, schwankte und hat erst überhaupt nichts verstanden. Als er ausgenüchtert war, konnte er meine Nachricht begreifen und hat sich dann sehr gefreut.

Wir schmiedeten Pläne – er wohnte vorübergehend bei einem Freund und hatte gerade keine Arbeit. Jetzt war er motiviert, wollte sich unbedingt einen Job suchen und dann mit mir gemeinsam in eine schöne Wohnung ziehen. Die Familienhelferin bestand jedoch darauf, dass ich bei meiner Oma blieb, sie hatte, zu Recht, nicht den besten Eindruck von meinem Freund. Er war wegen Drogen, Alkohol und Diebstahl beim Jugendamt ausreichend bekannt. Trotzdem fand ich ihn toll. In Rotenburg gab es in der Stadt eine Szene, man traf sich, trank und hing rum. Martin war sehr witzig und immer sehr nett zu mir. So verliebte ich mich.

Meine Oma und ich waren uns einig, dass ich die Schule weitermachen sollte und versuchen, meinen Realschulabschluss durchzuziehen. Ich habe es tatsächlich geschafft, mich total auf die Schule zu konzentrieren und dafür meine Freizeit einzuschränken. Die Belohnung war der Realschulabschluss, darauf war ich sehr stolz, die Wenigsten hatten ihn mir zugetraut.

Gleich im Anschluss bin ich auf die Sozialpflegeschule der BBS gegangen – mit dickem Bauch. Niemand wusste, dass ich schwanger war. Zuerst dachte man, ich sei einfach korpulent. Ich hatte eine Riesenjacke an, die ganz locker saß. Als ich sie auszog, ging ein Raunen durch das Zimmer. Andere feindeten mich offen an: »Wie kann man nur«, »Das gibt's doch gar nicht, das ist asozial«, waren einige der Sprüche meiner Mitschülerinnen. Die Lehrer dagegen zeigten Verständnis, wenigstens durch sie fühlte ich eine Stütze und habe sogar noch meinen erweiterten Realschulabschluss geschafft. Bis einen Tag vor dem errechneten Entbindungstermin habe ich den Unterricht besucht und ihn nur wenige Wochen nach der Geburt wieder aufgenommen. Anders wäre es nicht gegangen. Ich mochte die Schule schon immer, auch wenn ich mit den Schülern Schwierigkeiten hatte. Ich wollte meine Schulausbildung durchziehen. Ich hatte die ganze Zeit im Kopf, später etwas Großes machen zu können und nicht als Putzfrau enden zu müssen. Schon an der Schule gab es einen gesellschaftlichen Klassenkampf: Die Realschüler schauten abwertend auf die Hauptschüler herunter. Ich zählte als Schwangere in ihren Augen auch zur asozialen Unterschicht. Es war rührend: Die aus den Hauptschulstufen haben mich vor den Arroganten aus meiner Realschulklasse verteidigt. Sobald der Gong zur kleinen Pause schlug, stand schon jemand vor der Tür und geleitete mich durchs Treppenhaus. Mein Unterrichtsraum war im dritten Stock und ich musste immer Treppen laufen, das war die Hölle: zu viel Zeit für zu viele dumme Sprüche.

Die Lehrer haben sich sehr auf mich eingestellt. Ich war die Einzige, die im Unterricht essen durfte, und wenn ich nach der Geburt meiner Tochter einmal fehlte, sagten sie, sie würden Fehltage ab und zu akzeptieren, solange ich den Stoff nachholte.

In der Schwangerschaft fühlte ich mich sehr wohl mit meinem Bauch. Doofe Blicke kommentierte ich lachend weg, ich war sehr selbstbewusst. Mein Standardspruch war grundsätzlich: »Wenn ich mich für das eine alt genug fühle, dann bin ich auch alt genug, um mit der Konsequenz zu leben.«

Probleme gab es mit Martin, der anfangs so große Versprechungen gemacht hatte. Er war tageweise verschwunden, ging fremd, trank, trieb sich in schlechter Gesellschaft herum. Ich war am Ende meiner Kräfte und Nerven, als ich ihn einmal zwei Tage und Nächte in Rotenburg in jeder gottverdammten Kneipe, in Parks und bei Freunden gesucht hatte. Er war einfach außerhalb der Stadt feiern gewesen und hielt es nicht für nötig, sich bei mir zu melden.

Ich habe an ihm festgehalten, weil ich dachte, ohne ihn würde ich ganz und gar alleine dastehen. Außerdem war ich mir sicher, dass mich mit Baby sowieso kein anderer Mann jemals mehr nehmen würde.

Als im Krankenhaus bei mir die Wehen eingeleitet wurden, war Oma bei mir. Mein Freund Martin war nach Hause geschickt worden, weil er betrunken vor dem Kreißsaal aufgeschlagen war. Er kam erst gegen Mittag wieder zu uns. Ich hatte vergeblich versucht, meine Mutter zu erreichen.

Stunden später platzte die Fruchtblase und die Hebamme ermunterte mich zu pressen. Gleichzeitig schlug sie vor, »meinen Mann« und meine Oma hereinzuholen. Ich habe nur gesagt: »Erstens ist das nicht mein Mann und zweitens will ich nicht, dass die reinkommen, sonst presse ich nicht.«

Die Situation war mir sehr peinlich, ich wollte derart entblößt nur von medizinischem Fachpersonal gesehen werden. Nach einer halben Stunde war Aliyah da. Der Arzt hatte die Ellbogen mit seinem ganzen Gewicht auf meinen Bauch gedrückt. Dann machte es ein komisches Geräusch und der Geburtshelfer auf meinem Bauch sackte plötzlich, mit meinem Bauch, in sich zusammen. Meine Tochter war auf der Welt. Hätte ich nicht solche Schmerzen gehabt, hätte ich laut gelacht.

Auf einmal habe ich meine Füße wieder gesehen, ich war total erstaunt, ich hatte sie wirklich lange nicht mehr zu Gesicht bekommen, mein Bauch war einfach zu groß. Sie haben mir das Baby einfach so auf den Bauch gelegt, ich habe Aliyah nur noch abgeknutscht, mein ganzes Gesicht war voller Blut. Es machte mir nichts aus, obwohl ich ursprünglich gar nicht wollte, dass sie, so dreckig wie sie war, auf mich gelegt wird.

Das Gefühl, meine Tochter das erste Mal im Arm zu haben, war wie ein Aufputschmittel. Eigentlich war ich ausgelaugt von der Entbindung, als ich sie jedoch im Arm hatte, hätte ich sofort loslaufen und mit ihr spazieren gehen können. Ich wollte mit ihr alleine sein. Leider hat mein Kreislauf nicht mitgespielt, mir wurde schwarz vor Augen und das Kind kam in ein Bettchen. Martin verdrückte eine Träne und sagte: »Meine Tochter!« Kurze Zeit später ging er wieder.

Meine Oma war tief bewegt: Sie stand neben uns und strahlte dermaßen vor Freude, dass ich nur noch dachte: Oh Gott, habe ich dich schon jemals so glücklich gesehen?

Am nächsten Tag kam Martin mit sieben, acht Kumpels und wollte seine Tochter präsentieren. Mir ging es nicht sehr gut und ich hatte absolut keine Lust auf Männerrunde mit Kneipengeruch. Ich habe ihn weggeschickt. Zwei Tage nach Aliyahs Geburt kam dann endlich meine Mutter, vorher hatte sie es nicht auf die Reihe bekommen. Sie kam mit ihrem neuen Freund, den ich nicht leiden konnte. Er lebte, wie seine Vorgänger auch, in sehr einfachen, beengten Verhältnissen und leider trank er selber extrem viel, war also absolut kein Umgang für meine Mutter.

Vier Tage war ich im Krankenhaus, versuchte so viel wie möglich über Babypflege zu lernen. Ich wollte meiner Tochter auch unbedingt die Brust geben. Ich wurde nie gestillt und dachte, vielleicht sei das gut für Aliyah. Zu dem Zeitpunkt habe ich auch gar nicht viel geraucht, vielleicht drei Zigaretten am Tag.

Nach meiner Entlassung wohnten Aliyah und ich in meiner Wohnung. Die Absprache mit der Familienhelferin war, dass unter der Woche täglich meine Oma kommen würde, um mich zu unterstützen. An den Wochenenden übernachteten wir bei ihr.

Oma hat mir tagsüber viel Arbeit abgenommen, abends kam dann meist Martin zu Besuch. Meine Familienhelferin schlug mir nach ein paar Wochen vor, ein, zwei Tage ohne die Hilfe meiner Großmutter den Alltag in Angriff zu nehmen, weil ich offensichtlich gut zurechtkam. Es klappte auch, aber ich habe meine Oma so sehr vermisst, dass ich sie bat wiederzukommen, und Martin nach Hause schickte. Er hing sowieso nur vor dem Fernseher und tat nichts. Als ich dann noch mitbekam, dass er mich wieder und wieder betrog, machte ich endgültig Schluss. Aliyah war drei Monate alt.

Ich habe daraufhin wieder angefangen, abends auszugehen. Meine Oma passte auf das Baby auf. Ich brauchte das für mein Selbstwertgefühl, stellte fest, dass ich nach wie vor attraktiv wirkte, Jungs wollten mich kennenlernen. Dem ersten, der mit mir eine Beziehung wollte, habe ich gleich gesagt, dass er das wahrscheinlich nicht auf Dauer aushalten würde, ich hätte ein kleines Kind zu Hause. Er wollte aber trotzdem. Das war eine schöne Erkenntnis, so ging es mit einigen, die sich trotz Baby auf mich einließen. Und doch hat nichts auf Dauer gehalten.

Meine Oma war die wahre Konstante in meinem Leben: Sie hat alles aufgefangen, zeitlich und finanziell. Wenn es Probleme gab, hat sie zugehört, mich im Haushalt unterstützt und Aliyah mitbetreut.

Es gab eine Zeit, da wollte ich größeren Abstand. Ich hatte Angst, dass Aliyah eine intensivere Bindung zu meiner Oma aufbauen würde als zu mir, ihrer Mutter. Außerdem hatten wir Differenzen, weil ich es mit dem Weggehen teilweise übertrieben habe. Nach einer kleinen Auszeit haben wir uns aber wieder vertragen, wir sind uns einfach sehr nah, ich brauche sie.

Ich habe mich selber auch am Riemen gerissen, habe mir gesagt: »Ich wollte dieses Kind bekommen, also muss ich jetzt auch mal zu Hause bleiben.« Ab und zu bin ich noch weggegangen, aber eben in Maßen. Ohne Zerstreuung geht es nicht. Da sind immer wieder Momente und Phasen, in denen man denkt, man packt alles nicht mehr. Die Sorge, sein Leben nicht mehr im Griff zu haben. Meine Oma hat mir Ausgleich verschafft. Für mich überlebenswichtig.

Als Aliyah ein Jahr alt war, lernte ich meinen neuen festen Freund kennen. Wir waren anderthalb Jahre ein Paar, verlobten uns sogar. Wir hatten dann eine Phase, in der wir viel stritten, und in dieser Zeit bin noch einmal schwanger geworden. Eines Abends hatten wir wieder einen heftigen Streit, er hat mich geschubst, so etwas hatte er noch nie zuvor gemacht. Ich bin über meinen eigenen Sessel gefallen und auf der Kante gelandet. Zwei Tage später hatte ich heftige Blutungen und eine Fehlgeburt. Das passierte im letzten Frühling.

Die Schwangerschaft war mal wieder ein Versehen, ich hatte Antibiotika genommen und kein zusätzliches Verhütungsmittel benutzt, die Wirkung der Pille war aufgehoben. Wir waren noch im Prozess des Nachdenkens, ob wir das Kind bekommen wollen oder nicht. Uns wurde dann die Entscheidung abgenommen. Ich habe mich daraufhin von diesem Mann getrennt.

Der schlimmste Schicksalsschlag ereilte mich im Sommer 2009. Meine Mutter war nach wie vor schwerst alkoholkrank. Sie baute körperlich immer mehr ab und ihr Bauch schwoll unnatürlich an. Als ich sie in dem Zustand sah, war mir klar: Leberzirrhose. Ich hatte in der Sozialpflegeschule einmal ein Referat darüber gehalten. Ich erkannte die Anzeichen und hatte dann auch recht damit.

Leberzirrhose ist nicht zwingend tödlich, wenn man nicht so weitermacht wie bisher. Sie hat jedoch weitergetrunken, Behandlungen ausgelassen und nicht die verordneten Medikamente eingenommen. Gleichzeitig näherten wir uns wieder an, verbrachten sogar Weihnachten zusammen. Ich weiß noch, dass wir beim Chinesen bestellt haben und ich auf ihrem Sofa meinen Kopf auf ihrem geschwollenen Bauch liegen hatte, so, als wäre ich ein kleines Kind. Ich habe sie im Frühjahr zum Jahrmarkt mitgenommen, sie im Rollstuhl geschoben, ohne dass es mir peinlich war. Ich wollte sie bei mir haben. Oma hat den Kinderwagen mit Aliyah geschoben.

Dann zog sie in eine Wohnung gleich bei mir in der Nähe. Ich habe mich so gefreut über ihren Entschluss, mir auch räumlich nahe zu sein. Sie wollte ihr Leben ändern, wollte für mich und ihre Enkelin da sein. Als ich sie einmal besuchte, trank sie demonstrativ Wasser.

Tage später rief sie mich spätabends an und bat mich, unter dem Vorwand einer Banalität, zu kommen. Als ich die Wohnung betrat, hatte sie nur T-Shirt und Unterwäsche an und konnte nicht aufstehen, ihre Stimme röchelte nur noch. Ich rief sofort einen Krankenwagen, obwohl sie mit letzter Kraft dagegen protestierte. Ich alarmierte meine Oma, die sofort zu ihr ins Krankenhaus fuhr, ich musste mich erst um einen Babysitter für Aliyah kümmern. Als ich endlich auf der Station ankam, stand meine Oma draußen, rauchte und weinte. Sie sagte, meine Mutter hätte sich bei ihr entschuldigt für irgendwas, es ginge zu Ende. Ich war fassungslos, eilte auf ihr Zimmer. Da lag meine Mutter, vollgepumpt mit Medikamenten, und versuchte, noch etwas zu sagen. Es klang wie: »Ich hab dich lieb«, dann drückte sie nur noch meine Hand. Kurz darauf war es vorbei. Meine Mutter war tot.

Ich war außer mir, heulte, tobte, schrie: »Mama, wie kannst du mir das antun?«, ließ alle Vorwürfe heraus, die ich jahrelang unterdrückt hatte. Dann ratterte es in meinem Kopf, mir war klar, dass ich so nicht enden wollte, meine Zukunft sollte anders sein. Ich fuhr nach Hause und fiel ins Bett. Am nächsten Morgen funktionierte ich wie in Trance, als ich die Formalitäten mit dem Bestattungsinstitut organisierte. Meine Mutter wurde kurz darauf beerdigt.

Das Schicksal spielt manchmal komisch: Die eine geht, ein anderer tritt in mein Leben. Kurz vor dem Tod meiner Mutter, ich war mittlerweile 18 Jahre alt, bekam ich einen Brief von einem gewissen Michael. So hieß mein Vater, den ich bis dato nie kennengelernt hatte. Er hatte offenbar immer schon versucht, mich zu finden. Meine Mutter hatte aber verfügt, dass meine Identität und Adresse bis zu meiner Volljährigkeit vor ihm geheim gehalten werden müssten. Mein Vater wollte mich jetzt endlich kennenlernen. Ich hätte die Welt umarmen können. Ich schrieb ihm sofort zurück, postwendend kam ein Paket mit Weihnachtsgeschenken für Aliyah und mich, danach haben wir uns getroffen. Ich erfuhr manches, was meine Mutter mir verschwiegen hatte. Mein Vater hat mir zum Beispiel erzählt, dass die beiden sich getrennt haben, weil meine Mutter schwanger weitertrank. Außerdem hatte sie damals schon begonnen, sich zu ritzen. Das hat ihn noch mehr abgestoßen. Einmal hat er mich wohl als Baby gesehen, danach hat meine Mutter den Kontakt verhindert.

Ich habe vier Halbgeschwister, die ich mittlerweile auch getroffen habe. Mein Vater und ich halten nach wie vor Kontakt, eher sporadisch, weil er selbst etliche familiäre Probleme hat, aber immerhin kenne ich jetzt meinen leiblichen Vater und sehe ihn ab und zu. Ich würde nicht sagen, er sei mein Papa, geschweige denn, ihn so nennen. Ich habe das eher vermieden, ihn noch nie direkt mit Namen oder »Papa« angesprochen, sondern immer mit »Du« angefangen.

In meinem Leben hat jetzt ein neues Kapitel begonnen: Nachdem ich mich mit Geld vom Amt und Nebenjobs über Wasser gehalten habe, bin ich jetzt endlich in Ausbildung. Ich lerne Heilerziehungs pflegerin, das ist eine duale Ausbildung, zwei Tage Schule in der Woche und drei Tage arbeiten, manchmal auch am Wochenende. Nebenbei jobbe ich nach wie vor in einer kleinen Diskothek, am Wochenende nachts von 22 Uhr bis fünf Uhr morgens. Meine Oma passt bei sich in der Wohnung auf meine Tochter auf.

Meine Ausbildung macht mich sehr glücklich. Mit Menschen arbeiten wollte ich immer. Ob ich Kindern oder Erwachsenen die Windeln wechseln muss, ist mir eigentlich gleich. Ich habe einen guten Zugang zu diesen Menschen, das war mir nach zwei Wochen Praktikum in einer Wohngruppe klar geworden. Die Chefin dort riet mir, ich solle mich schnellstmöglich bewerben, ich hatte offensichtlich gute Arbeit geleistet. Meine Bewerbung kam in allerletzter Minute, ein Verfahren war schon fast abgeschlossen, ich bekam die Stelle.

2013 werde ich fertig ausgebildet sein und hoffe, dass ich dann in eine feste Anstellung übernommen werde. Es sieht so aus, als würde alles gut werden in meinem Leben. Ich sehne mich nur noch nach einem Partner, der mich und meine Tochter lieben kann – nach einem, der bleibt.

12

»Ich hatte Angst vor dem Vaterwerden«

Thomas*, 19, ein kleiner Ort in Norddeutschland, Berufssoldat,
Vater einer dreijährigen Tochter

Das Klischee erfüllt sich leider nur zu oft: Ein Mädchen wird schwanger, der Freund haut ab. Die meisten Teenagermütter sind alleinerziehend und finden später nur schwer einen neuen Partner, der sich langfristig auf eine junge Frau mit dem Kind eines anderen einlässt. Die Kindsväter stehlen sich oft komplett aus jeglicher Verantwortung: Sie wollen die Kinder weder sehen, noch für sie sorgen. Finanzielle Unterstützung kommt oft erst per Gerichtsbeschluss, Ärger und Streit sind vorprogrammiert.

Bleiben die jungen Väter und stehen zu ihrem Kind, werden sie oft insgeheim als Schuldige angesehen, ihre Bedürfnisse und Gefühle werden demnach eher vernachlässigt. Man traut ihnen zu, mit der Situation besser umgehen zu können. Schließlich müssen sie das Kind nicht austragen.

Erst in jüngster Zeit kümmern sich mehr Einrichtungen und Hilfsprogramme auch intensiver um junge Väter.

Thomas war stark genug. Als seine Freundin schwanger wurde, war für ihn klar: Er bleibt. Mit allen Konsequenzen.

---

* Der richtige Name ist der Autorin bekannt.

Jessie war völlig anders als ihre Freundinnen. Als ich sie über meine Clique kennenlernte, war ich geplättet. Sie war unglaublich hübsch, dabei absolut natürlich, ohne diesen gekünstelten Glamourfaktor, den andere Jugendliche gerne demonstrieren wollten. Sie war sehr lieb und ungewöhnlich tiefgründig, beschäftigte sich viel mit anderen Menschen, war fürsorglich und empathisch.

Sie hat mir immer schon gut zugehört, das brauchte ich zu dieser Zeit ganz besonders. Ich hatte viele Probleme in meiner Familie. Als meine Eltern sich scheiden ließen, nahm mich Jessies Familie quasi als weiteren Sohn auf, bei ihnen fühlte ich mich geborgen.

Jessie war meine zweite richtige Freundin. Ich war mit 15 längst umfassend aufgeklärt, dafür hatten meine Eltern gesorgt, als ich zehn oder elf Jahre alt war. Die restlichen Informationen kamen von der Schule. Meine Mutter hatte mich explizit gewarnt, dass ein Mädchen ohne sichere Verhütung schwanger werden könnte. Sie hat mich immer ermahnt, in jedem Fall Kondome zu benutzen. Sexualität war bei uns ein Thema, über das locker gesprochen werden konnte, da war keiner verklemmt.

Als ich 14 war, trennten sich meine Eltern, mein Vater hatte eine neue Partnerin. Ich habe ihm das sehr übel genommen. Nach der Scheidung wohnte ich bei meiner Mutter. Pubertär wie ich war, reizte mich das lockere Leben meines Vaters dann doch mehr, er war jung und konnte mir für meine Bedürfnisse zu der Zeit mehr bieten. Also zog ich zu ihm, da hatte ich auch endlich meinen Bruder wieder, der von Anfang an beim Vater geblieben war. Leider funktionierte das Zusammenleben nicht sehr gut, ich ging zurück zu meiner Mutter, dann wurde ich von der Bundeswehr eingezogen.

Halt gab mir dann Jessies Familie. Ich fühlte mich dort jederzeit willkommen und sehr liebevoll aufgenommen. Trotzdem war ihre Familie extrem konservativ. Die Kinder wuchsen sehr behütet auf, mit ernsthaften, christlichen Werten, ein völliger Gegensatz zu meiner Kindheit, in der ich mir als Neunjähriger alleine mein Mittagessen machte. Niemand kümmerte sich um meine Hausaufgaben, ich musste sehr früh sehr selbstständig sein. Meine Eltern haben die ganze Zeit gearbeitet.

In Jessies Familie war immer jemand da. Mittags erwartete die Mutter ihre Kinder mit frisch gekochtem Mittagessen und hatte stets ein offenes Ohr für sie.

Ich kann mich nicht daran erinnern, dass mein Vater sich mal richtig mit mir beschäftigt hätte. Christliche Werte waren nie Thema und die Einzige, die sich bemüht hat, halbwegs zu verfolgen, was in der Schule lief, war meine Mutter. In Jessies Familie waren beide Eltern auf dem Laufenden, was in der Schule oder bei den Freizeitaktivitäten ihrer Kinder los war, sie waren wirklich interessiert.

Als Jessie und ich ein Paar wurden, war sie 13 und ich 15. Viel über Sexualität haben wir nicht gesprochen, sie war selber gut informiert. Verhütung war ein Thema, darüber haben wir geredet. Leider ist das dann gründlich schiefgegangen. Sie nahm die Pille nicht, das wäre ihr zu dem Zeitpunkt auch nicht erlaubt worden, und so war das Kondom die einzige Verhütungsmethode, die infrage kam. Ich kannte mich damit aus, hatte schon mit meiner ersten Freundin auf diese Art verhütet.

Als Jessie und ich miteinander schliefen, muss es geplatzt oder gerissen sein. So erklären wir es uns im Nachhinein, denn in dem Moment haben wir es nicht gemerkt.

Dann blieb Jessies Regel aus und wir ahnten schon Schwierigkeiten. Eines Tages rief sie mich völlig aufgelöst an, nachdem sie beim Frauenarzt von dem positiven Testergebnis erfahren hatte.

Es war zunächst ein Schock, wie wahrscheinlich für jeden anderen in einer ähnlichen Situation auch. Ich habe es als Erstes meinem Vater erzählt, bei dem ich zu der Zeit noch lebte. Er reagierte relativ nüchtern. Irgendwie waren wir beide erst einmal davon überzeugt, dass Jessie das Kind abtreiben würde, damit verdrängte ich die Vorstellung, neun Monate später Vater zu werden. Ich konnte mir das verständlicherweise mit 15 Jahren nun mal nicht vorstellen. Es war kein gefühlvolles Gespräch, auch kein typischer Männeraustausch. Wenig Emotionen – so war ich es gewohnt. Wir riefen dann meine Mutter an und sagten es ihr natürlich auch sofort.

Ich werde nie vergessen, dass mein erster Satz nach Jessies Anruf war: »Er wird mich umbringen.« Damit meinte ich natürlich ihren Vater. Ich konnte mich noch gut an ein Gespräch unter Männern mit ihm erinnern, in dem er mir unmissverständlich klarmachte, dass Sex mit seiner Tochter tabu sei. Das war nicht böse gemeint von ihm, aber ich genoss in der Gegend bereits einen gewissen Ruf. Über mich kursierten Geschichten, die den Vater einer pubertierenden Tochter schon nervös machen konnten. Ich hatte einfach früh sexuelle Kontakte und war schon ein bisschen der Mädchenschwarm. Schulisch war ich auch nicht wirklich vorzeigbar. Nicht, weil ich zu dumm war. An Intelligenz mangelt es mir wohl nicht. Aber ich hatte damals einfach keine Lust auf Schule, ich empfand Lernen und Lehrer als uncool. Ich wollte lieber mit Freunden feiern gehen.

Jetzt wurde ich Vater.

Das war klar, nachdem wir zu einem Beratungstermin bei Pro Familia gegangen waren. Das ist ja Pflicht, wenn man ohne medizinische Indikation abtreiben lassen möchte. Mit 15 Jahren ist das eine legitime Überlegung. Im Nachhinein gruselt mich der Gedanke, dass ein Schwangerschaftsabbruch überhaupt in Betracht gezogen worden war. Für Jessie war eigentlich immer klar, dass sie das Kind behalten wollte.

Ich denke, letztendlich ausschlaggebend waren Jessies Eltern. Die haben versichert, uns in jeder Hinsicht voll und ganz zu unterstützen. Das hat uns unglaubliche Sicherheit gegeben, sonst wäre möglicherweise alles ganz anders gekommen. Meine Eltern hätten uns nicht unterstützt, das ist klar.

Als die Entscheidung, das Kind zu behalten, getroffen war, verspürte ich eine unglaubliche Angst. Angst vor der Zukunft, Angst vor dem Vaterwerden. Ich konnte mir gar nicht vorstellen, dass ich neun Monate später ein Kind in den Armen halten würde. Dass ich ein knappes Jahr später Vater sein würde – mit 16.

In der Schule lief es mittelmäßig, ich besuchte die achte Klasse, bin dann abgegangen und habe ein BVJ, ein Berufsvorbereitungsjahr, gemacht.

Da kommen die Idioten hin.

Ich war einfach tierisch faul und passte in so eine Maßnahme wunderbar rein. Drei Jahre zuvor hatte ich fast nur Zweien auf dem Zeugnis, dann habe ich einfach nichts mehr getan. Ich war selber schuld. Zum Glück habe ich mich dann gefangen. Ich ging zur Wirtschaftsschule, wo ich gleichzeitig noch meinen erweiterten Realschulabschluss bestand – mit dem besten Zeugnis der Klasse.

Was Jessie anging, war ich mir völlig sicher, dass es mit uns klappen würde, auch unter erschwerten Bedingungen. Seltsam, ich hatte absolut keine Zweifel, obwohl wir erst acht Wochen ein Paar waren.

Sie war so standhaft, so sicher, so loyal.

Meine Eltern haben es mir schwer gemacht. Sie haben mir eingeredet, ich würde mich finanziell kaputt machen, könne weder uns als Eltern noch ein Kind adäquat finanziell versorgen. Wobei meine Mutter die Situation weniger ausweglos fand als mein Vater. Zum Glück haben sie sich heute damit arrangiert, dass sie Großeltern sind.

Damals war ich leicht zu verunsichern. Manches war mir als 15-Jähriger einfach unangenehm. Ich konnte mir nicht vorstellen, einen Kinderwagen durchs Dorf zu schieben, war bei mir einfach so. Ich war damals und bin heute noch eher schüchtern. Jessie war das egal, das habe ich auch gleich gemerkt.

Ich hatte Angst davor, Tratschstoff zu liefern, wollte nicht mit blöden Blicken bedacht werden. Das hat sich jetzt auch total ge ändert. Inzwischen gehe ich mit meiner Tochter an der Hand stolz überallhin. Ich musste einfach erst einmal in die Vaterrolle reinwachsen, die Verantwortung übernehmen, schultern und einfach darauf vertrauen, dass ich das packe.

Ich konnte mir bis zum letzten Tag nicht vorstellen, dass ich am nächsten Tag meine Tochter im Arm halten sollte, ich versuchte immer wieder vergebens, mir das vor Augen zu führen. Neben mir wurde Jessies Bauch immer größer und immer wieder konnte ich auch mein Kind auf dem Ultraschall sehen. Ich war also schon sehr involviert, auch emotional. Bei der ersten Untersuchung, bei der ich dabei war, konnte man schon viel erkennen. Das Herz schlagen zu sehen, ist ein Bild, das man nicht so leicht vergisst. Das Gefühl, wenn ich meine Hand auf Jessies Bauch gelegt und gespürt habe, wie meine Tochter sich bewegt, war unglaublich.

In der Zeit haben wir oft bis spätabends versucht, uns unsere Zukunft auszumalen. Wollen wir heiraten, ein Haus bauen? Wie wird es sein, das Zusammenleben mit Kind?

Wenn ich wieder einmal von Zweifeln geplagt war, hat mich Jessie daran erinnert, welche Unterstützung wir von ihren Eltern bekommen würden. Das hat mich immer wieder aufgebaut.

Was richtiges Familienleben bedeutet, habe ich erst in Jessies Familie mitbekommen, und deswegen habe ich mich dort auch so tierisch wohlgefühlt. Obwohl ich jetzt erst 19 bin, habe ich wirklich schon viel erlebt und mitgemacht im Leben. Ich habe deshalb vielleicht auch unsere Situation kritischer und misstrauischer gesehen, da war Jessie möglicherweise mehr in Watte gepackt. Ich hatte auch konkrete Angst vor Trennung und besonders davor, dass einmal ein anderer in die Vaterrolle springen könnte und mein Kind mich nicht mehr sehen möchte, weil mein Platz besetzt ist.

Viel Angst, viel Vorfreude, viel Unsicherheit – ziemlich viel für Jugendliche, die ein Kind erwarten.

Ich hatte in der Schule eine Sonderregelung und durfte mein Handy im Unterricht eingeschaltet lassen. Die Lehrer haben sich wirklich sehr fair verhalten. Ich wollte meine bevorstehende Vaterschaft nun wirklich nicht an die große Glocke hängen. Da kommt ein 14-jähriger Junge und sagt, er werde Vater. Ich habe es wirklich nur den Lehrern erzählt, zu denen ich Vertrauen hatte, mit denen ich auch reden konnte.

Die ersten Reaktionen waren sehr lieb. Was auch immer in ihren Köpfen ablief, als Erstes haben sie mir gratuliert. Viel anderes konnten sie auch nicht sagen, was auch? Das kann sich ein Außenstehender doch erst recht nicht vorstellen. Erst nach längerem Überlegen sieht man dann vielleicht, dass es auch bei Teenager-Eltern letztendlich wie in einer normalen Familie ablaufen kann – dass das Kind in normalen Verhältnissen aufwächst, dass beide Elternteile sich kümmern und die ganze Familie mit Großeltern dahinter steht und mithilft – eigentlich der Start in eine gute und glückliche Kindheit.

Ich hatte gerade Sport, als Jessies Vater anrief. Der berühmte Satz: »Es geht los.«

Mein Herz machte einen Satz, setzte aus, raste. Ich zog mich in Windeseile um und sagte dem Lehrer Bescheid. Alle haben mir Glück gewünscht und ich bin ins Krankenhaus gefahren. Dann zog es sich aber noch lange hin und endete mit Kaiserschnitt.

Am Mittag war unsere Tochter auf der Welt.

Ich wollte eigentlich bei der Geburt dabei sein. Aber als ich im OP stand, bin ich wohl ganz kreideweiß und fast ohnmächtig geworden.

Alles stürzte über mir zusammen. Der Gedanke, dass ich jetzt gleich Vater eines Kindes werden würde, war zu viel. Ich bin dann zum Opa in spe vor die Tür gegangen, der hat sich einen gegrinst, während ich auf und ab getigert bin. Jessies Mutter war bei ihr, als unsere Tochter per Kaiserschnitt geboren wurde. Mein Kopf war total verwirrt, es war wie in den Büchern, die Sekunden vergingen wie Stunden. Dann irgendwann kam die Hebamme mit dem Mutterkuchen auf den Flur. Jessies Vater war ganz entspannt und hielt mir einen Kurzvortrag. Ich habe mir wie in Trance die Nachgeburt angeguckt, ich fand es überhaupt nicht eklig. Die Hebamme verschwand wieder und kam mit meiner eingewickelten, schreienden Tochter zurück.

Ich hatte zum ersten Mal mein Kind auf dem Arm.

Sie hörte sofort auf zu weinen, als ich sie hielt. Das war unbeschreiblich, ich war sehr stolz. Lange durfte ich sie nicht haben, es mussten noch Untersuchungen gemacht werden, also hängte ich mich ans Telefon und erzählte meiner Mutter und allen Freunden von der Geburt unserer Tochter.

Als ich zu Jessie ins Zimmer kam, trank unser Baby problemlos an ihrer Brust, ein überwältigendes Bild! In diesem Moment habe ich gar nicht darüber nachgedacht, wie jung wir waren. Im Krankenhaus wurden wir behandelt wie alle anderen auch, ganz normal. Wir waren stolze Eltern, glücklich, dass alles so gut verlaufen war. Jessies Mutter sagte gleich, das Baby sähe aus wie ich, blond und blauäugig. Das macht die Natur schon gut, dass sie die Kinder ihren Vätern so ähnlich sehen lässt am Anfang.

Der erste Tag rauschte an uns vorbei und war geprägt von Glücksgefühlen. Wir gewöhnten uns rasch ans Elternsein. Ich war jeden Tag im Krankenhaus, wickelte die Kleine und lief mit ihr herum. Jessie konnte nach dem Kaiserschnitt nur schwer aufstehen und war nicht sehr gut auf den Beinen. Meine Scheu, unser Kind anzufassen, hatte sich schnell gelegt. Am Anfang wirkte sie so zerbrechlich, so klein. Man musste halt aufpassen. Ich war nach ein paar Tagen so routiniert im Wickeln und Baden, dass ich Jessie am Ende gezeigt habe, wie man es macht. Ihr ging es auch psychisch nicht so gut, man nennt das Babyblues, wenn die Emotionen Wellen schlagen, wenn es hoch und runter geht mit den Gefühlen. Wir konnten viel miteinander reden, das hat ihr auch sehr geholfen. Die Oma ist manchmal mit dem Kinderwagen ums Haus gelaufen, damit wir Ruhezeiten für uns hatten. Jessie wollte irgendwann nur noch dringend nach Hause.

Wir lebten dann bei ihren Eltern im Haus, übernachten durfte ich nicht bei Jessie. Ich habe mit ihr zusammengewohnt, nur eben woanders geschlafen. Ihre Eltern wollten es so. Ich habe das damals hingenommen. Es war eigentlich auch eine gute Entscheidung. Wenn man schon mit 15 immer das Bett teilt, wird es mit Mitte zwanzig langweilig. Zu früh, wenn man sein Leben miteinander verbringen möchte. Ich glaube, das war auch der Gedanke von Jessies Vater. Der verbot das nicht nur, weil er so extrem evangelisch war, er ist einfach klug und weitsichtig.

Ich höre immer wieder, dass junge Väter spätestens nach der Geburt ihrer Kinder verschwinden. Ich habe nicht eine Sekunde lang mit dem Gedanken gespielt, das Handtuch zu werfen. Als Vater ging ich eine große Verantwortung ein. Und mir war klar, wenn ich gehe, werde ich nie wieder richtig Kontakt zu meinem Kind haben. Ich wollte immer, dass alles gut wird.

Ein Leben ohne meine Tochter kann ich mir gar nicht mehr vorstellen. Sie gehört einfach dazu. So ein Kind bringt Farbe ins Leben. Momentan sehe ich sie wegen meines Berufes als Zeitsoldat leider nur am Wochenende. Aber dann sind wir hundert Prozent Familie.

Ich bin sehr gereift durch unser Kind, das merke ich bei der Bundeswehr: Da sind zum Teil 25-Jährige, die viel jünger wirken als ich mit 19. Die haben nur Disco, Feiern und Kumpels im Kopf. Mein Leben ist deutlich gesetzter, ich brauche das nicht mehr. Kinder sind so bereichernd, geben so viel Liebe, und man selber gibt auch so viel weiter. Das ist einer der wenigen wirklichen Höhepunkte im Leben. Wir haben ihn eben schon sehr früh gehabt.

Mit Kinderkriegen ist jetzt erst einmal Pause. Jessie möchte irgendwann noch ein Kind, ich kann es mir im Moment nicht vorstellen. Ein Kind ist zu wenig, aber wenn wir jetzt noch lange warten, ist der Altersunterschied zwischen den Geschwistern so groß. Wir müssen mal sehen. Das Wichtigste ist, dass wir als Paar und als Familie zusammenbleiben und es weiterhin so gut klappt. Und dass wir uns treu bleiben. Vielleicht gibt es ja auch eine Traumhochzeit. Die stelle ich mir ganz ernsthaft kirchlich vor, da bin ich hier einfach geprägt worden.

Für später würde ich mir weiterhin eine feste Stelle wünschen. Wenn Jessie dann nur halbtags arbeiten könnte, wäre es ideal. Ich verdiene jetzt nicht schlecht bei der Bundeswehr. Wenn wir eines Tages richtig zusammenwohnen, vielleicht in einem eigenen Haus, dann können wir unserer Tochter bestimmt etwas bieten.

Wenn alles so bleibt, werden wir ein schönes Leben haben!

13

»Ich wollte schwanger werden«

Samantha, 20, Flensburg, arbeitssuchend
Sohn **Leo**, 3

Ihr Sohn soll eine perfekte Zukunft haben. Dem dreijährigen Leo bescheinigen die Kinderärzte, dass er intelligent und sehr reif ist. Seine Mutter, die ihn mit 17 Jahren geboren hat, sieht ihn auf einem guten Weg. Samantha hofft, dass der Kleine eines Tages das schafft, wozu es bei ihr nicht gereicht hat: Realschulabschluss unbedingt, vielleicht sogar Abitur auf dem Gymnasium.

Samantha selbst sehnt sich nach einer festen Arbeit, sie würde gerne mit einem Mann zusammenleben, der ebenfalls arbeitet und mit ihr und Leo aufs Land zieht. Aber nicht zu weit weg, Samantha braucht die Nähe zu ihrer Mutter. Räumlich und auch emotional. Es gibt einiges nachzuholen.

Ich wurde als erstes von fünf Kindern geboren. Meine Mutter war Hausfrau, mein Vater hat nicht geduldet, dass sie sich eine Arbeit sucht. Er wollte sie zu Hause haben, sie sollte nur für ihn da sein.

Wir Kinder mussten schwer schuften, unser Vater ließ uns Holz hacken und stapeln, auch bei eisiger Kälte. Alles nur, weil er für unseren privaten Heizbedarf einen Kamin betreiben wollte. Wir hatten keine schöne Kindheit, wir bekamen vom Vater sofort Schläge, wenn wir etwas falsch gemacht hatten. In seinen Augen gab es oft Gründe, uns zu bestrafen.

Meine Mutter hat versucht, uns zu beschützen, soweit es in ihrer Macht stand. Wenn er bei der Arbeit war, hat sie uns, obwohl er uns Hausarrest erteilt hatte, herausgelassen. Manchmal hat er es gemerkt und dann gab es großen Ärger. Wir Kinder bekamen wieder Schläge, dabei hat unsere Mutter nur zugeguckt, oder besser gesagt, weggesehen. Ich kann es ihr irgendwie nicht übel nehmen, sie war einfach zu schwach. Unser Vater war damals ein richtiger Schläger und dazu noch Alkoholiker. Er schlug zu, wenn er betrunken, aber auch wenn er nüchtern war.

Spielen durften wir nicht, es war uns nicht erlaubt herumzutoben, wir durften nicht lachen; wenn wir einmal zu laut waren, gab es auch wieder Schläge. Wenn wir ins Bett gemacht hatten, kamen wir gleich unter die kalte Dusche, das schien unserem Vater eine gute Erziehungsmaßnahme.

Die ganze Tortur endete zum Glück, als ich 14 war und meine Eltern sich trennten. Mein Vater war mit der besten Freundin meiner Mutter fremdgegangen. Diesmal nagelte ich sie fest und sagte zu meiner Mutter: »Entweder schmeißt du ihn raus, oder ich gehe ins Heim.« Ich meinte es bitterernst, entweder entschied sie sich, wie sonst, für ihn oder diesmal eben für ihr Kind. Ich konnte dort unter diesen Bedingungen nicht mehr leben. Es wurde immer schlimmer und ich erinnere mich noch an die Horrorsituation, als mein kleiner Bruder zu mir sagte: »Bring Papa um!« Er war vier Jahre alt.

Ich hatte in dieser Zeit gar kein richtiges Verhältnis zu meiner Mutter. Es klingt seltsam, aber irgendwie hatte ich nicht wirklich eine Mutter, ich wusste nicht genau, was es bedeutet, eine zu haben, und habe nie erfahren, was Mutterliebe ist.

Ich kannte sie nur als eingeschränkte Frau, die ängstlich in der Ecke sitzt und wartet, dass der Mann sagt, was sie tun soll, immer eingeschüchtert. Körperliche Nähe gab es kaum, vielleicht hat sie mich alle drei Monate einmal in den Arm genommen. Ich kann mich nicht mehr genau an die Zeit erinnern, als ich drei, vier Jahre alt war. Aber ich weiß noch, dass ich – da war ich vielleicht acht – immer wieder Versuche unternommen habe, sie zu umarmen, wissend, dass sie es eigentlich ablehnte. Irgendwann habe ich es nicht mehr versucht. Unser Verhältnis wurde enger, nachdem meine Mutter meinen Vater rausgeschmissen hatte. Das war kurz nachdem sie meinen jüngsten Bruder geboren hatte. Ich habe für den Kleinen dann die zweite Mutter gespielt, weil meine Mutter schwer an der Trennung zu knapsen hatte. Ich habe ihn gefüttert, gewickelt und gewiegt, tagsüber wie nachts. In der Zeit war ich eine wirkliche Stütze für meine Mutter, da nahm sie mich auch öfter in den Arm und sagte, sie hätte mich lieb. Aber bei mir war schon viel kaputt. Eine Bindung zur Mutter, die es nie gab, kann man nicht einfach plötzlich so nebenher aufbauen, das dauert.

Ich glaube, das schlimmste Erlebnis meiner Kindheit war, dass ich zusehen musste, wie mein Vater meine Mutter vergewaltigt hat. Das war meine Art der Aufklärung.

Über Liebe, Zärtlichkeit und Verhütung wurde bei uns nicht gesprochen. Meine Muttergefühle und Wünsche nach eigenen Kindern habe ich entwickelt, als ich meinen jüngsten Bruder mit großzog.

Wir beide haben das gut miteinander hinbekommen. Ich habe teilweise mit bei ihm in der Stube geschlafen, irgendwann mal hat er sogar Mama zu mir gesagt. Da war ich 14.

Mein Bruder hat es mir immer leicht gemacht, er hat sich schnell beruhigen lassen. Klar sind Kinder auch mal anstrengend, aber grundsätzlich waren wir ein gutes Team. Wickeln und Baden bereiteten mir keine Schwierigkeiten, das hatte ich bei meiner Mutter immer wieder beobachten können, schließlich habe ich noch drei weitere jüngere Geschwister. Ich habe die täglichen Handgriffe der Babypflege mit Puppen nachgespielt. Bei meinem kleinen Bruder war es kein Spiel mehr, anfangs stand meine Mutter immer neben uns und beobachtete. Aber das ließ schnell nach, als sie merkte, wie gut ich das alles konnte.

Gestillt hat sie keinen von uns. Silas war der Einzige, bei dem sie es probierte, aber bald aufgab. Er war übrigens kein Wunschkind, kam nach sieben Jahren als Nachzügler. Deshalb habe ich meine Mutter in der Schwangerschaft auch nicht besonders glücklich erlebt.

Meine intensive Zeit mit Silas löste bei mir einen konkreten Kinderwunsch aus. Nicht, dass ich da schon konkret geplant hatte, aber mein kleiner Bruder hatte mir Lust auf eigenen Nachwuchs gemacht.

Meinen ersten Freund hatte ich schon mit zehn Jahren, mein erstes Mal mit zwölf, ich war früh dran. Zurückhaltend war ich nicht.

Mein erstes Mal war auf gut Deutsch gesagt »Scheiße«! Es gibt kein anderes Wort dafür. Ich hätte auf einen besseren Typen warten sollen. Meiner war, was andere als Arschloch bezeichnet haben. Er war 15, der Bruder einer Schulkameradin. Wir waren einige Zeit zusammen, bevor er mich entjungfert hat. Wirkliche Gefühle hatte er wohl nicht, nebenher gab es andere Freundinnen. Verhütet haben wir nicht. Ich konnte auch mit niemandem über Pille, Kondome und Geschlechtskrankheiten sprechen. Mit zwölf Jahren ein solches Gespräch zu führen – welcher Erwachsene hätte sich darauf eingelassen? Konkret wusste ich nicht, dass man von Sex schwanger werden kann, wenn man so jung ist. Da ich mit diesem Freund häufig Geschlechtsverkehr hatte, muss ich unheimlich Glück gehabt haben, dass zu der Zeit noch nichts passiert ist. Meine Regel bekam ich erst mit 15, vielleicht erklärt das einiges.

Ich kann weder sagen, dass mit einem Jungen zu schlafen für mich schön, noch dass es schlecht war. Ich habe dadurch die Liebe bekommen, die ich zu Hause nicht erfuhr. In dem Moment hatte ich, auch wenn ich wusste, er meint es nicht ernst mit mir, das Gefühl, dass ich etwas wert bin, dass ich existiere, dass ich überhaupt am Leben bin.

Parallel dazu musste ich die Bilder verdrängen, die ich noch von den Übergriffen meines Vaters auf meine Mutter im Kopf hatte. Ich war damals in psychologischer Behandlung, aber ganz auslöschen konnte ich die Erinnerungen nie. Die Therapie sollte mich auch in erster Linie während der Scheidung meiner Eltern begleiten. Dass wir so viele Baustellen hatten, war nicht klar. Es war eine Familientherapie, die vom Gericht angeordnet wurde. Mein Vater wollte damals das Sorgerecht für uns haben. Meine Mutter war so schwach, ich hatte die ganze Zeit Sorge, dass sie ihm wieder nachgeben würde. Aber durch die Betreuung wurde dem Richter klar, dass unser Vater uns nicht guttut. Mehr auch nicht, denn eine Strafe hat er für das, was er uns angetan hat, nie bekommen. Heutzutage kriegen Kinderschänder oder Menschen, die ihre Kinder misshandeln, Strafen. Dafür muss man sie anzeigen, das weiß ich jetzt. Klein wie ich war, dachte ich damals, es reicht, wenn wir das vor Gericht erzählen. Hat es aber nicht.

Bei meinem ersten Freund dachte ich ganz simpel, dass Geschlechtsverkehr als Zeichen der Zuneigung einfach dazugehört. Wobei ich mir schon Zeit gelassen habe. Leos Papa war mein zweiter fester Freund. Wir haben anderthalb Jahre gewartet, bis wir das erste Mal miteinander geschlafen haben.

Ich lernte ihn kurz vor meinem 16. Geburtstag in einem Chatroom im Internet kennen. Wir haben uns nächtelang geschrieben, es schien alles zu passen, er war nur wenige Monate älter als ich, wir hatten die gleichen Interessen. Meine Mutter bekam diese erste Annäherung mit und hatte panische Angst, dass wir uns eines Tages persönlich treffen würden. Es gab keine konkrete Sorge, ihr war nur unheimlich, dass ich mich mit einem Wildfremden aus dem Internet verabredete. Er wohnte rund 150 Kilometer von Flensburg entfernt, ich musste Zug fahren und brauchte dafür Geld. Das habe ich meiner Mutter aus dem Portemonnaie geklaut und bin los.

Es war aufregend, ihn das erste Mal zu treffen. Ich hatte ein Kribbeln im Bauch, ohne richtig verliebt zu sein. Das konnte ich damals gar nicht, ich wollte einfach nur Zuneigung geben und Zuneigung erfahren.

Ich wollte nicht mehr alleine sein, sondern jemanden bei mir wissen, der hinter mir stand. Heute reflektiere ich das ganz klar. Das zu können kommt bestimmt auch von der Arbeit in der Familientherapie. Außerdem bin ich reifer geworden, konnte die Vergangenheit zu einem guten Teil loslassen.

Vor meinem Vater habe ich keine Angst mehr. Ich bin in dem Punkt so gestärkt, dass ich ihn, würde er heute vor mir stehen, ohne zu zögern angreifen würde, wenn er auch nur einen dummen Spruch abließe. Ich spüre nur ein übermächtiges Hassgefühl.

Leos Vater konnte zeitweise viel von dem Schmerz und der Angst lindern. Er war schon gut zu mir, auch wenn er seine eigenen kleinen Päckchen zu tragen hatte. Er war adoptiert, seine Eltern waren Lehrer und Innenarchitektin, er kam aus einer normalen, intakten Familie. Das Verhältnis zu seinen Eltern war in Ordnung, wobei er sich mit seinem Vater wohl weitaus besser verstand als mit seiner Mutter, mit der er in der Pubertät öfter aneinandergeriet.

Ich glaube, dass er gleich zu Beginn in mich verliebt war. Er hat bei seinen Freunden sehr mit mir angegeben, ist gleich am ersten Tag mit mir auf seinem Roller zu etlichen Leuten gefahren und stellte mich überall vor.

Als wir ein Paar wurden, kannte ich mich mit Verhütung schon gut aus. Ich habe zu der Zeit viel ferngesehen, es gab eine tägliche Dokuserie, die hieß *Mein Baby*. Darin wurden Schwangere mit der Kamera begleitet, die dann ihre Babys kriegten und auch danach noch weiter gefilmt und interviewt wurden.

Mir wurde immer deutlicher bewusst, dass ich auch schwanger werden wollte, vielleicht nicht sofort, aber bald. Ich ließ es einfach drauf ankommen. Ich wollte ein eigenes Kind haben, ich wollte meine eigene kleine Familie haben und es besser machen, als ich es von meinen Eltern kannte. Das wusste ich schon vor dieser Beziehung. Mein Plan für die Zukunft stand, da war ich 14.

Leos Papa habe ich in meine Wünsche eingeweiht und er war einverstanden, obwohl ich zu dem Zeitpunkt erst 16 war und er 17. Verhütet haben wir also nicht. Wir sahen uns wegen der räumlichen Distanz nur zweimal im Monat und ich würde vermuten, dass ich ungefähr beim zehnten oder elften Mal schwanger geworden bin. Ich selber habe es gar nicht richtig gemerkt. Ich bin mit meiner Mutter Auto gefahren und habe eine ganze Dose mit Bonbons aufgegessen. Dann habe ich zu ihr gesagt, dass mir übel sei, und damit war für sie klar: »Du bist schwanger«! An der nächsten Apotheke haben wir angehalten und einen Schwangerschaftstest besorgt. Der war dann positiv. Meine Mutter und ich waren so erschrocken, dass wir das Ergebnis erst einmal auf die Qualität des Produktes geschoben haben. Meine Mutter war ganz entschlossen: »Das war auch ein Billigtest, ich kaufe am besten jetzt mal einen teureren.«

Natürlich war das Ergebnis das gleiche. Ich war total verwirrt, wusste nicht, ob ich mich freuen oder in Tränen ausbrechen sollte. Zunächst einmal habe ich gar nichts gefühlt, dann drehte sich alles in meinem Kopf: Vorfreude auf die gewünschte eigene Familie, Angst vor Zuständen wie in der eigenen Kindheit, Unsicherheit.

Beim Untersuchungstermin bestätigte der Frauenarzt die Schwangerschaft und stellte fest, dass ich in der zehnten Woche war. Meine Mutter war ziemlich entspannt, sie hat sich eher gefreut, als dass sie sauer war. Meinem Freund hatte ich gleich per Handy Fotos vom ersten Test aus der Apotheke geschickt. Er konnte es kaum glauben. Jetzt bekam er Ultraschallbilder zu sehen, als ich ihn besucht habe. Er hat sich gefreut, hat gelacht und geweint gleichzeitig, es war eine verrückte Reaktion.

Ich war diejenige, die sich dann auf einmal emotional immer mehr von ihm entfernt hat. Das ging sogar so weit, dass er mich regelrecht abstieß. Ich kann es kaum erklären. Dann lernte ich einen neuen Mann kennen. Wir waren mit meiner Mutter und allen Geschwistern umgezogen und ich traf ihn im Fahrstuhl. Ich wollte ihn näher kennenlernen, wollte ihn haben, ich wollte etwas anderes. Da war ich im vierten Monat. Witzigerweise war ich auch noch zwei Jahre älter als er. Wir begannen eine Affäre, aus der eine innige platonische Freundschaft wurde, die wir heute noch pflegen. Wir hatten Spaß miteinander zu der Zeit und waren füreinander da. Von der Schwangerschaft wusste er.

Leos Vater habe ich anfangs nichts erzählt, ich bin einfach zweigleisig gefahren, habe beide angelogen. Dann war mir das zu anstrengend und ich habe Schluss gemacht. Das war schlimm. Mein Ex hat richtig geweint, als ich ihm gestanden habe, in jemand anderen verliebt zu sein. Dann gab er sich einen Ruck, akzeptierte meine Entscheidung, zog daraus aber dann die Konsequenz, sich weder zu melden, noch sich um sein Kind zu kümmern. Das hat er bis heute durchgehalten. Wir haben keinen Kontakt mehr. Ich habe nur gehört, dass er in diesem Sommer noch einmal Vater wird, mit einer 32-jährigen Frau, er ist heute 21. Die Affäre mit meinem neuen Freund hielt vier Monate, dann machte er Schluss.

Der Tag von Leos Geburt begann ganz klassisch: Ich bin aufgestanden und alles war nass. Die Fruchtblase war geplatzt. Ich hatte zudem schon starke Schmerzen im Rücken und weckte meine Mutter. Wir mussten gezwungenermaßen noch warten, bis meine Geschwister aus dem Haus waren, weil die zur Schule fertig gemacht werden mussten. Ich saß in der Küche auf dem Stuhl und hatte tierische Schmerzen. Ich mochte mich gar nicht mehr bewegen, ich mochte nicht mehr laufen, nicht mehr stehen, nichts mehr war angenehm. Um Viertel nach acht sind wir ins Krankenhaus gefahren. Kurzzeitig wurde ich auf ein Bett gelegt, aber dann sollte ich wieder laufen. Ich konnte nicht. Die Hebamme trieb mich immer wieder an, aber ich habe verweigert. Ich wollte nichts als einen Kaiserschnitt. Der Arzt war einverstanden, mein Muttermund war noch lange nicht weit genug geöffnet, eine baldige spontane Entbindung war nicht greifbar. Ich wollte auch keine PDA, ich hasse Spritzen, ich habe Angst davor, mit Spritzen darf man mir nicht zu nahe kommen. Es endete dann in der Vollnarkose.

Um 12.23 Uhr war Leo dann da, ich bin um halb zwei aus der Narkose aufgewacht. Meine Mama und meine Patentante haben ihn damals genommen, bis ich wach war. Ihre Tränen flossen wie ein Wasserfall.

Leo zum ersten Mal auf dem Arm zu haben war ein komisches Gefühl. Als Schock kann man es nicht direkt beschreiben, eigentlich war ich eher erschrocken. Ich wurde wach und sie drückten mir gleich ein Kind in den Arm und machten Fotos. Im Nachhinein, als ich ganz klar war und abends alleine mit dem Baby im Zimmer saß, habe ich einfach nur geweint.

Das Stillen hat gleich zu Beginn gut geklappt, komischerweise ging das recht leicht, schon beim ersten Anlegen. Einen Namen für meinen Sohn zu finden war schwerer. Ich hatte vorher in Mamas Stammbuch herumgeblättert, da stand »Leo«, und ich dachte, das kann man auch englisch aussprechen. Dann habe ich noch nach einem passenden Zweitnamen weitergesucht und kam darauf, dass man »Chris« ebenso englisch aussprechen könnte. Beide Namen passten gut zusammen. In dem Moment war mir nicht bewusst, dass es in der amerikanischen TV-Serie *Charmed* einen Leo gab, dessen Sohn Chris hieß. Dabei hatte ich diese Sendung jeden Tag geguckt, vielleicht war ich unbewusst beeinflusst.

Fünf Tage blieb ich im Krankenhaus, dann durften wir heim. Dort bekam ich jeden Tag Besuch, das war mir zu viel, alle fünf Minuten platzte jemand ins Zimmer. Nach zwei Monaten hatte ich auch keine Lust mehr zu stillen, weil mir die Kraft dazu fehlte. Außerdem kam fast jedes Mal, wenn ich Leo anlegte, Besuch herein. Ich stillte also ab und gab Leo nur noch die Flasche.

Dann wurde meine 15-jährige Schwester Silke auch schwanger, das war vor allem, weil sie zu der Zeit eifersüchtig auf mich war. Am Anfang wollte sie es nicht zugeben, im Nachhinein hat sie es mir doch gestanden. Heute haben wir ein prima Verhältnis, aber damals war es belastet.

Für mich war die Nachricht ein Schock, Mama war ebenso wenig begeistert, weil das den Platz in unserer ohnehin schon sehr engen Wohnung noch mehr einschränken würde. Silkes Freund drängte sie zur Abtreibung, das wollte ich aber auf keinen Fall zulassen. Ich hatte ein Baby bekommen, und Silke sollte das nicht dürfen. Das wäre nicht gut gegangen, Silke wäre daran richtig kaputtgegangen.

Ich habe sie mir damals geschnappt und ihr im Internet auf YouTube Videos gezeigt, in denen Abtreibungen zu sehen sind. Man konnte klar erkennen, dass ein Baby in der achten Woche Hände und Füße hat. Mir war in dem Moment alles egal, ich wollte sie schocken.

Es klappte! Sie entschied sich, das Kind zu behalten. Nichtsdestotrotz war die Wohnung meiner Mutter für uns alle zu klein. Silke ist dann in ein Mutter-Kind-Heim und ich bin in meine erste eigene Wohnung gezogen.

Ich kam überhaupt nicht zurecht, es sah katastrophal bei mir aus. Ich wusste nicht, wie man sauber macht, wie man Ordnung hält, das habe ich alles nicht gelernt. Woher sollte ich es denn auf die Schnelle wissen? Das Jugendamt hatte mir eine Familienhelferin an die Seite gestellt, die einmal die Woche kam, um festzustellen, dass es nicht funktionierte. Meine Mutter konnte mir auch nicht helfen, mein kleiner Bruder war gerade drei, sie hatte genug zu tun. Ich selber wollte auf keinen Fall in ein Mutter-Kind-Heim, habe aber nach einem halben Jahr festgestellt, dass ich professionelle Hilfe brauche, ich hatte auch Angst, dass man mir Leo wegnehmen würde. Ich nahm sogar in Kauf, dass ich in die gleiche Einrichtung kam wie meine kleine Schwester. Es gab keine Alternative. Und letztendlich hat es ja auch dazu geführt, dass wir uns wieder angenähert haben.

Ein Jahr und vier Monate blieb ich in der Mutter-Kind-Einrichtung. Ich habe gelernt, wie man einen Haushalt führt, wie man plant, einkauft, kocht, putzt, mit Geld umgeht, wie man optimal für sein Kind sorgt. Ich bin wieder zur Schule gegangen und habe im Jugendaufbauwerk eine berufsbildende Maßnahme mitgemacht. Es war anfangs sehr hart für mich, ich war eine richtige Zicke, weil ich nicht mitarbeiten wollte. Dann habe ich aber eingesehen, dass es notwendig ist, wenn ich alleine klarkommen möchte. Den Hauptschulabschluss habe ich dennoch geschmissen. Gleich nach der Geburt, mit einem Baby, das viel schläft, wäre es einfacher gewesen. Aber Leo war dann schon größer, schlief weniger, brauchte mehr Aufmerksamkeit. Lernen, Haushalt und Kind, die Belastung war zu groß.

Leo bekam kurz vor seinem zweiten Geburtstag einen Kindergartenplatz, zu der Zeit hatten wir uns in der Einrichtung gut eingelebt und ich begann meine Maßnahme.

Ich bin gerne Mutter, auch wenn es viele verpasste Chancen bedeutet. Ich rate jeder jungen Frau davon ab, zu früh Nachwuchs bekommen, auch wenn der Wunsch da ist. Ich kann nicht mehr spontan handeln, ich kann nicht mehr das machen, was andere Jugendliche jetzt machen. Zum Glück gibt es eine Nachbarin hier, die mich entlastet und Leo manchmal nimmt. Dann habe ich einen Tag für mich oder kann abends mal weggehen. Ab und zu beneide ich andere Jugendliche schon und denke, jetzt könnte ich so viel unternehmen, muss aber zu Hause sitzen und Mama spielen.

Im Moment bin ich Single und genieße das auch, ich habe keine Lust auf einen Freund. Das kenne ich nur zu gut: Ich verliebe mich, aber das hält nicht lange an, vielleicht eine Woche. Dann wird mein Herz wieder ganz kalt und ich fühle für diesen Menschen nichts mehr.

Meine Gefühle Leo gegenüber sind beständig. Ich kann ihm nie lange böse sein. Ich liebe mein Kind über alles, er ist das Einzige, was mir noch Kraft gibt. Wenn es ihn nicht geben würde, wäre ich bestimmt schon im Gefängnis.

Dadurch, dass Leo bis zum Nachmittag im Kindergarten ist, bekomme ich Haushalt und Alltag ganz gut hin. Ich habe mich jetzt in einem Callcenter beworben, eine Teilzeittätigkeit von neun bis fünfzehn Uhr. Damit hätte ich tagsüber endlich was zu tun und müsste mich nicht mehr so langweilen. Eine Ausbildung wäre zu stressig, weil ich dann wieder die Kombination aus Schule, Ausbildung, Lernen und Kind hätte. Außerdem ist Leo häufig krank, ich würde viel fehlen und man würde mir wahrscheinlich schnell wieder kündigen. Ich glaube auch nicht, dass Betriebe gerne Auszubildende mit Kind einstellen.

Jetzt habe ich im Monat inklusive Miete 1.091 Euro zur Verfügung, damit kommen wir aus, auch wenn ich mir nicht viel nebenher leisten kann.

Es gibt zur Zeit nichts, was mich aufmuntert oder begeistert. Eine große Belastung für mich ist, dass meine Mutter mit ihrem neuen Partner weiter weggezogen ist, sie wohnte bis vor Kurzem hier in unserem Viertel. Mein bester Freund muss wegen Drogen vielleicht für längere Zeit ins Gefängnis, und dann habe ich die beiden wichtigsten Personen zum Reden nicht mehr in meiner Nähe.

Dazu kommt, dass ich immer das Gefühl habe, für alle Menschen in meinem Umfeld hier perfekt sein zu müssen, und das kann ich nicht. Ich kann denen nichts recht machen.

Einmal am Tag telefoniere ich mit meiner Mutter. Das ist so wichtig für mich. Ich zeige ihr nicht, wie sehr ich sie vermisse, wie sehr ich sie brauche. Ich sage mir selber, dass ich eigentlich alt genug bin, mein Leben alleine zu meistern. Mama ist jetzt glücklich verheiratet und soll auch ihr Leben leben können. Ich möchte, dass sie glücklich ist. Ich möchte meine Mama nie wieder leiden sehen.

Es ist ein Lichtblick für mich, wenn ich mir selbst eingestehen kann, dass ich eine gute Mutter bin. Meine Betreuer vom Jugendamt finden, dass ich es gut hinbekomme mit Leo. Das macht mich dann zwischendurch auch kurz froh.

Dass ich richtig glücklich bin mit meinem Leben, kann ich nicht sagen.

14

»Der Alltag ist hier ein Kraftakt«

Heike Henningsen-Mika, 48, Flensburg, Heilpädagogin,
seit 2008 Leiterin der Mutter-Kind-Einrichtung
»Haus Regenbogen« in Jarplund-Weding

Was das Team der Mutter-Kind-Einrichtung durchhalten lässt, ist der feste Glaube daran, dass ihre Arbeit irgendwann Früchte trägt. Junge Frauen, die sehr früh Mutter geworden sind und mit ihrem Leben und ihrem Kind nicht zurechtkommen, erhalten hier im »Haus Regenbogen« eine Chance auf ein normales Leben. Das Ziel ist, dass sie sich irgendwann selbstständig ums eigene Kind kümmern können. So, wie andere in einem Handwerksberuf ausgebildet werden, trainieren junge Frauen hier Dinge, die für die meisten Menschen selbstverständlich sind: Körperhygiene, Kochen, Umgang mit Geld, Putzen, liebevoller Umgang mit dem eigenen Kind. Heike Henningsen-Mika leitet ein Team von Pädagogen, das die Kinder in der Einrichtung vor einem unglücklichen Schicksal bewahren möchte. Alle Bewohnerinnen der Einrichtung sind eigentlich noch Kinder. Auch die, die schon geboren haben.

Oft reden Menschen vom Mutter-Kind-Heim, aber »Heim« ist der falsche Begriff, er klingt immer nach Erziehung. Doch bei uns geht es nicht darum, die Mütter zu erziehen, sondern darum, sie aufzufangen. Ich leite eine Einrichtung, die auf die Verselbstständigung junger Mütter abzielt.

Die Frauen lernen bei uns normale Alltagsstrukturen: Wohnung saubermachen, kochen, Kind versorgen, pflegerische Dinge, finanzielle Belange, Arztbesuche, Ämtervorgänge. Das alles im Rahmen einer Tagesstruktur, vom pünktlichen Aufstehen bis zum abendlichen Aufräumen der Wohnung und Zubettgehen.

In den meisten Fällen stammen die Mädchen aus Familien, in denen es diese Strukturen nur bruchstückhaft oder gar nicht gibt. Es gibt aber auch Familien, in denen Strukturen vorhanden waren, in denen die Problematik eine ganz andere war, wo es Beziehungsschwierigkeiten zwischen Eltern und Tochter gab, bei denen keine Bindung existierte. Die Familienmitglieder leben nebeneinander, nicht miteinander, und die Kinder entwickeln eigene Überlebensstrategien, versorgen sich irgendwie selbst.

Ich sehe hier, was die jungen Frauen mitbringen, und kann klar daraus schließen, dass es bei keiner eine fundierte Lebensbasis gibt. Die Mutter einer unserer Bewohnerinnen war depressiv und trank. Die Tochter war dann zu Hause dafür zuständig, dass es etwas zu essen gab. Sie musste die Einkäufe erledigen und wusste, dass sie in der ersten Monatswoche noch Brot und Milch einkaufen konnte, in der letzten Woche war kein Geld mehr da, dann gab es Tütensuppen. Das Mädchen stellte sich also früh darauf ein, ab der Hälfte des Monats hungern zu müssen, weil es dann nichts mehr gab.

Die Folge ist, dass sie kaum vor die Tür geht, sich nichts zutraut, aber mit Geld umgehen kann. Sie hat ja nichts anderes gelernt, als sich das einzuteilen. Wie viele andere hatte sie als Kind das Gefühl, daran schuld zu sein, dass es zu Hause nicht läuft. Wenn eine Mutter alkoholisiert ist oder sich mit Depressionen zurückzieht, dann schließt das Kind daraus, dass es etwas falsch gemacht haben muss. Und mit diesen Gefühlen kommen die Frauen dann auch hier bei uns an.

Wir haben Platz für sieben Mütter mit jeweils einem Kind, können aber auch eine Mutter mit zwei Kindern unterbringen. Jede Mutter hat einen Raum für sich und ihr Kind mit einem kleinen Badezimmer. Es gibt Gemeinschaftsräume, in denen sich alle Bewohnerinnen treffen: eine Küche, einen Essraum, einen Fernsehraum. Eine kocht täglich für alle, Haushaltsführung wird abgewechselt, Einkäufe werden reihum erledigt.

Wir Pädagogen haben ein Bezugsbetreuersystem, das heißt, wir sind vier hauptamtliche Mitarbeiterinnen, wobei sich eine jeweils um zwei oder drei Frauen speziell kümmert und sie begleitet. Wenn die Frauen länger hier sind, dann sollen sie alle Anforderungen irgendwann alleine bewältigen, dann wird diese Bezugsbetreuung ein bisschen gelockert. Wir haben ein Stufensystem, in dem sich die jungen Mütter hocharbeiten können: Wer hier frisch ankommt und ganz neu lernen muss, der beginnt in Stufe eins und wird komplett begleitet.

Unsere Einrichtung ist eine stationäre, das bedeutet, dass rund um die Uhr einer von uns im Haus ist. Wir können zu jeder Tages- und Nachtzeit gucken, ob es Mutter und Kind gut geht, wobei unser Augenmerk vor allen Dingen auf den Kindern liegt. Unsere Hauptaufgabe ist der Schutz des Kindes. Das heißt aber auch, dass wir auf die Mutter gucken, weil sich das Kind ohne Mutter nicht entwickeln kann. In Stufe eins müssen wir ständig beobachten, was sie macht, und vor allem wie.

Manchmal brauchen die jungen Frauen auch einen Mutterersatz, dann müssen wir ein bisschen Mutter sein. Wir schauen, wie sie mit ihrem Geld umgehen, und begleiten sie zu den Einkäufen, weil vielen Frauen gar nicht klar ist, was sie einkaufen sollen, wie sie ein Kind ernähren können, wie sie sich selber ernähren sollten, damit sie gesund bleiben.

Der Tagesrhythmus ist bei uns an strenge Regeln gekoppelt. Die Frauen, die zur Schule gehen oder eine Ausbildung machen, haben per se ihre festen Zeiten, die Kinder werden bei einer Tagesmutter oder in der Krippe bei uns in der Nachbarschaft untergebracht. Für die anderen gilt, dass sie gemeinsam mit ihrem Kind bis um halb neun zum Frühstück erscheinen müssen.

Die wenigsten Menschen in unserer Gesellschaft können verstehen, dass wir tatsächlich über einen längeren Zeitraum allein das Aufstehen trainieren müssen. Die Frauen befinden sich eigentlich noch in der Pubertät und stehen einfach gar nicht gerne früh auf. Wir müssen sie wecken, damit sie starten und ihr Kind versorgen können, das täglich früh aufwacht und seine Flasche braucht.

Der zweite Punkt, der bei Jugendlichen in der Pubertät gerne ausfällt, ist das Frühstück. Kein Bock, kein Hunger. Bei uns gehört es dazu, mit Frühstück im Magen aus dem Haus zu gehen. Kaffee und Zigarette sind nicht ausreichend.

Wir sind schon tolerant, aber einer Schwangeren oder einer stillenden Mutter erlauben wir weder Nikotin noch Kaffee im Übermaß. Aus Kleinigkeiten entwickeln sich unendliche Diskussionen, wenn wir einer Schwangeren täglich aufs Neue erklären müssen, warum es besser für ihr Kind ist, wenn sie nicht raucht, und einer stillenden Mutter deutlich machen, wie ihre Ernährung im besten Fall auszusehen hat.

Nach dem pünktlichen Frühstück kommt eine weitere Aufgabe dazu, die recht banal erscheint: Haushalt führen. Die Reinigung des Essraums und der Gemeinschaftsküche kommt später, erst geht es ausschließlich ums eigene Reich, das Zimmer und das Bad der jungen Mutter: Betten machen, Windeln wegbringen, die von der Nacht vielleicht noch im Mülleimer liegen. Bei einigen sieht es tatsächlich schon morgens schlimm aus und sie haben viel damit zu tun, das Chaos über den Vormittag wieder zu beseitigen.

Für Außenstehende scheinen mehrere Stunden für diese im Grunde einfachen Aufgaben mehr als ausreichend zu sein. Die

Bewohnerinnen müssen nur den Mülleimer ausleeren und ihre ausgezogenen Klamotten in die Wäsche bringen. Dabei schreit dann aber schon das Kind, möchte gefüttert werden und hat die Windel voll. Das Handy klingelt, man muss auch mal ausruhen, das alles zusammen ist für Menschen, die wenig Struktur haben und den Umgang damit nicht frühzeitig gelernt haben, ein echter Kraftakt. Es ist anstrengend und kostet unglaublich viel Zeit, weil die Mädchen Struktur und Zeiteinteilung erst von Grund auf erlernen müssen. Die Mülltüte ohne Unterbrechung und Ablenkung von A nach B zu bekommen ist anfangs schier unmöglich.

Auch wenn Handys von akuten Aufgaben ablenken – sie zu verbieten, würde andere Schwierigkeiten nach sich ziehen. Anrufe sind wichtig, es sind Lebenszeichen von Freundinnen und Freunden, die draußen ein normales, pubertäres Leben führen, die in der Schule sitzen und durchgeben, dass die Mathearbeit schlecht war. Telefonisch werden Verabredungen getroffen, auch Eltern melden sich, wollen hören, wann die Tochter mal wieder zu Besuch kommt, oder warum sie ein paar Tage nicht geantwortet hat. Dieser Kontakt zur Außenwelt ist unverzichtbar, es geht darum, dabei sein zu wollen, dieses vermeintlich normale Leben draußen weiterhin mitverfolgen zu können.

Oft erschwert Termindruck die Situation. Die jungen Mütter haben Arzttermine oder müssen zum Jugend- oder Sozialamt. Eine große Herausforderung ist die Aufgabe, auch noch das Kind rechtzeitig fertig zu haben. Kinder lassen sich nicht fernsteuern und haben grundsätzlich dann die Windel voll oder Durst, wenn die Mutter dringend los muss. Da passiert es leicht, dass die Zeit davonläuft, der Vormittag vorbei, aber nicht alles geschafft ist.

Wir stehen daneben und fragen immer wieder nach, geben regelmäßig die Uhrzeit durch. Wenn die Frauen begleitet werden, stehen wir mit Jacke in der Tür und ermahnen: »Wir müssen los, *jetzt* müssen wir los.« Wir stellen dann fest, dass die Frau noch keine Schuhe anhat und das Kind eine frische Windel braucht. Wir nerven, sind das schlechte Gewissen.

Wenn das Jugendamt dann doch rechtzeitig geschafft ist, sind manche schon bedient für den Tag, es ist aber gerade erst mittags und auch schon in Stufe eins müssen die jungen Mütter kochen. Sie bekommen Unterstützung, müssen aber aktiv daran mitarbeiten, dass das Essen um zwölf Uhr für alle auf dem Tisch steht.

Es gibt wirklich Frauen, die absolut keine Vorkenntnisse in Küchenarbeit haben, die es auch nicht kennen, dass man gemeinsam und pünktlich isst, dass es für Kinder gut und richtig ist, wenn mittags eine warme Mahlzeit eingenommen wird. Der Klassiker ist, dem Kind statt Frühstück eine Milchschnitte in die Hand zu drücken. Es muss schnell gehen und diese Art Ernährung ist einfach, so eine Milchschnitte sieht erst mal aus wie ein gesundes Brot. Auf der Packung steht, dass viel Kalzium drin ist und schon scheint es, als könne dadurch eine ganze Mahlzeit adäquat ersetzt werden.

Am meisten Mühe haben wir damit, zu vermitteln, warum es gut ist, auch für alle anderen mitzukochen. Die meisten der jungen Mütter sind es nicht gewohnt, dass man füreinander da ist. Bei uns lernen sie ganz langsam, dass Essen etwas Schönes und Kommunikatives ist und kein notwendiges Übel.

Nach der Mittagsruhe kommen die eher angenehmen Aufgaben. Die Bezugsbetreuerin verabredet sich mit ihrem Schützling, die beiden führen Gespräche, gehen spazieren und auch mal in die Stadt zum Shoppen. Die Frauen besuchen ihre Familien, treffen Freunde. Manche halten sich hier im Haus auf, haben dann ein bisschen Zeit für sich, soweit das Kind es zulässt. Wirklich alleine sind die jungen Frauen niemals. Auch das gehört zum Lernprozess: Wir bringen ihnen bei, ihre Freizeit gemeinsam mit dem Kind zu gestalten.

Mit dem Kind zu spielen ist in der Sozialisation der Frauen hier keine Selbstverständlichkeit. Manche kennen es gar nicht, andere nur sehr vereinfacht. Sie sind in der Kindheit nur wenig von ihren Eltern begleitet worden, haben sich mit ihren Geschwistern arrangiert. Ich höre immer wieder Geschichten, dass sie als Kinder morgens zur Tür hinausgeschickt wurden und sich den ganzen Tag irgendwo herumgedrückt haben. Selten kam von den Eltern: »Komm, wir gehen mal schwimmen« oder »Wir gehen zum Turnen« oder »Wir machen einen Spaziergang«. Die Vorstellung von Spiel ist entsprechend eingeschränkt. Die jungen Mütter wissen nicht, welche Spielsachen Kinder überhaupt brauchen. Wir üben hier den Umgang mit Sand, Wasser und alten Kartons, wir zeigen, dass man nicht im Überfluss einkaufen muss, um Spaß zu haben. Es herrscht der Trugschluss, dass Spielzeugfirmen am besten wüssten, was richtig ist für ein Kind, die Produkte sind dann oft sehr bunt und laut. Dazu kommt, dass manche Mütter durch solche Käufe Defizite aus ihrer eigenen Kindheit ausgleichen möchten. 16-Jährige denken selbst noch auf einer kindlichen Ebene. Was sie an Aufmerksamkeit, Beachtung und Förderung vermisst haben, versuchen sie nachzuholen. Gerade Mütter von Mädchen kaufen Berge in Rosa mit Motiven von »Hello Kitty«. Sie richten das ganze Zimmer in dem Stil ein, mit Sachen, die überhaupt nicht altersgerecht sind. Der Teppich ist dann passend zum Spielzelt ausgesucht, das Laufgitter mit Plüschkissen und anderen Sachen ausgestattet, die ein Baby noch gar nicht gebrauchen kann, die Mutter aber erfreuen.

Konkurrenz zum eigenen Kind ist ein Thema, mit dem wir häufig konfrontiert werden. Es geht unseren Bewohnerinnen stets darum, Aufmerksamkeit zu bekommen. Wenn das Baby viel weint, zahnt und nörgelig ist, dann kommt die Mutter zu uns und sagt, dass sie genervt ist, ihre Ruhe haben will, das Geschrei nicht mehr ertragen kann. Eine Mutter, die sich ihrer Aufgabe eher gewachsen fühlt, würde dem Kind gegenüber Mitleid empfinden, würde alles tun, um seine Bedürfnisse zu erfüllen. Bei unseren Frauen dominiert der Egoismus.

Manche werden sauer, fühlen sich zurückgesetzt und glauben, dass das Baby extra weint, um seine Mutter zu nerven. Wenn die Situation eskaliert, nehmen wir das Kind sofort in den einen und die Mutter in den anderen Arm. Dadurch darf sie sich wieder in die Rolle des Kindes begeben, das ab und zu selber eine Mutter braucht, die sie tröstet. Es dauert sehr, sehr lange, bis unsere Frauen die eigene Mutterrolle verinnerlicht haben. Sie lieben ihr Baby und würden alles dafür tun, aber sie haben Mühe mit der Verantwortung und damit, die Bedürfnisse des Kindes über die eigenen zu stellen.

Hilfreich ist unsere Krabbelgruppe einmal in der Woche, dort haben die Kinder ein Spielangebot, mit dem sie sich alleine beschäftigen können; die Mütter sitzen daneben und haben Gelegenheit, sich zu unterhalten. In dieser entspannten Atmosphäre spielen die Kinder dann anders, als wenn sie mit ihren Müttern alleine im Zimmer sind, weil auch die Mütter im Kontakt mit anderen entspannter sind. Hier wird offener gesprochen: »Ich bin fast wahnsinnig geworden letzte Nacht, als die Kleine immer nur geschrien hat.« Wenn dann drei andere sagen, dass sie das Gefühl gut kennen und es ihnen regelmäßig so ergeht, dann fühlen sie sich aufgehoben, erfahren Verständnis und haben vor allen Dingen das Gefühl, nicht schuld zu sein, sondern normal zu ticken.

Abends beginnt in der Mutter-Kind-Einrichtung die heiße Phase, denn nicht nur die Kinder sind müde, sondern auch die Mütter, die tagsüber einen Riesenkraftakt aufgewendet haben. Abends wollen sie dann eigentlich nur noch ihre Ruhe, aber das Kind muss noch gefüttert und gebadet werden, dazu kommen Zubettgehrituale, die sie hier üben. Leider schreien übermüdete Babys, es dauert lange, bis sie sich beruhigen und endlich einschlafen. Gleichzeitig wartet der Haushalt: Die Gemeinschaftsräume werden nach Plan gereinigt und die Wäsche muss noch aufgehängt werden. Es fehlt die Ruhe, um die Kinder ohne Stress ins Bett zu bringen. Dann sind wir doppelt gefragt, speziell für die Abendstunden kommt zur Unterstützung eine Zusatzkollegin. Wir haben unsere Hände überall, im Spül- und im Badewasser, je nachdem, wo bei den einzelnen Frauen die Knackpunkte sind. Bei denen, die grade entbunden haben, stehen wir direkt daneben. Wir erklären, wie man wickelt und badet, wir helfen bei jedem Handgriff. Gleichzeitig schauen wir immer auch nach Anzeichen für Misshandlung. Zum Glück entdecken wir nur selten blaue Flecken oder verdächtige Schrammen. Wir machen tägliche Dokumentationen, damit wir auch wirklich jeden Tag genau dokumentieren können, was passiert ist. Wenn wir einen Verdacht auf Misshandlung haben, gucken wir der Frau natürlich noch stärker auf die Finger, wobei wir längst schon andere Details erkannt haben: dass sie mit dem Kind grob umgeht, nicht nur körperlich, sondern auch seelisch. Der Umgangston ist dann aggressiv, die Frau extrem angespannt und gestresst. Sollte es so sein, dass dieses Kind gefährdet ist, unternehmen wir schnellstens entsprechende Schritte, um das Kind von der Mutter zu trennen.

Ein Beispiel aus dem abendlichen Prozedere: Wenn wir feststellen, dass der Babypopo wund ist, weisen wir sofort darauf hin, dass die Mutter ihn besser abtrocknen und behandeln muss. Tritt das Problem der mangelnden Pflege am nächsten und am übernächsten Tag wieder auf, dann ist auch das schon eine Form der Misshandlung. Es beginnt damit, dass die Mutter einfach den Blick für die Bedürfnisse des Kindes nicht hat, es viel ablegt und ganz viel schlafen lässt. Bei Säuglingen freut man sich eigentlich, wenn sie viel schlafen, für uns kann es ein Alarmsignal sein. Man spricht davon, dass sich ein Baby regelrecht wegschläft, wenn sich die Mutter nicht genug mit ihm beschäftigt. Uns fällt ganz klar auf, dass sie besonders viel Zeit hat, um mit den anderen zusammenzusitzen, zu telefonieren, draußen zu stehen und zu rauchen. Wir fragen sie, warum das Kind alleine im Zimmer liegt. Die Mutter reagiert sehr nervös, weil sie es nicht anders erklären kann, als dass sie dringend mal alleine vor die Tür wollte. Wir arbeiten dann verstärkt daran, dass die Mutter eine intensivere Bindung zu ihrem Kind aufbaut und es mehr bei sich hat.

Zubettgeh-Rituale wie Zähneputzen, Waschen, Umziehen und Vorlesen müssen wir den meisten hier erst über einen langen Zeitraum beibringen. Bei einer 16-jährigen Mutter kam über zwei Jahre hinweg immer wieder die Betreuerin dazu und wiederholte: »Wir baden die Kleine erst, dann erzählen wir ihr noch was, wir lesen eine Geschichte, dann singen wir ein Lied, und dann legst du sie ins Bett und singst noch einmal.« Inzwischen hat sie den Ablauf so gut verinnerlicht, dass sie sagt, sie würde ihn vermissen, fiele er aus. Weil diese jungen Frauen solche Art der Zuwendung nie selbst erfahren haben, ist das, was wir von ihnen hier verlangen, zunächst etwas in ihren Augen völlig Abwegiges.

Die Nächte in der Einrichtung sind meistens ruhig, es sei denn, wir haben eine Phase, in der alle durchgängig erkältet sind. Die Babys und Kleinkinder haben mit Fieber, Husten, Schnupfen, Heiserkeit und Halsschmerzen zu kämpfen. Dann muss die Temperatur gemessen werden, Zäpfchen werden gebraucht, die Nachtwachen sind viel unterwegs und müssen vor allem beruhigen. Nachts haben die Frauen eher Angst, wenn das Baby Fieber bekommt. Die Medikamente teilen wir ein, dokumentieren, welche Kinder was bekommen haben.

Leider ist unser Einfluss beim Thema Verhütung begrenzt, da können wir die Mütter nicht so kontrollieren, wie wir gerne würden. Wir unterstützen sehr, dass alle verhüten, können aber niemanden zwingen. Es gibt in der Einrichtung schon eine Tendenz zu sagen: »Es ist so schön hier, ich bin so gut aufgehoben, ich mache gleich noch ein Kind.« Dann gibt es auch den Dominoeffekt, dass, wenn eine Frau frisch entbunden hat, die anderen oft sehr rührselig sind und man ihnen anmerkt, dass sie auch gerne noch einmal ein ganz kleines Baby haben möchten. Diese unglaubliche Aufmerksamkeit, die einer frisch entbundenen Mutter zuteil wird, dieses Gefühl, eine Superleistung vollbracht zu haben, ist sehr reizvoll. Dass dann dieser ganze Rattenschwanz mit lebenslanger Verantwortung dazukommt, verdrängen sie. Wir können nur beraten und aufklären und ernst nehmen, was sie sagen. Oft kommen die Hintergründe erst in intensiven Gesprächen ans Licht, dass es ihnen um Aufmerksamkeit geht oder darum, den Freund zu halten. Jetzt haben wir gerade eine 16-Jährige bei uns, die eigentlich ihr Baby bekommen hat, um ihrer Mutter eins auszuwischen. Sie wollte ihre Mutter, die sich nie richtig gekümmert hat, mit einer Schwangerschaft ärgern und hat gehofft, dass sie sich dann um Tochter mit Baby kümmert. Der Plan ist nicht aufgegangen. Jetzt ist die Enttäuschung groß, sie hat sich etwas ganz anderes von dem Baby erhofft und am Ende bleibt nur die Verantwortung für ein Lebewesen.

Sieben Mütter wohnen zur Zeit bei uns, das bedeutet eine intensive Gruppendynamik. Lax gesagt gibt es oft Zickenalarm, weil die Frauen sich total fremd und natürlich völlig verschieden sind. Hier müssen sie sich auf engstem Raum arrangieren. Eine Neue wird wie auf einem Hühnerhof erst einmal gepikt. Die anderen beobachten und sortieren sie ein, die Rollen werden schnell festgelegt.

Wie in jeder anderen Gruppe gibt es ein Alphatier, ein Alphaweibchen, das hier das Sagen hat. Die, die zuletzt kommt, hat sich hinten einzureihen, das ist ebenfalls sehr anstrengend für die Frauen. Man kann sich in den Gemeinschaftsräumen weder zurückziehen, noch sich raushalten. Da spielen sich gruppendynamische Prozesse ab, die kaum eine von zu Hause kennt, wo es nur einen Vater gab, der gesagt hat: »Alle verschwinden jetzt aus dem Raum, ich will meine Ruhe.«

Es ist harte Arbeit, manchmal geht es sehr heftig zu. Wir steuern, soweit wir können, klären auf. Klar, dass wir uns nicht polarisieren lassen und sagen: »Ja stimmt, die Neue ist blöd.« Wir schauen schon nach den Ursachen, warum es zwischen bestimmten Kandidatinnen öfter knallt.

Einmal in der Woche moderieren wir Gruppengespräche, bei denen alles auf den Tisch kommen darf, was quält oder was sich die Frauen wünschen. Sie machen viele Vorschläge, die sich teilweise gut umsetzen lassen. Wir haben zwar feste Regeln, aber die sind veränderbar und ausbaufähig. Wir kümmern uns um die Gesprächsführung, dass Mädchen sich nicht die Augen auskratzen und keine aus dem Raum stürzen muss. Es prallen schon verletzende Sätze aufeinander. Auf uns gehen sie auch gerne los. Uns wird regelmäßig vorgeworfen, dass wir massiven Druck ausüben und dauernd Sachen verlangen, die kaum möglich sind. Dinkelbrei ist mein Lieblingsbeispiel. Ich bin schuld, dass die armen Babys eklige gesunde Sachen essen müssen anstatt leckerem gesüßten Pseudoessen. Die Mütter wollen auch nicht ohne Weiteres einsehen, dass sie Arzttermine für sich oder die Kinder einhalten müssen. Außerdem haben wir Betreuer angeblich zwei, drei Lieblinge und hacken auf dem Rest der Gruppe willkürlich herum. Eifersucht spielt eine große Rolle im »Haus Regenbogen«.

Die meisten Frauen, die hier leben, sind freiwillig da, sofern sie volljährig sind und den Antrag selbst gestellt haben. Andere haben die Auflage vom Jugendamt, dass sie nur in einer Einrichtung wie unserer gemeinsam mit ihrem Kind leben dürfen.

Wir versuchen, das Leben so normal wie möglich zu gestalten. Wenn die jungen Frauen feste Beziehungspartner haben, dürfen die zweimal die Woche hier übernachten. Wenn die Frauen sich extrem gut integrieren, dürfen sie sogar zwei Nächte mit Kind außer Haus schlafen. Zuvor schauen wir uns selbstverständlich die Wohnung des Partners genauestens an, sie muss absolut kindgerecht sein. Wenn es sich bei dem Mann um den Vater des Kindes handelt, ist das natürlich ganz wunderbar. In den meisten Fällen ist er es aber nicht. Ist ein neuer Partner bereit, die Vaterrolle zu übernehmen, dann sind wir auch darüber froh. Wir beobachten, dass die jungen Männer recht schnell als Vater auftreten, auch Papa genannt werden möchten. Sie selber ziehen viel

Selbstbestätigung daraus, Verantwortung für ihre Freundin und für ein Baby zu haben. Die Frauen wiederum sind sehr dankbar, wenn jemand für sie da ist. Weil sie eben nicht einfach mal abends in die Disco gehen und schauen können, wen es sonst noch auf dem Markt gibt. Es ist schwierig für eine junge Mutter mit Baby, aus der Einrichtung heraus einen Mann kennenzulernen. Oft läuft es übers Chatten bei schülerVZ und anderen Web-Communities oder es sind noch Verbindungen aus früheren Freundeskreisen. Wirklich schwer haben es hier Frauen, die gar keine Bindungen haben, keine Familie, keinen Freund, kein soziales Netz.

Eine stabile Partnerschaft hilft natürlich bei der Integration in ein normales Leben. Die meisten Frauen bleiben zwischen anderthalb und zwei Jahren bei uns. Manche, die kurz vor der Verselbstständigung sind, verlängern eigenmächtig, indem sie schnell mit einem zweiten Kind schwanger werden. Andere verlassen unsere Einrichtung, weil sie von ihrem Kind getrennt werden. Wir arbeiten eng mit dem Jugendamt zusammen, jede Frau wird von einem Sachbearbeiter beim Jugendamt betreut. Jeder Schritt, der sich hier entwickelt, wird ans Jugendamt weitergegeben. Deshalb sind die Kollegen dort immer darüber informiert, wie es dem Kind geht und ob Mutter und Kind gut miteinander funktionieren. Bedenken werden frühzeitig besprochen. Wir rufen also nicht überraschend an und melden eine Kindeswohlgefährdung, sondern arbeiten sehr früh bei den ersten kleinen Anzeichen an der Situation. Die Mutter ist im Übrigen über jeden unserer Schritte informiert und nimmt an den meisten Gesprächen teil. Sie weiß, wenn ihr Kindesentzug droht. Wenn sie ihr Verhalten dann nicht ändern kann, meldet sie meist selbst, dass sie überfordert ist. Wir stehen immer beratend an ihrer Seite. Dass wir ein Kind von einem Tag auf den anderen von der Mutter trennen mussten, weil es akut gefährdet war, haben wir bisher nur einmal erlebt. In dem Fall musste ich wirklich am Montagmorgen die Tasche packen, das Kind mitnehmen und in Pflege bringen. Es handelte sich wirklich um absolute

Verwahrlosung, das Kind wurde nicht gefüttert, nicht versorgt, nicht gewickelt. Die Mutter lag den Tag über apathisch im abgedunkelten Zimmer im Bett, das Kind schreiend daneben, und sie hat nicht reagiert. Diese junge Frau hatte schon eine besonders intensive Begleitung, eine Kollegin war immer bei ihr, hat ihr das Kind abgenommen, es versorgt. Wir konnten uns diese Situation tatsächlich nur einen Tag lang angucken, länger war natürlich nicht möglich. Die Mutter musste gehen, ihr Kind kam in Pflege.

Wir Pädagogen würden unsere Motivation und Geduld verlieren, wenn nicht die meisten Fälle gut ausgingen. Mehr als die Hälfte der Frauen entwickelt sich positiv, sie kommen in ihrem neuen, selbstständigen Leben gut zurecht. Oft besuchen sie uns und erzählen, wie gut es ihnen geht. Eine, die seit Langem regelmäßig vorbeischaut, lebt mit ihrem Freund zusammen, hat ihre Ausbildung geschafft, plant das zweite Kind und führt ein absolut normales, glückliches Leben, die Prognose ist prima.

Ein Ergebnis unserer Arbeit, über das wir uns sehr freuen, ist, wenn sich die Mädchen gedanklich tatsächlich von Faulheit, Antriebslosigkeit und Hartz IV wegbewegen, wenn sie verinnerlicht haben, dass Ausbildung, Schule und Zukunftsplanung wichtig für sie und das Kind sind.

Über lange Zeit verlangen wir von den Müttern – aus ihrer Sicht – seltsame und nervige Dinge. Für uns heißt es immer wieder aufklären, aufklären, aufklären. Es ist für mich so ein Erfolgserlebnis, wenn eine Frau irgendwann sagt: »Du hast mich so genervt mit deinem ungesüßten Dinkelbrei fürs Baby, aber jetzt habe ich verstanden, dass eine gesunde Ernährung wichtig ist.« Aussagen wie diese kommen irgendwann. Und das sind immer Momente, in denen ich weiß, jetzt kann ich sie ziehen lassen.

15

»Ich bin ein anderer
Mensch geworden«

Nicole, 20, Rotenburg an der Wümme,
Realschülerin an der Abendschule
Sohn **Jason**, 1

Nicole wurde mit 17 schwanger, ihr Sohn Jason ist heute ein Jahr alt. Mit ihrem vergangenen Leben hat sie abgeschlossen, nur ihren Sohn hat sie daraus behalten. Eine sichere Zukunft bedeutet für Nicole jetzt, selbst zu arbeiten, nicht mehr von Hartz IV zu leben. Die junge Frau möchte erzählen können, dass sie von Geld lebt, das sie sich selbst hart erarbeitet hat.

Die junge Mutter hatte immer schon einen starken Willen. Früher setzte sie ihn im Aufbegehren gegen Erziehung, im Streiken gegen gesellschaftliche Regeln und Zwänge ein. Diesmal soll er bei der Zukunftsplanung helfen. Nicole arbeitet an ihrem Realschulabschluss, daran will sie eine Ausbildung anschließen. Romantik darf folgen: Hochzeit mit dem Freund, eine schöne gemeinsame Wohnung, ein weiteres gemeinsames Kind und vor allem: ein regelmäßiges Einkommen. Es soll immer genug Geld da sein, damit es den Kindern an nichts fehlt. Nicole möchte intensiver ihren Kopf anstrengen, sie möchte nicht nur eine gute Mutter, sondern auch auf sich selbst stolz sein.

Ich war als Teenager ein Albtraum. Ich habe ausschließlich gemacht, was ich wollte, habe niemals auf meine Mutter gehört und nur Mist gebaut. Mit 16 bin ich von zu Hause abgehauen, weil ich keine Regeln akzeptieren wollte. Es fällt mir schwer, mich zu erinnern, wodurch das Verhältnis zu meiner Mutter so aus dem Ruder gelaufen ist. Ich bin bei jeder Kleinigkeit an die Decke gegangen, wollte nichts von ihr annehmen. Wahrscheinlich nennt man so etwas schwer erziehbar. Meine Mutter hatte keine Chance. Schon ihre Aufforderung, mein Zimmer aufzuräumen, reichte für Schreiattacken, tagelanges Anfauchen oder auch Schweigen. Funkstille zwischen Mutter und Tochter.

Großen Einfluss hatte mein damaliger Freundeskreis auf mich, der überwiegend aus Kriminellen bestand. In meiner Clique war es üblich zu klauen, einige prügelten sich gerne und regelmäßig, sie waren der Polizei durchaus bekannt.

Natürlich hat meine Mutter mich immer wieder darauf hingewiesen, dass ich mir ein anderes Umfeld suchen soll. Ich habe ihr deutlich gemacht, dass ich mir selber darüber im Klaren war, was ich tat, und ich nicht im Traum daran dachte, etwas zu ändern. Ich habe ein paar Mal geklaut, aber meine Angst, dabei erwischt zu werden, schützte mich vor weiteren Versuchen. Den Vater meines Kindes habe ich ebenfalls in diesen Kreisen kennengelernt. Ich war 17, er war 23, als wir ein Paar wurden. Dass er regelmäßig Drogen konsumierte, war mir zu dem Zeitpunkt nicht klar, ich kannte mich damit zum Glück nicht aus. Alkohol war häufig mit im Spiel, wir haben viel getrunken und kräftig gefeiert. Viel mehr Lebensinhalt gab es zu der Zeit nicht.

Irgendwann fingen wir an, häufiger zu streiten, die Situation eskalierte immer mehr, gipfelte darin, dass mein Freund mir gegenüber im Suff auch handgreiflich wurde. Rational war mir klar, dass damit ein Punkt erreicht war, an dem ich die Notbremse hätte ziehen müssen. Er schlug mich immer wieder, wenn er getrunken hatte, ich verließ ihn. Immer wieder, denn ich kam nicht los von ihm. Ich bildete mir ein, ohne ihn absolut wertlos zu sein. Ich hatte niemanden, der mir den Kopf geraderückte.

Von meiner Mutter wollte ich nichts annehmen, meine Freunde waren die Letzten, die mir gute Ratschläge hätten geben können. Ich bin also immer wieder angekrochen gekommen und habe mich bei ihm dafür entschuldigt, dass er mich geschlagen hatte. Unsere Beziehung ging immer so weiter, zu unseren Schwierigkeiten kamen massive Geldprobleme. Mein Freund verbrachte regelmäßig Zeit in der Spielhalle und verzockte alles, was er hatte.

Eines Tages war er besonders fürsorglich und brachte das Gespräch auf die Streitereien mit meiner Mutter. Er riet mir, doch den Ärger zu vergessen und mich mit ihr zu vertragen. In jenem Augenblick glaubte ich fest daran, dass mein Freund es gut mit mir meinte, dass er sich wirklich Gedanken um meine Beziehung zu meiner Mutter machte. Ich fühlte mich glücklich, und ganz beschwingt suchte ich tatsächlich wieder den Kontakt zu ihr. Meinem Freund zuliebe machte ich ein Friedensangebot, das sie auch annahm. Er wartete ein paar Tage und glaubte, dass es mir dadurch nicht mehr verdächtig erschien. Er brauchte Geld und schickte mich zu meiner Mutter, die sollte ich nach einer Finanzspritze fragen. Ich war zu dem Zeitpunkt schon relativ klar, was die Einschätzung unserer Beziehung anging. Er wollte seiner Sucht nachkommen, nicht etwa im Supermarkt Lebensmittel einkaufen. Ich schaffte es zumindest in dem Moment, standhaft zu bleiben und nicht auch noch meine Mutter von ihm benutzen zu lassen. Ein Gutes hatte das Ganze: Das Verhältnis zwischen meiner Mutter und mir wurde wirklich besser, dadurch, dass wir uns beide große Mühe gaben und auf einen Neuanfang setzten. Sie hatte meinen Freund längst durchschaut. Wir lebten zu der Zeit noch zusammen in seiner Wohnung.

Immer wieder hatte meine Mutter mit mir über Verhütung gesprochen, das war bei uns nie tabu. Ich war auch sehr gewissenhaft und wusste gut Bescheid.

Dann unternahm ich mit meinem Freund einen Trip nach Holland und zog mir eine Magen-Darm-Grippe zu. Ich wollte trotzdem meinen Spaß haben und dachte nicht daran, dass die Wirkung der Pille stark beeinträchtigt ist, wenn man sich öfter übergeben hat. Einige Wochen später ging es mir erneut körperlich nicht gut. Wieder Magen-Darm-Grippe, so dachte ich. Mit Magenkrämpfen lag ich zu Hause auf dem Sofa, meine Mutter holte mich ab und brachte mich in die Notaufnahme des Krankenhauses. Dort schickten die mich wegen Verdachts auf eine Zyste oder Blinddarmentzündung in die Gynäkologie. Bei der Aufnahme hatte ich die Frage nach einer bestehenden Schwangerschaft überzeugt verneint. Der Frauenarzt fragte mich bei der Untersuchung dann: »Frau Zahn, Sie sind wirklich sicher, dass Sie *nicht* schwanger sind? Aus ärztlicher Sicht kann ich hier gar nichts ausschließen: Ich sehe auf dem Ultraschall zwei Arme, zwei Beine, einen Kopf und ein schlagendes Herz!«

In diesem Augenblick bin ich auf dem Stuhl zusammengebrochen. Meine Mutter, die direkt neben mir saß, brach ebenfalls zusammen, wir sind uns nur noch in die Arme gefallen und haben geheult. Ich war bereits in der zwölften Schwangerschaftswoche und hatte noch maximal zwei Tage Bedenkzeit, um zu entscheiden, ob ich das Kind haben wollte oder nicht.

Für mich war sofort klar, dass ich die Schwangerschaft nicht abbrechen würde. In zwei Tagen kann man meines Erachtens nicht über Leben und Tod entscheiden, das geht nicht.

Das Einzige, was ich auf dem Untersuchungsstuhl unter Tränen noch herausbrachte, war: »Mama, ich brauche jetzt deine Hilfe!«

Mir war klar, dass ich das alleine nicht schaffen würde. Die Beziehung mit meinem Freund hatte keine Zukunft und ich konnte mich nicht auf ihn verlassen. Ich musste mir eingestehen, dass er sich niemals zum guten Menschen würde ändern können. Trotzdem hat es noch bis zur Geburt gedauert, bis ich mich lösen konnte. Da ist er einfach zu weit gegangen.

Zunächst einmal konnte ich ihm die Nachricht der Schwangerschaft nicht persönlich überbringen, weil er zu der Zeit wegen Kreditkartenbetrugs im Gefängnis saß. Einmal in der Woche durfte er telefonieren. Ich druckste während unseres Gesprächs herum und konnte nur andeuten, ich müsse etwas loswerden. Er fragte mich, was ich denn angestellt hätte. Eigentlich hätten wir beide etwas angestellt, wurde ich dann deutlicher und rückte schließlich mit der Sprache heraus. Stille am anderen Ende. Dann die Frage, ob ich sicher sei. Leicht sarkastisch bemerkte ich, dass ich ihm jetzt aus dem gültigen Mutterpass vorlesen würde. Dann die Frage, ob ich sicher sei, dass es sein Kind wäre. Dann zwei Minuten Stille. Schließlich schrie er durch den ganzen Knast: »Juchhu, ich werde Vater!« Ich sprach so ernst mit ihm wie wahrscheinlich nie zuvor. Kein Gefängnis mehr, keine Drogen, keine Spielhalle, er musste sich ändern – für das Kind. Er gab mir das ultimative Versprechen, er würde sich total ändern.

Ich wollte das so gerne glauben.

Drei Monate später wurde er aus dem Gefängnis entlassen. Er schien sich wirklich Mühe zu geben, versicherte mir ständig, keine Drogen mehr zu nehmen. Ich war ganz beruhigt, bis ich ihn beim Kiffen ertappte.

Der nächste Schlag war, als ich ihn dann, ich war schon hochschwanger, in der Spielhalle erwischte. Ich wollte mir nicht eingestehen, dass er keines seiner Versprechen gehalten hatte. Wir wohnten mittlerweile offiziell zusammen in einer größeren Wohnung. Man bekommt erst spät vom Amt das O.K. für finanzielle Unterstützung. Erst ab dem siebten Monat dürfen Ärzte den Bedarf für drei Leute bestätigen, weil bis dahin für das Amt noch eine Totgeburt möglich ist. Furchtbare Bürokratie, ich hatte es hinbekommen, dass wir schon im sechsten Monat umziehen durften.

Unser Zusammenleben hatte eigentlich gut funktioniert, dem Kind gegenüber hat sich mein Freund immer rührend verhalten, nur mir gegenüber nicht. Er hat oft den Babybauch gestreichelt, ihn eingecremt und so. Aber wenn ich ihn angetrieben habe, er solle sich um Arbeit kümmern, vertröstete er mich auf den nächsten Tag, immer nur leeres Gerede.

Kurze Zeit später war ich bei einer Freundin zu Besuch, wir hatten einen richtigen Schlemmerabend geplant, mit selbstgemachten Pommes und gemütlichem Mädels-Talk auf dem Sofa. Plötzlich bemerkte ich ein Ziehen im Bauch. Ich sagte meiner Freundin, die selbst schon zwei Kinder hatte, dass ich Schmerzen hätte, die immer wiederkämen. Sie geriet gleich in Panik, das seien Wehen, ich solle sofort die Hebamme anrufen. Die kam sofort, stellte fest, dass der Muttermund erst wenig geöffnet war und ich demnach noch Zeit hätte. Ich rief meinen Freund an und dann meine Mutter, die mich gleich abholte und zu uns in die Wohnung brachte. Dort habe ich mich erst einmal in die Badewanne gelegt, während mein Freund, meine Mutter und ihr Lebensgefährte in meiner Küche den wahrscheinlich aufregendsten Kaffee ihres Lebens tranken. Drei Stunden später sind wir zusammen ins Krankenhaus gefahren, und dann ging alles wahnsinnig schnell. Der Kleine hüpfte nahezu in sein neues Leben, nach anderthalb Stunden war Jason geboren. Meine Mutter und mein Freund waren dabei.

Meine Mutter hatte mich die ganze Zeit an der Wirbelsäule massiert, das hat die Wehen irgendwie stimuliert. Ich würde es immer wieder so machen, ich weiß nicht, warum einige Mütter erzählen, eine Geburt sei die Hölle. Ich hatte kaum Schmerzen, brauchte keine PDA. Für mich persönlich war es wirklich ein Spaziergang.

Als ich Jason das erste Mal im Arm hielt, habe ich geheult. Endlich hatte ich meinen kleinen Schatz im Arm, das ging mir so ungeheuer nahe. Ich hatte auch keine Angst vor der Zukunft, in dem Augenblick war es wirklich nur Glück.

Kurz nachdem Jason geboren war, verabschiedete sich sein Vater, er gehe jetzt nach Hause ein Bierchen trinken. Was mir nicht klar war: Ich hatte meine Geldkarte in der Wohnung liegen lassen. Am nächsten Tag war mein Konto leergeräumt.

Ich war zunächst mal wieder ahnungslos. Mein Freund meldete sich nach der Geburt unseres gemeinsamen Kindes nicht mehr. Von einer Freundin erfuhr ich, dass er seinen Kumpels ein paar Kisten Bier ausgebeben hat. Sie fragte mich, ob ich ihm Geld dafür gegeben hätte. In dem Augenblick fiel mir ein, dass ich meine Geldkarte zu Hause gelassen hatte. Ich nahm den Hörer in die Hand und fragte in der Bank meinen Kontostand ab, den ich bei 500 Euro wähnte. Mir wurde eiskalt, als der Bankmensch mir verkündete, ich würde über zwei Euro Guthaben verfügen. Ich rief sofort meinen Freund an und stellte ihn zur Rede. Natürlich stritt er es ab und behauptete, er habe nur dreißig Euro abgehoben. Ich bestand darauf, mit ihm gemeinsam in die Filiale zu gehen, um die Sache zu klären. Auf dem Weg dorthin fragte ich ihn immer wieder: »Hast du mir noch was zu sagen?« Er war so ans Lügen gewöhnt, es machte ihm nichts mehr aus.

Ich holte mir meine Kontoauszüge, jetzt behauptete er, die Geldkarte verloren zu haben. Ich war wie besessen, fragte in seiner Stamm-Spielhalle nach. Die Jungs dort bestätigten mir, dass er an einem Abend 300 Euro abgehoben und umgehend verzockt hatte.

So feierte er die Geburt unseres Sohnes.

Ein letzter Versuch von ihm, die Lage zu retten. Er beschwor mich, sagte, er hätte das alles nur für unsere Zukunft getan. Für mich war die ganze Sache damit abgeschlossen, ich war zu sehr gedemütigt, zu oft enttäuscht worden. Ich habe ihn vor die Tür gesetzt, ihm nur kurz Zeit gegeben, seine Sachen zu packen. Ich wollte nicht, dass mein Kind mit einem so verantwortungslosen Menschen zusammenwohnt. Er hatte keine Wahl. Meine Mutter stand hinter mir, da war plötzlich eine Front, eine Einheit, er musste gehen.

Der Alltag als Alleinerziehende mit Säugling war anstrengend, obwohl meine Mutter mich unglaublich unterstützt hat und immer für mich erreichbar war. Mir war ganz klar bewusst, dass ich grundsätzlich alleine die Verantwortung trug. Unter der Woche lebte ich alleine mit Jason, am Wochenende wohnte ich bei meiner Mutter, da fühlte ich mich sicher und geborgen. Ich erinnere mich an eine Nacht, in der Jason ohne Pause weinte, er war nicht zu beruhigen. Ich wusste absolut nicht, was ich machen sollte, der Kleine war gerade vier Wochen alt und ich hatte noch keine Routine.

Ich war total überfordert, ging mit ihm zu meiner Mutter ins Schlafzimmer und bat sie um Hilfe. Ich konnte nicht mehr, wollte nur schlafen. Wir sind dann alle drei zusammen ins Wohnzimmer gegangen, Mama hat den Kleinen auf den Arm genommen, ich bin sofort eingeschlafen. Sie lief einfach mit ihm auf dem Arm herum und innerhalb kürzester Zeit hatte er sich beruhigt. Ich weiß nicht, wie sie das gemacht hat, aber meine Aufregung hatte sich mit Sicherheit auf ihn übertragen. Meine Mutter war einfach ruhig geblieben. In den folgenden Monaten habe ich mir nachts oft gewünscht, nicht alleine zu sein – wenn Jason seinen ersten Zahn bekam und vor Schmerzen weinte, oder wenn er Wachstumsschübe hatte und ich mit dem Stillen nicht hinterherkam. Immerhin habe ich das bis zum fünften Monat durchgehalten.

Dann hatte ich einmal mehr Stress mit Jasons Vater, und durch die ganze Anspannung war der Milchfluss unterbrochen. Er hatte mir damals gedroht, wenn er seinen Sohn nicht sehen dürfte, würde mir etwas passieren.

Er ist dann sogar bei mir eingebrochen, das war unglaublich. Er hat die Tür aufgeknackt, aber nichts gestohlen, er hatte sich nur an meinem Laptop zu schaffen gemacht. Als ich nach Hause kam, sah ich noch, wie er über den Balkon abhaute. Am Computer konnte ich sehen, dass er sogar eingeloggt war. Ich habe die Polizei gerufen, aber denen konnte ich nicht beweisen, dass ich meinen Ex nicht vorher freiwillig reingelassen hatte. Er hat dann ausgesagt, ich hätte ihm erlaubt, meinen Laptop zu benutzen.

Das war es dann mit der Anzeige.

Ich wollte weiterhin keinen Kontakt zu ihm, er nahm immer noch Drogen und hatte nichts an seinem alten Leben geändert. Zwischenzeitlich hatte er eine andere Freundin und schien auf einem besseren Weg. In dieser Phase habe ich ihm zwei, drei Treffen mit Jason ermöglicht. Daraufhin ist er wieder rückfällig geworden, hat dann aber nicht nur gekifft, sondern auch Kokain geschnupft. An der Stelle habe ich endgültig einen Schlussstrich gezogen.

Neulich habe ich ihn zum ersten Mal seit Langem in einem Supermarkt getroffen, ich war mit meinem jetzigen Freund Daniel zusammen einkaufen. Ich bin unheimlich erschrocken, die Verletzungen sitzen einfach sehr tief. Mit heftigem Herzrasen bin ich einfach nur noch rausgerannt.

Es heißt, junge Mütter wie ich suchten sich immer komische Typen als Freund, und da ist vielleicht wirklich etwas dran. Wir haben, aus welchen Gründen auch immer, einen Hang zum revolutionären Arschloch, um es ganz deutlich zu beschreiben.

Ich fand es wahrscheinlich toll, jemanden zu haben, der machte, was er wollte, und sich an keine Konventionen und Regeln hielt. Eine Art Revolution gegen spießiges und geordnetes Leben. Vorher war ich das brave, liebe Mädchen, und dann kam er und zeigte mir das aufregende Gegenteil.

Ich will nie wieder dahin zurück.

Trotzdem denke ich, dass es wichtig war für mich, diese Phase zu leben. Ich habe erfahren, wie es auf der anderen Seite aussieht. Ich kann später vielleicht meinem Kind helfen, wenn er selber an solche Leute gerät. Ich hoffe, dass er sich durch mich und meine Erlebnisse davon überzeugen lässt, solche Kreise zu meiden.

Auf die Tipps meiner Mutter höre ich mittlerweile und nehme sie gerne an. Sie gibt mir keine Befehle, sondern weist mich beispielsweise daraufhin, dass man nicht mehr richtig durch meine Fenster schauen kann. Ich putze sie dann.

Ich arbeite jetzt an meinem Realschulabschluss an der Abend-realschule in Rotenburg, immer montags, dienstags, mittwochs und donnerstags. Jason wird in der Zeit bei mir zu Hause von einer Tagesmutter betreut, die ich mir gesucht habe. Meine Mutter muss bis 19 Uhr arbeiten und mein Freund ist in der Woche bei der Bundeswehr.

Eine Freundin von mir ist Tagesmutter und wir haben sie beim Jugendamt als offizielle Betreuung angemeldet.

Mein Tag ist recht lang, Jason und ich stehen morgens um 8:30 Uhr auf, frühstücken zusammen, dann gehen wir meistens spazieren und auf den Spielplatz, je nach dem, wie das Wetter ist. Gegen halb 12 gibt es dann Mittagessen für den Kleinen, danach lege ich ihn hin. Jason schläft meist bis um drei Uhr, dann machen wir Besorgungen, Einkäufe und was sonst noch zu erledigen ist. Manchmal kommt zwischendurch am Tag noch eine Familienhel-ferin, die habe ich mir selbst besorgt.

Eines Tages stand nämlich das Jugendamt vor meiner Tür – alarmiert von den Nachbarn. Die mögen wohl keine Kinder. Sie haben die Sozialarbeiter verständigt, weil mein Kind angeblich verwahrlosen würde. Sie behaupteten, dass ich meinem Kind nichts zu essen geben würde, dass mein Kind die ganze Nacht schreien würde und andere wunderbare Geschichten.

Immerhin kam nicht überfallartig ein Sonderkommando, ein paar Tage vorher hatte ich einen Brief bekommen, in dem die Jugendamtsleute mir den Besuch mit Termin ankündigten, es hätte Beschwerden gegeben.

Ich habe vorher zehnmal die Wohnung geputzt und war nerv-lich sehr angeschlagen, so groß war meine Angst, dass es Grund für Beanstandungen geben könnte.

Die Sozialarbeiterin war sehr höflich und erzählte mir ganz ruhig von den Vorwürfen, und dass sie verpflichtet sei, dem nach-zugehen. Sie schaute sich in der Wohnung um und vor allem be-obachtete sie Jason. Sie war zufrieden mit dem, was sie sah, und somit war diese Geschichte erledigt. Später habe ich mir dann selber eine Familienhelferin besorgt, damit sie später das Gegenteil bestätigen könnte, sollten neue Vorwürfe kommen. Ich musste nur einen Antrag ausfüllen und wenige Wochen später kam sie schon für drei Stunden die Woche. Jetzt besucht sie uns manchmal dreimal die Woche für eine Stunde, manchmal einen ganzen Nachmittag am Stück.

Ich fühle mich von ihr absolut nicht kontrolliert, sie beobachtet einfach, wie ich mit meinem Sohn umgehe, schaut, wie es ihm geht und ob mein Haushalt vernünftig geführt ist. Sollte ich Probleme bekommen, weiß ich, dass ich zu ihr gehen und sie um Hilfe bitten kann. Für Stress mit Jasons Vater ist sie natürlich nicht zuständig, aber wenn ich, zum Beispiel, eine Rechnung nicht gleich bezahlen kann oder Anträge stellen muss, hilft sie mir mit dem Prozedere.

Ansonsten bestärkt sie mich, gibt mir manchmal auch Erziehungstipps, weil Jason sehr aktiv ist. Wir haben für ihn, unter anderem, auch deshalb einen Krippenplatz bekommen. In einem halben Jahr fangen wir an mit der Eingewöhnung. Ohne meine Familienhelferin hätte ich kaum so schnell einen Platz bekommen. Sie ist mir wirklich eine Hilfe und keine Last, die Vorwürfe der Nachbarn konnte sie mit mir gemeinsam entkräften.

Trotzdem möchte ich umziehen, denn in einem so feindlich gesinnten Umfeld mag ich nicht leben. Ich muss mich ja auch auf die Schule und dann auf eine Ausbildung konzentrieren können.

Mein Schultag beginnt, wenn andere Feierabend machen. Gegen 17 Uhr packe ich meine Sachen, meine Tagesmutter löst mich ab, sie isst mit Jason zu Abend. Ich gehe zur Schule und komme gegen 22 Uhr nach Hause, dann mache ich noch Hausaufgaben und lerne.

Vier Tage Abendschule finde ich überschaubar. Freitags lerne ich noch mit meiner besten Freundin zusammen, in dieser Zeit kommt wieder die Tagesmutter. Es ist eine große Hilfe, dass auch meine beste Freundin die Abendschule besucht. Wir sind seit 16

Jahren befreundet, sie hat auch früh ein Kind gekriegt. Einen Monat vor mir. Und beide holen wir jetzt den Realschulabschluss nach.

In unserer Klasse sind etliche junge Mütter, sechs machen wegen früher Schwangerschaft ihren Realschulabschluss nach. Die anderen Mitschüler sind solche, die erst mit Anfang dreißig die Kurve gekriegt haben und jetzt herausgefunden haben, dass Schule wichtig fürs Leben ist.

Meine Wochenenden sind extrem wichtig. Freitags kommt mein Freund und wir verbringen die kurze Zeit, die wir gemeinsam haben, sehr intensiv. Manchmal bringen wir Jason zu meiner oder seiner Mutter, damit wir auch zwischendurch mal einfach nur ein Paar sein können.

Die Unterstützung meiner Mutter über die Jahre ist fantastisch. So eng wir auch sind, wir haben keine Probleme miteinander, wir können wirklich über alles reden, das ist traumhaft. Eine weitere Konstante in meinem Leben ist mein Freund Daniel, der, wie ich, 20 Jahre alt ist.

Kennengelernt haben wir uns schon vor neun Jahren. Wir waren damals in der Schule schon mal ein Paar, er ging in meine Parallelklasse. Zwei Jahre lang waren wir ein verliebtes Teenagerpaar, und nachdem wir uns getrennt hatten, blieb unser Kontakt freundschaftlich und vertrauensvoll.

Jahre später, Jason war längst geboren, saßen wir mal wieder bei mir zu Hause, erst hat sich keiner getraut, den ersten Schritt zu machen, doch irgendwann kam eins zum anderen – und jetzt sind wir glücklich zusammen.

Daniel war gleich von Geburt an für Jason da und eine Stütze als guter Kumpel. Er hat den Kleinen von Anfang an geliebt. Als wir dann beschlossen, es noch einmal als Paar zu versuchen, sagte er auch, dass er Jason als seinen Sohn akzeptieren würde.

Ich war enorm erleichtert, ich hatte Angst davor gehabt, wieder eine Beziehung einzugehen, auch wenn es jemand war, den ich kannte. Deshalb habe ich mich auch nicht getraut, den ersten Schritt zu machen, ganz entgegen meiner Natur. Wenn ich jemanden wirklich liebe, gehe ich gleich auf ihn zu, aber ich hatte nach meiner Erfahrung große Angst, wieder verletzt zu werden.

Als Mutter prüft man einen potenziellen Partner noch einmal besonders gründlich. Für mich war klar, dass kein Kerl infrage kam, der Drogen nahm, spielte oder arbeitslos war. Daniel hat sein Leben im Griff, arbeitet und ist sehr liebevoll. Er ist bei der Bundeswehr angestellt und kommt jedes Wochenende nach Hause.

Ich bin selber sehr gewissenhaft, gehe ab und zu aber auch aus und auf Partys. Das brauche ich, genauso wie Abende mit meinem Freund, die wir ganz für uns haben, an denen wir einfach Jugendliche sind, die feiern gehen.

Ich bringe dann Jason selber ins Bett, meine Mutter oder die Schwiegermutter übernehmen. Sobald ich nachts wieder nach Hause komme, bin ich wieder zuständig. Davor drücke ich mich nicht, auch wenn das heißt, dass ich nur zwei Stunden schlafen kann. Unsere Mütter arbeiten beide, die brauchen auch ihren Schlaf, das muss fair bleiben. Ich lege mich dann nachmittags noch einmal hin, wenn der Kleine schläft, und gehe abends früh ins Bett, so hole ich den Schlaf nach.

Daniel und ich haben große Pläne, wir sind schon seit einiger Zeit auf Wohnungssuche. Das war bisher wirklich nervig, die Vermieter wollten entweder keine Paare mit Kind oder nur Alleinstehende. Jetzt habe ich eine Wohnung gefunden, wir sind kurz davor, den Mietvertrag zu unterschreiben. Wir müssen nur noch den Antrag stellen, dann steht unserem Zusammenleben als Familie nichts mehr im Weg.

In einem knappen halben Jahr sind die letzten Prüfungen, und dann habe ich, wenn alles gut geht, meinen Realschulabschluss. Ich möchte gleich im Anschluss meine Ausbildung beginnen, am liebsten im Einzelhandel oder in der Gastronomie. Wenn ich nicht unmittelbar einen Platz bekomme, gehe ich auf jeden Fall trotzdem arbeiten, Hauptsache, ich habe etwas zu tun. Parallel startet Jason dann in der Krippe, es fügt sich alles sehr gut. Ich freue mich für ihn, dass er dann noch mehr Kontakt zu anderen Kindern hat. Für mich wird es komisch sein, den Kleinen seltener um mich zu haben. Wir haben ein ganz tolles Verhältnis. Er ignoriert mich zwar manchmal gerne, wenn ich ihm irgendwas verbieten möchte, und ist auch ziemlich oft stur. Aber er kommt viel zum Kuscheln, das ist sehr innig zwischen uns. Ich kann sagen, mein Sohn liebt mich wirklich. Für mich bedeutet er mein Leben. Er ist mein Ein und Alles. Ohne ihn würde ich, glaube ich, sterben.

16

»Um ein Kind zu erziehen, braucht man ein ganzes Dorf«

Edith Burat-Hiemer, 59, Dipl.-Sozialpädagogin, Diplompädagogin, Beauftragte für frühkindliche Bildung und Oberstudienrätin an der Fachschule für Sozialpädagogik – Fröbelseminar in Hamburg; STEEP™-Beraterin; seit 2001 Leiterin von mamamia

Edith Burat-Hiemer hat in Hamburg ein einzigartiges Modell ins Leben gerufen, in dem viele Fachkräfte an einem Strang ziehen – für Kinder. Das Projekt mamamia besteht aus einer Kinderkrippe und einem Elterncafé. Es ist eine Einrichtung für junge minderjährige Eltern und ihre Kinder. Im Elterncafé bekommen die jungen Mütter Unterstützung bei der Bewältigung ihres stressigen Alltags. Meist müssen sie Schule oder Ausbildung, Kindererziehung und Haushalt unter einen Hut bringen. In der Krippe werden ihre Kinder betreut, die zwischen 0 und 3 Jahren alt sind. Der Kontakt zu den oft skeptischen jungen Frauen gelingt über die Kinder. Das Interesse an den Kleinen verbindet.

Früher sind junge, minderjährige Mütter in einer eigenen Schule zusammen betreut und ausgebildet worden. Mittlerweile gibt es in der Staatlichen Schule Gesundheitspflege W1 ein neues Modell für eine Mütterklasse. Die schwangeren jungen Frauen bleiben auf ihren jeweiligen Schulen, im Projekt mamamia werden Mütter und Kinder betreut. Mamamia ist entstanden, als sich der damalige Schulleiter der Fachschule für Sozialpädagogik (FSP1) und die ehemalige Schulleiterin der Staatlichen Schule Gesundheitspflege W1 trafen. Auf einer gemeinsamen Fortbildung verabredeten sie die Gründung einer Kinderkrippe.

Die Mütter werden in der Staatlichen Schule Gesundheitspflege W1 oder in anderen beruflichen Schulen unterrichtet. Das Ziel ist, die Mütter in den Bildungsprozess zurückzuführen, damit sie den Hauptschulabschluss erreichen und danach vielleicht sogar eine Ausbildung beginnen können. Währenddessen werden die Kinder in der Kinderkrippe mamamia betreut, der Slogan lautet: »Meine Mama geht zur Schule und ich darf mit!«

Die Umsetzung der Idee begann mit einer Basisbefragung der Betroffenen: Wir wollten von den jungen Müttern wissen, was eine Einrichtung bieten muss, damit sich ihr Kind wohlfühlen kann. Gemeinsam mit Kolleginnen und den jugendlichen Müttern haben wir viele Krippen besucht, am Ende der Aktion stand dann eine Bastelarbeit – die jungen Mütter haben uns die ultimative Krippe zusammengebaut. Sie wussten nach ihrer gründlichen Recherche ganz genau, wie ihre Kinderkrippe aussehen sollte, und wir auch. Ein Jahr lang hatten wir Zeit, die Konzeption endgültig auszuarbeiten und einen Ort zu suchen, an dem die Krippe eingerichtet werden konnte. Der ganze Bereich der frühkindlichen Bildung wartete zu der Zeit noch auf seine Entdeckung durch die Politik und die Fachschulen für Sozialpädagogik, sowie die Praxisausbildungsstätten dieser Schulen. So hatten wir auch da eine kleine Vorreiterrolle und durften wirklich ausprobieren und mitgestalten.

Im Laufe der Zeit haben wir ein bindungstheoretisches Konzept zur Stärkung der Mutter-Kind-Bindung entwickelt. Bei dieser anspruchsvollen Aufgabe in der pädagogischen Betreuung unterstützten uns in der Kinderkrippe mamamia eine Vollzeitkraft und Teilzeitkräfte. Durch geschicktes Umschichten decken wir heute dadurch eine Betreuungszeit von insgesamt acht Stunden ab.

Die Pädagoginnen stellten immer wieder fest, dass nicht nur die Kinder betreut werden müssen, sondern auch ihre Eltern einen hohen Gesprächs- und Beratungsbedarf haben. So kamen wir darauf, 2008 auch das Elterncafé mamamia zu gründen. Dort werden junge Mütter und Väter beraten und, wenn sie es wünschen, auch im Alltag begleitet. Die Kinderkrippe und das Elterncafé bilden nun gemeinsam das Projekt mamamia.

Praktisch gesehen ist die Kinderkrippe aber immer noch das Zentrum unserer Arbeit, denn unsere Beziehung zu den Müttern entsteht und entwickelt sich weiterhin aus unserem Kontakt zu den Kindern. Die Kinder stehen im Mittelpunkt unseres Denkens und Handelns und sind immer Grund, um mit den Müttern ins Gespräch zu kommen.

Mamamia ist auf dem Gelände der Staatlichen Schule Gesundheitspflege W1 untergebracht. Diese räumliche Nähe der Kinderkrippe zur Schule hat Vor- und Nachteile für die Mütter. Einerseits haben sie nur kurze Wege, andererseits bewirkt diese Nähe, dass sich die jungen Frauen in erster Linie wie Schülerinnen fühlen, ihre Mutterrolle rückt dabei in den Hintergrund. Wir praktizieren das Prinzip der Erziehungspartnerschaft mit den Eltern, was voraussetzt, dass wir uns auf Augenhöhe begegnen. Die Eltern sind die Experten für ihre Kinder, in die Kinderkrippe kommen sie in ihrer Rolle als Mutter und nicht als Schüler. Das Wechseln zwischen den Rollen fällt ihnen schwer.

In der Kinderkrippe haben wir insgesamt elf Kinder. Davon haben höchstens zwei oder drei Eltern, die nicht minderjährig sind. Wir nennen das unsere »Vergleichsgruppe«, weil wir gerne sehen möchten, wie sich die Kinder von volljährigen Eltern entwickeln. Bisher haben wir noch keine offensichtlichen Unterschiede festgestellt, was wir auf die fachliche Begleitung der minderjährigen Eltern durch das Elterncafé zurückführen. Insgesamt betrachtet, haben alle Eltern in Bezug auf die Entwicklung ihrer Kinder ähnliche Fragen, Sorgen und Wünsche.

Unsere jüngste Mutter war dreizehneinhalb, im Durchschnitt sind sie zwischen 15 und 18 Jahre alt. Wir haben jetzt eine 16-Jährige, deren Mutter ebenfalls 16 war, als sie ihr Kind geboren hat.

Unsere Eltern sind ganz normale Jugendliche mit allen Haken und Ösen, die dieses Alter mit sich bringt. Sie sind in der Pubertät und das bedeutet, dass sich das gesamte Gehirn in dieser Zeit neu strukturiert. Da kann man sich vorstellen, dass ganz viele Kompetenzen einfach überschattet liegen. Zum Beispiel haben die Teenager eine eingeschränkte Planungskompetenz, können Handlungen noch nicht richtig weitblickend einschätzen. Sie brauchen oft grelle Reize wie helles Licht und laute Musik, um sich richtig zu spüren. Auch die Verhaltensweisen ändern sich, diese Zeit der Umbrüche führt nicht selten zu einer Entfremdung zwischen den Jugendlichen und ihren Eltern.

Die Jugendlichen haben theoretisch gelernt, wie Verhütung funktioniert. Trotzdem denken sie oft: Wieso sollte es denn gerade beim ersten Mal und wieso gerade mir passieren? Die Mädchen reden dann oft nicht mit ihren Eltern, wenn sie merken, dass sich ihr Körper plötzlich verändert. Erst verdrängen sie ihre Schwangerschaft, doch wenn ihnen klar wird, dass sie tatsächlich schwanger sind, ist ein Riesenkrach in der Familie oft unausweichlich. Das führt dazu, dass manche jungen Frauen in Mutter-Kind-Häusern leben. Selten werden sie während ihrer Schwangerschaft konsequent von Verwandten unterstützt.

Meine Kollegin Heike Wils und ich haben mittlerweile ein neues Konzept für das Elterncafé entwickelt, in dem wir versuchen, bereits junge Schwangere zu erreichen, damit wir sie schon vor der Geburt ihres Kindes begleiten können. Immer wieder erfahren wir, dass viele Mütter von ihren Eltern gar kein positives Bild vom Muttersein vermittelt bekommen haben, und dann stellen sie natürlich Fragen.

Alle wollen gute Mütter sein. Eine Mutter, die mit Mitte zwanzig oder mit dreißig ein Baby bekommt, hat zumindest eine Vorstellung davon, wie sie eine gute Mutter sein könnte und welche Inhalte zum Muttersein dazugehören. Unsere ganz jungen Mütter sind darauf oft überhaupt nicht vorbereitet.

Man muss sagen, dass junge minderjährige Schwangere in der Fachliteratur fast automatisch zu einer Risikogruppe gezählt werden, häufig bestätigt sich dies auch in der Realität. In vielen Fällen kennen Teenagermütter von zu Hause nicht die Fürsorge, die man sich gemeinhin von einer Mutter wünscht. Manche Mädchen sehen und erleben in der Haltung ihrer eigenen Mutter zu wenig Verantwortung. Die Mutter steht morgens vielleicht nicht immer auf und hilft bei der Zubereitung des Frühstücks. Es ist ihr vielleicht völlig gleichgültig, ob das Kind zur Schule geht oder nicht. Die Wohnung wird unregelmäßig aufgeräumt, manchmal mangelt es auch an Hygiene, an Organisationsfähigkeit und kontinuierlicher Struktur. Manche Eltern haben sich selbst aufgegeben, bauen auf Hartz IV und Kindergeld. Das ist leider die Ausgangssituation in ganz schwierigen Familien.

Einige junge Mütter haben dann das Gefühl: Ich möchte das alles ein bisschen besser machen, ich möchte mein eigenes Kind haben, meine eigene Familie, ich möchte jemanden haben, der zu mir gehört und der zu mir hält. Das funktioniert so lange, bis das eigene Kind krabbelt, seinen eigenen Willen entwickelt, bis es dann letztendlich Unterstützung und Aufmerksamkeit von der Mutter fordert. Diese jungen Frauen hatten sich ihre Mutterrolle nicht so anstrengend vorgestellt. Oftmals ist ihnen anfänglich nicht klar, dass ein Kind nicht nur zeitlichen und finanziellen Aufwand bedeutet, sondern dass man ihm tatsächlich von Anfang an ganz viel kontinuierliche Zuwendung geben muss. Dass man feinfühlig auf seine Signale reagieren und es versorgen muss, und zwar so, wie das Kind es braucht, und nicht, wie es vielleicht einem selber passt. Babys schreien eben auch nachts und wollen herumgetragen werden, weil das Bäuchlein zwickt und man vielleicht nicht erkennen kann, was mit ihnen los ist. Wie oft man an die eigenen Grenzen stößt, wie oft man kurz vorm Verzweifeln ist, das ahnen die jungen Mütter noch nicht. Die Bewältigung dieser Art von Problemen haben sie nicht gelernt.

Mitunter ist die Angst, das Kind weggenommen zu bekommen, leider stärker als der Mut, sich in dieser Situation Hilfe zu holen. Der Allgemeine Soziale Dienst (ASD), Familienhilfe, Jugendamt, Sozialpädagogen, das alles hat diesen strengen Geruch von Staat und Behörde. Die jungen Mütter haben noch nicht realisiert, dass die Kollegen im ASD Hilfsangebote geben. Gerade junge Frauen mit Migrationshintergrund sind an dieser Stelle besonders überfordert, weil sie auf der einen Seite ihre eigene Familie im Hintergrund haben, die sie dann vielleicht sogar zur Heirat drängt. Zum anderen wollen sie gerne so leben, wie die Kultur es ihnen hier in unserer Gesellschaft ermöglicht. Sie wissen in diesem Zwiespalt nicht, was sie tun sollen, und machen dann lieber gar nichts. Mamamia bietet auch Müttern in dieser Situation eine Möglichkeit, sich Hilfe zu holen, die ungezwungene Atmosphäre im Elterncafé senkt die Hemmschwelle. Sie kommen hier morgens an und man sieht schnell, dass eine schwierige Nacht hinter Mutter und Kind liegt. Unsere Kolleginnen begrüßen sie dann mit »Guten Morgen, schön, dass Sie da sind, das scheint ja eine sehr aufregende Nacht gewesen zu sein.« Dann setzt die Mutter sich hier erst einmal hin und stellt fest, dass im Elterncafé jemand da ist, der zuhört, der sich interessiert, der auch Fragen parat hat, die einem ermöglichen, selber noch einmal ein bisschen nachzudenken. Es muss nicht immer sofort eine Lösung her, es reicht oft, geschickt nachzufragen und zuzuhören.

Wenn es Probleme mit Ämtern oder Behörden gibt, fragen die Kolleginnen, ob sie mitkommen oder ob sie bei einem schwierigen Anruf im Raum bleiben sollen. Dadurch vermitteln sie ein »An-die-Hand-Nehmen« und »Ich bin ganz nah bei dir und wir schaffen das gemeinsam«. Für die Würde der jungen Mütter ist es wichtig, dass sie letztendlich selbst entscheiden, was sie machen wollen. Es liegt in ihrer Hand, ob sie ein Angebot annehmen oder nicht. Das Einzige, was wir von ihnen erwarten, ist, dass sie das Kind regelmäßig zu uns in die Krippe bringen, denn wir wollen ihm in den acht Stunden hier die bestmögliche Betreuung bieten. Das Kind soll optimal versorgt und in seiner Entwicklung begleitet werden. Zusätzlich versuchen wir, die jungen Frauen so zu stabilisieren, dass sie in der Lage sind, eine ausreichend gute Mutter zu sein. Ausreichend gut heißt, sie sollen ein Gespür für die Signale ihres Kindes bekommen. Sie sollen schnell und auf angemessene Weise darauf reagieren. Bei einem einjährigen Kleinkind muss die Mutter innerhalb von drei bis fünf Sekunden reagieren, weil das Kind sonst denkt, es bekäme keine Antwort auf sein Signal. Teenagermütter sollen Bedürfnisse des Kindes erkennen und vor allen Dingen sollten sie Freude an ihrem Kind haben.

Um diesen Anspruch zu verwirklichen, arbeiten die Kolleginnen im Elterncafé nach dem Frühinterventionsprogramm STEEP™*. Wir versuchen, möglichst schnell ein gutes Verhältnis zu den Eltern aufzubauen. Sie erleben uns als gleichbleibend freundlich und nett. Wir sagen nicht: »Mein Gott, nun hast du schon wieder deinem Kind keine Mütze aufgesetzt«, sondern wir loben, wenn sie kommen und das Kind warme Ohren hat: »Mensch, das ist ja toll, du hast ja eine Mütze auf.« Wir loben Mütter für das, was

---

* STEEP™ (Steps Toward Effective, Enjoyable Parenting – Schritte hin zu einer effektiven, Freude bringenden Elternschaft) ist ein Programm für Mütter und Väter, die mit schwierigen Problemen oder belastenden Lebensumständen zu kämpfen haben. Die STEEP™-Beraterinnen stützen sich auf einen beziehungsorientierten Ansatz und bieten den Eltern Unterstützung sowie Informationen über die kindliche Entwicklung und angemessene Erwartungen an Säuglinge und Kleinkinder.

sie gut machen. Ihr Erfahrungshintergrund ist negativ geprägt, sie wurden eigentlich nur angemeckert für das, was sie nicht konnten. Sie bekommen immer noch von vielen Seiten zu hören, dass sie zu jung, zu tollpatschig und zu schwach seien. Und wir sagen: »Das hast du aber toll gemacht«, wenn sie etwas wirklich toll gemacht haben. Die jungen Mütter brauchen diese Form der Bestätigung, sie ist wichtig für ihre Entwicklung. Zusätzlich erinnern wir immer wieder daran, dass sie langfristig durch einen Bildungsabschluss eher in der Lage sein werden, ihr Kind selbst zu versorgen.

Die Mädchen müssen sich in ihrem Kosmos orientieren, sich von zu Hause abnabeln, ihre Identität finden, klären, welche Lebensform sie übernehmen wollen. Sie müssen den Freundeskreis ordnen, nachdenken, welche Werte und Normen für sie wichtig sind. Meistens wissen die jungen Mütter, wie sie nicht sein wollen – nämlich wie die eigenen Eltern. Aber wohin sie wollen, das wissen sie auch nicht genau. Zur Verantwortung für sich selbst kommt die Verantwortung für ein neues Lebewesen, für die Schule und für ihren Haushalt. Plötzlich ein eigenes Lebensmodell zu leben ist in dem Alter schon eine große Herausforderung. Wenn die jungen Frauen das schaffen, dann haben sie ganz viel Willenskraft und Durchhaltevermögen gezeigt. Wir wollen den Müttern eine Stütze sein, wenn sie keine Kraft mehr haben und sich alleine fühlen.

Frauen, die nicht gelernt haben, irgendetwas durchzuhalten und zu Ende zu bringen, verzweifeln schnell. Dann müssen wir im Elterncafé dafür sorgen, dass sie immer wieder motiviert werden. Wenn die jungen Mütter keine Erfolgserlebnisse in ihrem Leben hatten, tendieren sie dazu, aufzugeben und zu sagen: »Das lohnt sich eh nicht.« An diesem Punkt bieten wir Unterstützung an.

Wir überlegen immer gemeinsam, präsentieren nie fertige Lösungen: »Was wäre denn hier das Beste, haben Sie eine Idee, schlagen Sie doch mal vor.« Wir wollen die Eigenverantwortlichkeit der jungen Frauen fördern und akzeptieren selbstverständlich ihre Vorschläge.

Zur Arbeit im Elterncafé gehört auch die Videointervention nach Steep™. Das bedeutet, dass man in drei verschiedenen Standardsituationen auf die Interaktion zwischen Mutter und Kind schaut. Die Eltern werden, ihr Einverständnis vorausgesetzt, beim Wickeln, Füttern und beim Spielen mit ihrem Kind gefilmt. Im anschließenden Gespräch filtert man erst einmal die positiven Dinge heraus. Manchmal müssen wir eine Videosequenz mehrmals anschauen, bis sich ein positiver Gesprächsansatz bietet. Ein Beispiel dafür wäre, wenn die Mutter ihr Kind anlacht und es beim Wickeln auf dem Wickeltisch gleichzeitig mit der Hand sichert. Der Sicherheitsaspekt ist sehr wichtig.

Wenn wir ein Bild finden, auf dem das Kind seine Mutter anhimmelt, dann schalten wir auf Standbild und stellen zum Beispiel die Frage: »Wenn Ihr Kind jetzt sprechen könnte, was würde es Ihnen dann erzählen?« Daraus ergibt sich dann tatsächlich oft eine erste Reflexion der Mutterrolle. Den Bildern, die die jungen Eltern sehen, glauben sie eher als dem gesprochenen Wort. Diese Methode nennt sich »Seeing is believing«.

Die ersten zwei Male kommentieren die jungen Mütter vielleicht eher ihre Frisur oder kritisieren ihren Kleidungsstil in dem Video. Aber spätestens beim dritten Mal sind sie in der Lage, zu erkennen, worum es eigentlich geht. Dann sagt die junge Mutter vielleicht: »Sagen Sie mal, habe ich das richtig gesehen, ich habe überhaupt nicht mit dem Kleinen geredet?« Und wir antworten: »Was hätten Sie ihm denn in der Situation gerne gesagt?«

Die Mütter kriegen ziemlich schnell mit, worauf es bei der Betreuung ankommt: Sicherheit herstellen, altersgerechte Ansprache, zugewandte Kommunikation, Feinfühligkeit, liebevoller Körperkontakt, Blickkontakt halten und das Kind zu Erkundungsverhalten motivieren. Meine Kollegin Heike Wils nutzt neben STEEP™ auch ganz bewusst die Methode der Hausbesuche, um in Krisensituationen Kontakt zu halten. Sie ruft dann auch an, wenn wir die Mütter vermissen – und das tun wir wirklich. Oft hören wir:

»Mich hat noch nie jemand angerufen, um mir zu sagen, dass ich ihm fehle.« Durch diese intensive Form der positiven Zuwendung erleben sie, wie wir eine Beziehung herstellen. Das geht natürlich nicht nur vom Elterncafé aus, sondern auch von der Kinderkrippe. Dort sind die Mütter täglich im Kontakt mit unseren Pädagoginnen, sie sind rundherum eingebunden.

Ursprünglich war es bei uns so, dass die jungen Frauen ihren Krippenplatz verloren, wenn sie von der Schule flogen. Das haben wir aber nach einem halben Jahr wieder abgeschafft. Es passte in keiner Weise in unsere Konzeption der Bindung. Schwerpunkt bei uns ist und bleibt die Unterstützung des Bindungsaufbaus zwischen Mutter und Kind. Da können wir nicht von heute auf morgen das Verhältnis kappen.

Die Teenagermütter sind bis zu ihrem achtzehnten Lebensjahr schulpflichtig. Wenn sie schwanger sind, können sie einen Antrag auf »Ruhen der Schulpflicht« stellen. Sie verschwinden dann im Mutterschutz und keiner guckt mehr nach ihnen. Zehn Monate lang bleiben sie von der Schule fern, manchmal sogar von Gesundheitsvorsorge, und keiner hat ein Auge auf diese jungen Frauen.

In dieser Zeit, in dieser akuten Übergangssituation muss jemand da sein. Wir haben angeregt, dass die Mädchen, wenn die Schulleitung ihren Anträgen auf erweiterten Mutterschutz oder dem Ruhen der Schulpflicht zustimmt, verpflichtet werden sollen, ins Elterncafé zu kommen. Wir hoffen noch auf offizielle Unterstützung durch die Schulbehörde, hilfreich wäre eine Handlungsanweisung, dann könnte diese landesweite Unterstützung junger minderjähriger Mütter ein einzigartiges Modell in Deutschland werden.

Letztendlich könnte ich mir vorstellen, dass man nach dem Vorbild von mamamia in jedem Hamburger Stadtteil so etwas wie eine Kinderkrippe oder ein Kindernestchen entwickelt.

Unsere Arbeit zeigt: Ein Kind, das im Alter von acht Wochen zu uns kommt, acht Stunden betreut wird und in dieser Zeit von seiner Mutter getrennt ist, kann trotzdem eine Bindung zu ihr bekommen. Wir setzen zum Beispiel während unserer Betreuung hier alles daran, die junge Frau in der Eingewöhnung vier bis sechs Wochen bei uns zu haben. Dann erklären wir ihr jeden Schritt, den das Kind macht, und zeigen ihr, wie wichtig sie für das Kind ist. Wir sagen jeder jungen Mutter, dass sie das Wichtigste im Leben des Kindes ist.

Manche kommen zu uns und sind sich sicher, das Kind brauche keine Eingewöhnung, es sei ja schon zur Betreuung bei der Tante, dem Onkel, dem Opa, der Freundin gewesen und hätte das alles gut mitgemacht. Dann zeigen wir, wie das Kind signalisiert, dass es Mama braucht. Die Mütter reagieren ganz überrascht, freuen sich aber und entwickeln ein Verantwortungsgefühl, das sie vorher gar nicht kannten.

Eine Mutter sagte mal: »Ich wusste gar nicht, dass ich in dem Alter schon so wichtig bin.« Die Mutter bekommt mit, wie traurig das Kind ist, wenn Mama geht, und wie fröhlich, wenn sie es abholt. Sobald sie zur Tür hereinkommt, sorgen wir für eine ordentliche Begrüßung zwischen beiden. Die Mutter soll ihr Kind in den Arm nehmen und ihm etwas Nettes sagen. Wir nutzen die Methode »Babytalk«. Dabei spricht die Pädagogin aus der Perspektive des Kindes zur Mutter. Sie sagt: »Mama, ich hab schon so auf dich gewartet, nimm mich in den Arm, ich kann es kaum noch aushalten, bis ich endlich von dir gedrückt werde.« Dann legen die jungen Mütter zum Beispiel das Handy weg und das nächste Mal nehmen sie es schon gar nicht mehr aus der Tasche. So unterstützen wir auch ganz praktisch den Bindungsaufbau.

Obwohl wir acht Stunden mit dem Kind zusammen sind und die Mutter das Kind vielleicht nur morgens zwei und abends zwei Stunden hat, reicht es aus, um die Mutter zu einer ganz wichtigen Bindungsperson werden zu lassen. Entscheidend ist nicht die Quantität des Zusammenseins, sondern die Qualität der Interaktion. Es gibt viele wissenschaftliche Studien dazu.

Wenn eine Grundbindung aufgebaut ist, dann hat das Kind gelernt, dass es vertrauen kann, dass seine Bedürfnisse gesehen, akzeptiert und unterstützt werden. Daraus entwickelt sich so was wie Grundvertrauen.

An der Arbeit mit Teenagermüttern fasziniert mich besonders, den Wandlungsprozess vom Teenager zur jungen Mutter zu beobachten. Dass man positiven Einfluss auf die junge Frau nehmen und miterleben kann, wie selbstbewusst sie dann ihre Mutterrolle annimmt.

Es gibt kaum etwas Schöneres als zu beobachten, wie sich ein kleines Kind forschend an die Welt herantastet. Es ist nie Routine, sondern immer wieder ein Erlebnis, hinzusehen, und das Wechselspiel zwischen Kind und Mutter mitzubekommen. Es ist so viel möglich, obwohl man vielleicht vorher gedacht hat, dass es niemals klappt. Diese Erfahrung ist jedes Mal von Neuem ergreifend und schon dafür lohnt es, sich einzusetzen.

17

»Ich habe mich auf niemanden mehr eingelassen«

Stefanie, 24, Hilden, Hausfrau
Tochter **Mara**, 4, Sohn **Leon**, 2[*]

Stefanie ist in ihrem Leben fast so häufig umgezogen, wie sie Geburtstag hatte. Ihr Leben ist geprägt von stetigem Wechsel, neuen Leuten, fremden Menschen, von Alkohol und Drogenabhängigkeit.

Irgendwann möchte sie ein letztes Mal umziehen: Auswandern nach Thailand, in ein schönes Häuschen ziehen.Davor soll ein Restaurant stehen, das sie mit ihrem Partner betreiben möchte. Dieser Traum entstand in Stefanies Kindheit, als sie in glücklichen Tagen mit ihrer Mutter und deren neuem Mann Traumreisen nach Israel, Spanien und Thailand unternahm.

---

[*] Namen der Kinder von der Mutter geändert. Die richtige Namen sind der Autorin bekannt

Geboren bin ich in Castrop-Rauxel, und schon dort sind wir innerhalb der Stadt mehrfach umgezogen – immer dann, wenn meine Mutter Schwierigkeiten mit ihrem jeweiligen Partner hatte. Zu meinem leiblichen Vater hatte niemand mehr Kontakt.

Als sie ihren ersten Ehemann kennenlernte, sind wir nach Aachen gezogen. Wir hatten Glück mit unserer Nachbarschaft, meine Mutter fand dort eine tolle Tagesmutter, die mich eigentlich in den folgenden vier Jahren zusammen mit ihren eigenen beiden Kindern großgezogen hat. Ich war nur am Wochenende zu Hause bei meiner Mutter und dem Stiefvater. Beide arbeiteten sehr viel. Meine Mutter hatte mich mit 21 Jahren geboren, trotz des geringen Altersunterschiedes hatten wir ein gutes Verhältnis.

Als ich zur Tagesmutter kam, war ich fünf. Meine Mutter arbeitete zu der Zeit in einer Bar, war also keine Nacht zu Hause. Deshalb schlief ich unter der Woche immer in der Betreuung.

Die Probleme begannen, als ich mit sechs eingeschult wurde. Der Start in der Schule war gut, dann stellte sich heraus, dass ich eine Lese- und Schreibblockade hatte. Ich sollte der Schule verwiesen und auf eine Förderschule gesteckt werden. Mein Stiefvater hat damals wohl sehr dafür gekämpft, dass ich bleiben durfte. Dann kam zum Glück eine neue Direktorin, die sich sehr für mich eingesetzt hat, und ich bekam Förderunterricht. Kaum hatte sich in der Schule alles eingespielt, zogen wir wieder um. Die Wohnung war zu klein geworden, weil 1996 mein Bruder geboren wurde, wir brauchten dann ein Zimmer mehr. Ich war neun und habe den kleinen Karsten von Anfang an geliebt. Ich wurde auch vom ersten Tag an mit in die Babypflege einbezogen, die Hebamme meiner Mutter hat mir genau gezeigt, wie man sich kümmert. Wenn ich damals von der Schule kam, bin ich als Erstes in den Laufstall geklettert, habe mit meinem Bruder gekuschelt und dann die Hausaufgaben erledigt, da war ich diszipliniert.

Ich war sehr fasziniert von diesem kleinen Wesen mit den kleinen Augen und den kleinen Händchen. Trotzdem war mir mein eigener Freiraum wichtig. Ich bin viel mit Freunden rausgegangen, auf den Spielplatz, wir waren eine richtige Inliner-Clique.

Der Umzug ins nächste Dorf hatte natürlich wieder ein neues Umfeld zur Folge. Das war anstrengend, noch ein Wechsel, und das ausgerechnet zur vierten Klasse. Da konnte ich keine Freundschaften mehr schließen, es hatten sich bereits feste Gruppen gebildet. Die einzigen Freunde, die ich hatte, waren aus unserem Haus, die Kinder gingen mit mir zur Schule, allerdings in andere Klassen, weil sie jünger waren als ich. Das passte insofern gut, als ich sitzen geblieben bin, und da ich in der Wiederholungsklasse dann Freunde hatte, war ich fast glücklich darüber. Als sich alles eingespielt hatte, trennte sich meine Mutter von ihrem Mann und wir zogen nach Euskirchen. Da musste ich wieder in die vierte Klasse gehen, kam aber besser zurecht. Ich ging dann ein Jahr auf die Realschule. Dann zogen wir wieder nach Aachen und nach kurzer Zeit weiter nach Düren.

Meine Mutter entwickelte ein regelrechtes Reisefieber, sie hielt es nie lange an einem Ort aus. Man muss ihr lassen, dass sie unglaublich gut war im Umziehen, sie schaffte es, an einem Wochenende zu packen, umzuziehen und die neue Wohnung einzurichten.

Dieser ständige Wechsel war schlimm für mich und hatte Folgen: Ich konnte und wollte mich gar nicht mehr auf Menschen einlassen. Ich habe mit Leuten gesprochen und auch etwas unternommen, aber feste Beziehungen wollte ich nicht mehr knüpfen. Ich wusste ganz genau, es war nie von Dauer.

Heute bin ich mir sicher, dass diese Zeit den Ausschlag für meinen späteren unsteten Lebenslauf gegeben hat.

Düren war als Ort zum Leben eigentlich ganz in Ordnung, nur konnte ich mich leider auch dort nicht richtig in die Gemeinschaft integrieren. Von der für mich so wichtigen Klassenfahrt war ich als einziges Kind ausgeschlossen, meine Mutter konnte die Reise nicht bezahlen. Die Eltern sollten 200 Mark zuzahlen und das konnten wir uns nicht leisten. Meine Mutter hat zu der Zeit gar nicht gearbeitet. Sie musste uns Kinder mit Arbeitslosengeld durchbringen. Dann bekam sie einen neuen Job, der Arbeitgeber war in Aachen angesiedelt, also sind wir wieder dorthin zurückgezogen. Ich war 13 oder 14 und mein Leben, das bisher nur gewackelt hatte, kippte endgültig.

Ich fing an zu trinken, geraucht hatte ich zu dem Zeitpunkt schon. Dazu kam viel Gewalt an der Schule, ich gehörte zu den Schwächeren, die regelmäßig zusammengeschlagen wurden. Ich hatte in meinem Umfeld keine festen Freundschaften, nur Leute, mit denen ich ein bisschen herumlaufen konnte. Ich war einfach froh, dass überhaupt irgendeiner mit mir reden wollte.

Mit 14 oder 15 ging es los mit Jungs. Ich war eher zurückhaltend, mehr als Händchen halten und Küssen gab es nicht. Mein erstes richtiges Mal hatte ich mit 16. Thomas[*] war superlieb, er war richtig romantisch. Als wir das erste Mal miteinander schliefen, hatte er Kerzen arrangiert, es war wie im Film.

Durch Zeitschriften und Fernsehen war ich aufgeklärt, meine Mutter hatte sich immer davor gedrückt. Weil sie selber mit zwanzig schwanger wurde, hatte sie schon fast panische Angst, dass ich auch jung Mutter werden könnte. Ich war ja selbst ein Unfall, irgendwie dachte sie, durch Schweigen zu verhindern, dass mir dasselbe passierte.

Thomas und ich haben mit Kondom verhütet, das hat auch gut geklappt. Leider hat sich unsere Beziehung schief entwickelt. Er hat Drogen genommen, Marihuana geraucht und dadurch bin ich angesteckt worden. Meinen ersten Joint habe ich mit 13 geraucht. Die Beziehung hat ein halbes Jahr gehalten, dann wollte er jemand Neues. Ich gehöre wohl auch zu den Frauen, die auf kriminelle Typen stehen, warum auch immer. Fast alle meine Freunde haben Drogen konsumiert, ich hatte keine Chance, auszubrechen.

---

[*] Name geändert, der richtige Name ist der Autorin bekannt

Dann bin ich mit 15 auf ein Internat* gekommen, eine Sonderschule, die schwer erziehbare Jugendliche und solche mit kritischen Problemen fördert. Sozialpädagogen und Psychologen unterstützten den Unterricht. Das Jugendamt hatte mich dort hingeschickt, sie haben es bezahlt, also hat sich niemand beschwert. Leider ging es im Internat richtig los mit den Drogen. Ich habe jeden Tag gekifft: während der Unterrichtszeit, abends im Zimmer, einfach rund um die Uhr.

Ich habe dort keinen Schulabschluss gemacht, bin mit 16 abgegangen. Mein Freund war von der Schule geflogen und ich hatte Angst, ihn nicht mehr zu sehen. Deswegen habe ich alles hingeschmissen – der dümmste Grund, den man sich überhaupt vorstellen konnte. Wenn ich jetzt daran denke, ist mir klar, dass ich hätte weitermachen sollen.

Ich bin dann wieder zurück zu meiner Mutter, bin gemeinsam mit meinem Freund bei ihr eingezogen. Nach kurzer Zeit sind wir aber wieder rausgeflogen, weil meine Mutter gemerkt hatte, wie stark wir von den Drogen abhängig waren. Die Beziehung ging immer mehr den Bach runter. Wir trennten uns und ich lernte den Vater von Mara kennen.

Ich war 18, er 19, als wir die klassischen ersten Verabredungen hatten, fast normal, wie andere Pärchen auch. Bei uns spielten nur leider erneut Drogen eine große Rolle. Er kiffte viel, hatte schon einen Entzug hinter sich, war rückfällig geworden. Dann wurde ich schwanger. Seine Mutter, die immer gegen unsere Beziehung gewesen war, setzte sich durch und schickte ihn nach Australien, weit weg von mir, er sollte dort arbeiten und vor allem endlich von den Drogen wegkommen.

Ich hatte, was ich wollte: Ich war schwanger. Es war geplant, er war einverstanden gewesen. Ich habe ihm nicht übel genommen,

---

* Name und Ort des Internats ist der Autorin bekannt

dass er seiner Mutter nachgab. Mir war klar, dass dies eine einmalige Chance für ihn war.

Er kam zwei Wochen nach der Geburt zurück, es hatte keinen früheren günstigen Flug gegeben. Die Situation, die er hier vorfand, war nicht gerade perfekt.

Ich hatte während der Schwangerschaft weiter Drogen konsumiert, regelmäßig Marihuana geraucht und war nur unregelmäßig zum Arzt gegangen. Eines Morgens hatte ich starke Bauchschmerzen und kam gleich ins Krankenhaus, weil die Ärzte feststellten, dass meine Tochter in keinem guten Zustand war. Sie wurde vier Wochen frühzeitig per Kaiserschnitt geholt, da war sie nur 39 Zentimeter groß und 1.250 Gramm leicht.

Meine Mutter war zum Glück eine überfürsorgliche Mama und Oma, sie verbrachte jeden Tag bei mir und der Kleinen im Krankenhaus. Ich selber war von jetzt auf gleich Mama mit leichter Verzögerung – wegen der Vollnarkose konnte ich die kleine Mara erst am zweiten Tag richtig wahrnehmen, so müde und kaputt war ich am Tag der Entbindung. Meine Mutter ist eingesprungen und hat auf der Intensivstation erste Baby-Fotos mit einer Polaroidkamera gemacht, damit ich mein Kind wenigstens auf einem Bild sehen konnte. Ich habe mich sehr erschrocken, sie war so klein und überall an Kabel angeschlossen. Mit 19 Jahren Mutter zu werden, drogenabhängig zu sein, das Baby auf der Intensivstation zu wissen, da kam vieles zusammen. Einerseits große Freude, dass ich ein Kind bekommen hatte, andererseits unglaubliche Angst, dass es doch nicht klappen könnte, dass ich überfordert wäre mit diesem winzigen Wesen, das so zerbrechlich wirkte, dass man sie kaum anfassen mochte. Weitere Entscheidungen wurden mir brutal abgenommen.

Ich lag eine Woche im Krankenhaus, meine Tochter wurde erst nach zwei Monaten entlassen, sie musste noch weiter an Gewicht zunehmen, um gesundheitlich stabil zu werden. Sie ist dann direkt vom Krankenhaus aus in eine Pflegefamilie gekommen. Bei der

Entbindung waren Drogentests gemacht worden, und sie konnten mir nachweisen, dass ich Marihuana, also Cannabis, konsumiert hatte.

Mein Kind nicht behalten zu dürfen war grauenhaft. Am Tag der Entlassung durften mein Freund, meine Mutter und ich die Kleine noch einmal sehen. Als die Mitarbeiter des Jugendamts kamen, hatten sie Wachmänner zur Unterstützung, falls ich ausrasten würde. Da habe ich mich aber noch zusammengerissen. Erst im Fahrstuhl schlug ich meine Hand mehrfach gegen die Fahrstuhltür, wieder und wieder, ich spürte keinen Schmerz. Die Hand lief komplett blau an. Meine Mutter wollte mich gleich in die Röntgen-Abteilung bringen, aber ich wollte mich nur noch betäuben, benebeln, meinen Kopf verdunkeln mit einem Joint.

Die Bedingungen waren klar: Ich hatte nur eine Chance, Mara wiederzusehen und sie vielleicht irgendwann wiederzubekommen, wenn ich eine Entziehungskur machte. Ich meldete mich für zwei Wochen in einer Entzugsklinik in Aachen an.

Maras Vater und ich waren irgendwie noch ein Paar, schließlich hatten wir gerade ein gemeinsames Kind bekommen. Aber er war in Australien nicht wirklich clean geworden und mir ging es um meine Zukunft mit meiner Tochter. Ich wollte es schaffen. Für uns beide.

Während des Entzugs lernte ich einen Mann kennen, der mir in dieser harten Zeit viel Kraft gab. Wir haben uns eine Weile aneinander festgehalten, von Maras Vater trennte ich mich.

Nach dem Entzug war es mir erlaubt, meine Tochter zu sehen. Ich durft immer mittwochs für eine Stunde kommen, nachdem ich jedes Mal einen Drogentest bestanden hatte. Da die Untersuchungsergebnisse immer negativ waren, wurde die Besuchszeit auf zwei Stunden verlängert. Wir haben uns nicht bei der Pflegefamilie getroffen, sondern an einem neutralen Ort, in einem Kinderheim in Aachen. Die Pflegemutter war immer dabei, ohne Aufsicht durfte ich mit dem Kind nicht alleine sein.

Es war ein Scheißgefühl, ich wollte die Kleine am liebsten mitnehmen, wegrennen, einfach mit ihr abhauen. Aber mir war klar, dass ich alles nur noch verschlimmert hätte. Vor den anderen habe ich nie geheult, doch sobald ich draußen alleine war, liefen die Tränen ganz lange sehr heftig.

Meine Tochter hat nicht gefremdelt, wir konnten eine Beziehung zueinander aufbauen, obwohl wir uns nur einmal in der Woche sahen. Ich konnte die Pflegemutter auch nicht hassen, sie hat sich wirklich gut um die Kleine gekümmert.

Das Jugendamt empfahl mir dann nach einiger Zeit, mir eine anständige Wohnung zu suchen, in der es genug Platz für uns beide gäbe. Die Chance, mein Kind wiederzubekommen, wurde greifbar.

Ich wohnte zu dem Zeitpunkt in einer Wohnung im gleichen Haus wie meine Mutter. Das Jugendamt war der Meinung, dass unsere Beziehung symbiotisch sei und wir Abstand zueinander bräuchten. Ich hatte damals außerdem noch eine Betreuerin, die mir nach meiner Arbeitsstraffälligenzeit zugewiesen worden war. Man hatte mich wegen Verstoßes gegen das Betäubungsmittelgesetz zu Sozialstunden verurteilt, die ich auch ableistete. Diese Betreuerin schaltete sich ebenfalls ein und nach einigen Gesprächen war klar, dass ich die besten Chance hätte, wenn ich in eine Mutter-Kind-Einrichtung einziehen würde. Und so kam ich nach Hilden. Der Plan: ein zweimonatiges Rückführungsprogramm, deshalb Einzug ohne Baby.

Mara blieb vorerst in der Pflegefamilie, ich habe sie zweimal die Woche für drei Stunden gesehen. Nach drei Wochen ist sie dann für fünf Stunden zu mir in die Einrichtung nach Hilden gekommen. Eine Woche, bevor sie wieder ganz zu mir durfte, hat sie das erste Mal bei mir geschlafen. Ich habe nie wieder Drogen angefasst, seit vier Jahren bin ich clean.

Die erste Nacht habe ich Mara bei mir im Bett schlafen lassen, ich habe sie die halbe Nacht einfach nur angeguckt und hatte

Angst davor, meine Augen zuzumachen, weil sie dann aus dem Blickfeld verschwunden wäre.

Nach zwei Monaten hatte ich meine Tochter also wieder ganz bei mir. Sie war fast sieben Monate alt. Die erste Zeit habe ich rund um die Uhr mit ihr verbracht, dann bin ich wieder zur Schule gegangen, habe meinen Hauptschulabschluss Klasse 10 gepackt. Das war nicht ganz ohne, Mara hatte Phasen, in denen sie keine Nacht durchschlief. Ich bin dann morgens im Unterricht öfter eingenickt, so erschöpft war ich. Zum Glück hatten meine Lehrer großes Verständnis, einer von ihnen war selbst gerade Vater geworden, der konnte ein Lied von durchwachten Nächten singen.

Maras Vater hatte sich in der ersten Zeit komplett rausgehalten, er musste erst einmal seine eigenen, nicht unerheblichen Probleme in den Griff bekommen. Nach einem Jahr hat er sich dann bei uns gemeldet, seitdem haben die beiden eigentlich auch ein gutes Verhältnis.

Mit 21 habe ich meinen jetzigen Freund* kennengelernt, er ist ein Jahr jünger als ich. Wir waren sehr verliebt und ich hatte endlich einen Partner, der nicht drogenabhängig war.

Ich habe die Pille regelmäßig genommen, mich aber wohl in der Pillenpause verrechnet. Ich wurde schwanger.

Abtreibung kam für mich nicht infrage, jeder muss so eine Entscheidung selbst treffen, ich könnte es nicht. Mein Freund war geschockt, ich war zu der Zeit fremdgegangen und er dachte erst, das Kind sei nicht von ihm. Einen Vaterschaftstest hat er dann aber doch nicht verlangt, da Leon seinem Vater wie aus dem Gesicht geschnitten ist, das hat ihn nach der Geburt wirklich überzeugt.

Er hatte erst eine Ausbildung zum Maler und Lackierer gemacht, sie dann aber abgebrochen, weil er nicht gut zurechtkam. Jetzt macht er gerade eine Ausbildung zum Einzelhandelskaufmann.

---

* Der Name ist der Autorin bekannt

Als Leon geboren wurde, lebte ich noch in der Mutter-Kind-Einrichtung. Das Jugendamt, das ständig überprüfte, wie ich mit Mara umging, wollte sichergehen, dass ich auch mit zwei Kindern zurechtkäme. Nach einem halben Jahr gaben sie grünes Licht für die Verselbstständigung, ich konnte mir eine eigene Wohnung suchen. Das war alles andere als einfach. Die Konstellation einer alleinerziehenden Mutter mit zwei Kleinkindern lässt Vermieter nicht gerade Schlange stehen.

Mein Freund wollte getrennte Wohnungen. Das Jugendamt hätte auch nicht erlaubt, dass wir zu viert leben. Er hatte sich nach der Geburt sehr zurückgezogen und sich nicht gerade viel gekümmert. Im Nachhinein betrachtet, ist es eine gute Entscheidung gewesen, wir streiten zu viel, wenn wir zu lange zu dicht aufeinanderhängen.

Leon war noch kein Jahr alt, als wir endlich zu dritt in eine eigene Wohnung zogen. Ich war sehr froh über diesen Schritt, aber doch auch einsam. In der neuen Wohnung hatte ich zwar meine Ruhe, brauchte mich mit niemandem mehr um die Fernbedienung zu streiten, konnte mir Essen machen, wann ich wollte. Aber nach einer Woche war es mir fast zu still und langweilig ohne den gewohnten Zickenterror der Mitbewohnerinnen. Wenn man so lange, zweieinhalb Jahre, in einer Einrichtung gewohnt hat, dann kann man sich nur schwer von Betreuern und Leidensgenossinnen lösen.

Seit zwei Jahren wohnen wir jetzt alleine, Mara und Leon gehen beide von halb neun bis nachmittags um vier in den Kindergarten. Ich fange dieses Jahr im August eine Ausbildung zur Hauswirtschafterin an, darauf freue ich mich schon sehr.

Mein Leben hat sich gut entwickelt, es ist manchmal anstrengend, aber ich habe alles gemeistert, bin drogenfrei, schuldenfrei und habe zwei gesunde Kinder.

Nach wie vor bekomme ich Unterstützung von einer flexiblen Familienhilfe, die kommt ein, zwei Mal die Woche. Das wird auch erst mal so bleiben, bis sich der Alltag während der Ausbildung eingespielt hat. Dann kommen vielleicht neue Fragen oder Schwierigkeiten auf mich zu, aber solange ich Unterstützung habe, ist das wie ein sicheres Netz, das mich auffangen kann.

Mehr Kinder möchte ich definitiv nicht. Ich nehme jetzt durchgehend eine Minipille, mit der wird nichts schiefgehen. Mara und Leon liebe ich sehr. Ich vermisse sie auch, wenn sie im Kindergarten sind. Aber manchmal gibt es Tage, da möchte ich einfach nur, dass sie in ihr Zimmer gehen, oder bin froh, wenn sie endlich im Bett sind. Es ist anstrengend, aber ich liebe beide abgöttisch.

18

»Das Jugendamt bedeutet nicht Gefahr, sondern Hilfe«

Marion Klein, 37, Diplomsozialarbeiterin,
seit 2009 Leiterin der Jugend- und Familienhilfe
im Jugendamt des Rhein-Kreis Neuss

Ein Damoklesschwert, das permanent über Teenagermüttern hängt, ist die drohende Gefahr des Jugendamtes, das der jungen Frau »das Kind wegnimmt«.

Sozialarbeiter entscheiden nicht spontan, Mutter und Baby zu trennen. Vor solch einem Entschluss gibt es meist einen längeren gemeinsamen Weg der Zusammenarbeit mit Hilfsangeboten, mit Maßnahmen und Unterstützung. Das Jugendamt wird von vielen als Bedrohung empfunden, möchte aber als Hilfe angesehen und einbezogen werden.

Die Sozialarbeiterin Marion Klein hat während ihrer jahrelangen Erfahrung im ASD, dem allgemeinen sozialen Dienst, häufig junge Mütter kennengelernt, die sehr gut zurechtkommen, wenn sie die Hilfsangebote annehmen, anstatt sie zu boykottieren. Von beiden Seiten muss Verständnis da sein, denn eine Zusammenarbeit kann nur auf vertrauensvoller Basis funktionieren.

Wenn eine minderjährige Mutter ein Baby bekommt, übernimmt das Jugendamt in der Regel bei der Geburt die Vormundschaft über das Kind. Die Erklärung für diesen Schritt ist ganz einfach: Elterliche Sorge kann nur ausüben, wer volljährig ist, das ist vom Gesetz vorgegeben. Ist die Mutter minderjährig und damit nicht voll geschäftsfähig, gibt es erst mal automatisch einen Amtsvormund. Anschließend wird entschieden, ob es dabei bleiben muss oder ob beispielsweise die Großeltern übernehmen, bis die Mutter 18 wird.

Wir kennen die jungen Frauen meistens schon, wenn sie noch schwanger sind. So können wir sie frühzeitig über die gesetzliche Situation aufklären und ihnen Hilfestellung geben – wenn sie es möchten. Wir versuchen, die Lage des Mädchens möglichst umfassend zu sondieren: Wäre es gut für sie, in eine Mutter-Kind-Einrichtung zu gehen? Steht ein stabiles familiäres Umfeld hinter ihr? In der Regel passiert nichts aus heiterem Himmel, es sei denn, das Kindeswohl ist akut gefährdet, dann reagieren wir schnell.

Wenn eine junge Frau niemandem von der Schwangerschaft erzählt und auch nicht zur Vorsorgeuntersuchung erscheint, dann weiß niemand, dass sie ein Baby erwartet. Es gibt ja keinen implantierten Chip, der, wenn Minderjährige ungeschützten Geschlechtsverkehr haben, beim Jugendamt eine rote Lampe aufleuchten lässt. Da ist also eine Lücke, aber die Frage ist, was ist denn gewünscht und was gewollt?

Es gibt bereits viel Aufklärung: Schulen machen Projekte mit Schreipuppen, laden Hebammen oder Frauenärzte in den Biologieunterricht ein, setzen sich intensiv mit dem Thema Verhütung auseinander. Wie soll man die Lücke schließen? Wo kann man ansetzen, wenn nicht bei weiterer Aufklärung?

Wenn es darum geht, eine überforderte junge Schwangere oder ein Baby zu schützen, dann spielt Datenschutz auch bei einer Gynäkologin oder beim Kinderarzt keine übergeordnete Rolle mehr. Sobald das Kindeswohl in irgendeiner Form gefährdet ist und es deutliche Anzeichen gibt, dann darf der Arzt das auch weitergeben.

Auf der anderen Seite müssen Patienten aber natürlich auch die Sicherheit haben, sich erst einmal an ihren Arzt wenden zu können, ohne dass gleich etwas passiert, das sie nicht selber steuern können. Man hat ein Recht darauf, mit 15 schwanger zu sein, und das erst einmal ohne Behörden zu regeln. Bei manchen Mädchen klappt es, wenn Unterstützung aus der eigenen Familie kommt.

Wenn junge Schwangere aber Drogen nehmen, zusammengeschlagen werden, nicht wissen, wo sie schlafen sollen, dann ist das Baby bereits während der Schwangerschaft gefährdet und erst recht, wenn es auf die Welt kommt. In diesem Fall darf und soll ein Arzt die Gefahr selbstverständlich dem Jugendamt melden.

Teenagerschwangerschaften lassen sich schwer pauschalisieren. Der Klassiker ist und bleibt, dass nicht ausreichend verhütet wurde. In der gutbürgerlichen Familie stellt man fest, dass irgendwas nicht stimmt, die werdende Großmutter geht mit der Tochter zum Frauenarzt und der sagt dann »Herzlichen Glückwunsch, du bist schwanger«. Dann überlegt die Familie gemeinsam, wie es weitergehen soll, wie die Tochter Baby und Schulabschluss unter einen Hut bekommt. Im Falle eines Schwangerschaftsabbruchs wird das Mädchen von der Familie unterstützt.

Eine andere, häufigere Variante ist, dass eine 16-Jährige fürchtet, den Schulabschluss zu vermasseln, und lieber schwanger wird, als an der Prüfung zu scheitern. Sie versucht, sich über das Kind eine Perspektive zu schaffen, weil sie sonst keine sieht. Es gibt so viele Gründe, warum Minderjährige schwanger werden. Unfall, Planung, gewollt, nicht gewollt, wir kennen sämtliche Nuancen. Manche Mädchen suchen auch eine Aufgabe. Andere scheinen darauf zu hoffen, dass, wenn man ein Kind hat, die Ämter das komplette Leben für sie regeln. Für viele liegt die Motivation für einen Kinderwunsch auch darin, endlich sagen zu können: »Jetzt sehe ich einen Sinn in meinem Leben.« Ich habe das jetzt natürlich nicht wissenschaftlich untersucht, aber meiner Erfahrung nach fühlen sich die Mädchen häufig auch abgestempelt und wertlos, sie suchen nach einem neuen Selbstwert. Ein Kind in die Welt zu setzen ist eine Möglichkeit, Anerkennung zu bekommen.

Bei gutbürgerlichen Familien sind wir von der Familienhilfe selten über lange Zeit involviert. Es ist Familien auch nicht zuzumuten, dass immer das Jugendamt mitmischt. Wir prüfen, ob die Familie in der Lage ist, sich um alle zu kümmern. Wenn wir sehen, dass die Großeltern alles im Griff haben, das Kind mit dem Enkelkind bei den Eltern lebt und alle sich vernünftig kümmern, dann zieht das Jugendamt sich zurück. Wir informieren das Familiengericht, denn noch haben wir die Amtsvormundschaft, das ist per Gesetz erst einmal unveränderbar. Man kann im Vorfeld schon anregen, dass die Großeltern Vormund werden. Es ist ja nun wirklich nicht so, dass das Jugendamt grundsätzlich besser in der Lage ist, sich zu kümmern, als die eigene Familie.

Wenn die Vormundschaft auf die Großeltern übergeht, bleibt das Jugendamt draußen. Aber die Verwandten müssen, genau wie ein Amtsvormund auch, dem Familiengericht regelmäßig Bericht erstatten. Sie beschreiben, ob sie gut zurechtkommen, wie es dem Kind gesundheitlich geht. Sobald eine Familie beispielsweise die U-Untersuchungen schwänzt, ist das Jugendamt wieder drin. Dann würden wir Kontakt aufnehmen, Vereinbarungen treffen, dass es einen Austausch gibt, sobald sich Schwierigkeiten auftun. Es kann innerhalb von Familien schon zu schwierigen Konflikten kommen, weil unterschiedliche Vorstellungen herrschen. Wir stehen jederzeit für Beratungen zur Verfügung.

Streitpunkte entstehen schnell. Die junge Mutter kümmert sich immer weniger, gibt die Verantwortung an die eigenen Eltern weiter und geht lieber auf Partys oder in die Disco. Oder die Großeltern kritisieren die junge Mutter für ihre Art der Säuglingspflege. Es spielen beide Rollen mit hinein: Eine Minderjährige wird Mutter, ist aber gleichzeitig selbst noch Kind. Die

Großeltern sind jetzt Vormund des Enkelkindes und gleichzeitig noch Eltern einer jungen Mutter, die noch nicht volljährig ist. Diese Dynamik liefert Zündstoff. Die unsicheren, neuen Rollen, das Verteilen von Verantwortung und Aufgaben, all das muss erst Stück für Stück geordnet werden. Die Familienmitglieder müssen erst einmal aushandeln und prüfen, wer was leisten kann und will.

Wir vom Jugendamt lauern nicht auf Verfehlungen, sondern verstehen uns als weitere Stütze. Bei uns können Familien einen Antrag auf Hilfe zur Erziehung stellen, wenn es für alle Beteiligten zu belastend wird. Die kleinen Kinder wissen oft auch nicht so genau, wer eigentlich wer ist, sie werden größer, ihre Mütter sind aber immer noch minderjährig und werden wiederum von ihren eigenen Eltern gemaßregelt. Wer nimmt welche Rolle ein? Da kann man sicherlich mit Hilfen zur Erziehung eine Menge Klarheit und Struktur herstellen. Das wird auch in Anspruch genommen.

Wenn man sieht, dass es im familiären Umfeld gar nicht funktioniert, dann geht die junge Mutter in eine Mutter-Kind-Einrichtung, oder das Kind muss in eine Pflegefamilie umziehen. Das kommt im wahrsten Sinne des Wortes in den besten Familien vor. Bei Müttern aus gutem Hause kann es genauso knallen wie in Familien mit problematischem Hintergrund. Grundsätzlich kann ich mit meiner Erfahrung sagen, dass Erstere bessere Ressourcen haben und in der Lage sind, die momentane Situation zu reflektieren. Es hat auch oft mit Geld und dadurch verschaffter Entlastung zu tun. Tagesmutter, Putzfrau, Sportverein, das sind Hilfen, die Mütter im Alltag deutlich entlasten.

Auch wenn es über Hartz IV oder Kindergeld eine Grundsicherung gibt, das ist nicht viel Geld. Auf diese Bezüge angewiesen zu sein und immer rechnen zu müssen, das ist schon ein erheblicher Belastungspunkt.

Dazu kommt bei fast allen Familien, dass sich die jungen Eltern trennen. Wie bei Scheidungsfällen auch gibt es Väter, die sich weiterhin ums Kind kümmern, und andere, die in der Versenkung verschwinden. Wenn eine 15-Jährige von einem 16-Jährigen ein Baby bekommt, haben beide erst einmal nicht die elterliche Sorge, sondern ein Amtsvormund. In dem Moment, in dem sie volljährig werden, hat die Mutter die alleinige elterliche Sorge, sofern sie nicht heiraten. Sie kann allerdings eine Erklärung abgeben und das gemeinsame Sorgerecht beantragen.

Seit letztem Jahr gibt es ein neues Gesetz: Wenn eine Mutter einem Vater verweigert, eine Sorgeerklärung abzugeben, dann kann der beim Gericht beantragen, dass sie zustimmt. Es muss aber dem Kindeswohl entsprechen. Bisher war es so geregelt, dass, wenn die Mutter nicht einverstanden war, der Vater niemals die Möglichkeit hatte, die elterliche Sorge zu bekommen. Das wurde nachgebessert. Umgangsrecht hat man auch, wenn man nicht das Sorgerecht hat. Streng genommen ist es so, dass das Kind ein Recht auf Umgang mit beiden Elternteilen hat. Mit der elterlichen Sorge, die man mit Eintritt der Volljährigkeit bekommt, hat man das Recht, Entscheidungen fürs Kind zu treffen. Man überlegt zum Beispiel, auf welche Schule es gehen soll. Der Vater findet die Montessorischule prima, die Mutter bevorzugt die Waldorf- schule. Wenn sie sich nicht einigen, dann könnte sich der Vater im Grunde, wenn es hart auf hart käme, ans Familiengericht wenden, weil ihm die Schulwahl so wichtig ist, dann kann nicht die Mutter alleine entscheiden.

Manche Eltern benutzen den Begriff der geteilten elterlichen Sorge, in Wirklichkeit muss es aber gemeinsame elterliche Sorge heißen. Denn die Entscheidungen werden gemeinsam getroffen. In Fällen, in denen dies nicht gelingt, kann das Gericht eingeschaltet werden. Man darf das natürlich nicht auf die Spitze treiben, eine gemeinsame elterliche Sorge ergibt nur dann Sinn, wenn man auch in der Lage ist, gemeinsam Entscheidungen zu treffen. Hängt man jedes Mal vor Gericht, ist das sicherlich auch nicht dem Kindes- wohl dienlich.

Der minderjährige Vater hat ein Umgangsrecht, das er vor Gericht einfordern kann. Wie oft er sein Kind sieht, ist Einzelfallsache. Es kommt darauf an, wie alt das Kind ist. Wenn ein Baby erst zwei Wochen alt ist und voll gestillt wird, kann der Vater es natürlich nicht für drei Tage mit nach Hause nehmen. Die Väter haben, genau wie die Mütter auch, unterschiedliche Fähigkeiten. Die müssen wir uns anschauen, außerdem prüfen wir, wie er wohnt, was er macht. Wenn die Kinder ein gewisses Alter haben, spricht auch nichts gegen Übernachtungen. Sobald sie groß genug sind, werden auch die Kinder selbst in den Entscheidungsprozess mit einbezogen und gefragt, was sie am liebsten wollen. Dann sind wir aber schon wieder aus dem Bereich Teenagermütter raus. Sobald die Kinder sechs werden, sind die Mütter fast immer volljährig, sonst hätten sie sehr früh ein Kind bekommen.

Es ist schwer, sich in die Gesetzeslage hineinzudenken: Das Kind hat ein Recht auf Umgang mit beiden Elternteilen und das ist gut so. Es hat viel mit Identität zu tun. Das Kind kann im Alter von drei Wochen natürlich nicht sein Recht einfordern. Deshalb haben die Eltern per Gesetz das Recht und die Pflicht, sich um das Kind zu kümmern.

Mütter, die im Streit mit dem Kindsvater liegen, geben oft an, er sei nicht in der Lage, sich zu kümmern, könne keine Windeln wechseln und sei kein Umgang. Da wir solche Vorwürfe nicht ad hoc einschätzen können, machen wir erst einmal begleiteten Umgang, dann bitten wir vielleicht auch eine Kinderkrankenschwester dazu. Wir stellen Räumlichkeiten zur Verfügung und beobachten den Vater im Umgang mit seinem Kind. Wenn er gut zurechtkommt, spricht nichts dagegen, dass er das Kind auch ein paar Stunden alleine hat. Das Gericht legt dieses Recht dann fest – theoretisch. Denn natürlich kommt es häufig vor, dass die Mutter mit dem Kind gerade dann nicht zu Hause ist, wenn der Vater es abholen will. Dann kann man zwar theoretisch Zwangsmaßnahmen veranlassen, aber praktisch würde man sie nicht umsetzen.

Die Gerichte können die Mutter nicht zu tagelanger Haft verurteilen. Verhängt das Gericht Zwangsgelder, kann sie die mit Sicherheit nicht bezahlen. Und die Polizei bringt das Kind nicht mit Gewalt zum Vater.

Minderjährige Väter zahlen in der Regel keinen Unterhalt. Im Grunde ist denkbar, wenn sie volljährig sind, rückwirkend Unterhalt zu fordern, dafür müsste man aber bereits vorher einen Titel erwirken. Es kommt auch wie immer darauf an, ob sie überhaupt schon eigenes Einkommen haben, von dem die Unterstützung gezahlt werden könnte.

Es wird dem Jugendamt oft vorgeworfen, falsche Entscheidungen zu treffen. Zu beurteilen, ob eine junge Mutter in eine Einrichtung gehen, eine Familienhelferin bekommen, ob sie alleine wohnen soll, ist nicht einfach. Wir haben keine Liste, auf der wir Punkte abhaken können, wie etwa bei einem Auto, das Öl verliert, wo man eindeutig sieht, was zu reparieren ist. Es ist immer ein Prozess, den man begleiten muss. Ganz klar gibt es Kriterien, bei denen sich alle einig sind: welche Voraussetzungen die Mutter erfüllen muss – ob sie in der Lage ist, die Bedürfnisse eines Kindes wahrzunehmen und die Pflege zu gewährleisten. Das kann man nur entscheiden, wenn man sie begleitet und beobachtet, wo sie noch Unterstützung braucht und wo nicht. Nach nur einem Gespräch geben wir kein Kind in eine Pflegefamilie.

Hilfreich sind Familienhebammen, die speziell ausgebildet sind. Das hat einen psychologischen Grund: Eine Familienhebamme ist ganz anders belegt als jemand vom Amt. Von einer Hebamme fühlt sich niemand bedroht, das ist im Kopf so geregelt, auch wenn sie dem Jugendamt Bericht erstattet, wenn das Kindeswohl gefährdet ist. Das wissen die jungen Mütter, und doch fürchten sie sich nicht vor ihr. Damit hat sie eine ganz andere Basis, mit den Leuten zu reden. Wenn eine Familienhebamme einer minderjährigen Mutter sagt: »Hör mal, das muss besser werden«, dann kriegt die keinen Schreck und denkt, dass ihr sofort das Kind weggenommen wird.

Stattdessen macht sie mit, ist kooperativ und korrigiert ihre Fehler meistens innerhalb kurzer Zeit.

Und dann müssen wir uns auch nichts vormachen: Eine Familienhebamme kennt sich natürlich mit Säuglingspflege und allen Fragen rund ums Baby im Detail besser aus als jemand vom Jugendamt. Wir sind ja nicht auf Säuglinge allein spezialisiert.

Jede Form der Hilfe kostet Geld, viel Geld. Überall heißt es, es muss gespart werden. Man muss ganz klar sagen: Wenn ein Bedarf da ist, dann darf es nicht heißen, der Topf sei leer. Wenn es nach Prüfung einen Bedarf für eine Mutter-Kind-Einrichtung gibt, dann ist das zu gewähren. Das ist Pech der Behörde, wenn kein Geld mehr da ist, salopp gesagt. Per Gesetz hat man einen Anspruch darauf, es sieht nicht vor, dass jemand sagt, im Säckl ist nichts mehr. Wer das macht, wer das praktiziert, der verhält sich rechtswidrig.

Man hat im Amt aber verantwortungsvoll zu prüfen, was wirklich erforderlich ist und was nicht. Eine junge Mutter aus einer Familie, die sich gut kümmert, in eine Mutter-Kind-Einrichtung zu zwingen, wäre eine Unverschämtheit. Aber wenn es nicht anders geht, wenn man merkt, alleine geht es überhaupt nicht, muss eine engmaschige Betreuung organisiert werden. Wenn es viel Nachholbedarf gibt, eine 24-Stunden-Kontrolle den Alltag überwachen muss, die Mutter gleichzeitig motiviert und lernfähig ist und man davon ausgeht, dass sie ihr Leben in ein, zwei Jahren managen kann, dann würde man eine Mutter-Kind-Einrichtung wählen.

Wenn man eher absehen kann, dass die junge Mutter auf keinen grünen Zweig kommen wird, dann würde man sicherlich eher dazu tendieren, eine Pflegefamilie oder gar eine Adoptionsfamilie zu wählen.

Die Unterbringung in einer Mutter-Kind-Einrichtung ist teuer, grob überschlagen kann so ein Platz 80.000 Euro im Jahr kosten. Da dreht sich so manchem Steuerzahler sicherlich der Magen um. Oft kommt das Argument: »Die können doch ins Hotel gehen, das kostet nicht so viel!« Das ist natürlich keine Lösung. Die Gesellschaft muss auch darauf vertrauen, dass wir genau prüfen, ob es notwendig ist, dieses Geld auszugeben. Ich sage jetzt mal aus meiner Sicht: Wenn das dazu führt, dass eine minderjährige Mutter ihr Kind behält und die beiden dauerhaft gut zusammenleben können, dann ist das sicherlich eine gute Investition. Die Kosten kann man transparent machen: Um eine 24-Stunden-Betreuung zur Verfügung zu stellen, müssen ja schon fünf Vollzeitkräfte in so einer Einrichtung arbeiten, alleine dadurch entsteht ein unheimlicher Kostenapparat, dazu kommen Räumlichkeiten, Verpflegung, das summiert sich schnell.

Ein Platz in solch einer Einrichtung ist eine gute und sinnvolle Maßnahme, die sich auch für die Gesellschaft rechnet. Wenn dadurch Schäden abgewendet werden, die langfristige Auswirkungen auf das Kind hätten, dann ist es das in jeder Hinsicht wert. Denn die Folgen, die sich aus gar keiner oder der falschen Maßnahme für das Kind ergeben, werden noch teurer – Kriminalität oder Heimunterbringung sogar, wenn es von Anfang an komplett in die Binsen geht. Es muss nicht gleich so extrem sein, auch eine Entwicklungsverzögerung muss über Jahre aufgeholt werden. Und das nur, weil keiner der Mutter durch den Alltag geholfen hat und ihr klar wurde, dass sie Ruhe hat, wenn sie das Kleinkind fünf Stunden am Tag vor den Fernseher setzt. Den Müttern ist gar nicht klar, wie schädlich das ist. Es gibt häufig 15-Jährige, die solche Gewohnheiten sofort ablegen, wenn man ihnen erklärt, was sie ihrem Kind damit antun. In der Regel wollen sie gute Mütter sein. Wenn sie aber niemanden haben, der sie begleitet, dann setzen sie das Kind multimedialer Berieselung aus.

Eine Alternative zur Mutter-Kind-Einrichtung ist die flexible Familienhilfe. Es kommt jemand zu Mutter und Kind nach Hause, berät, begleitet und beobachtet die Familie. Regelmäßig erfolgt eine Rückmeldung ans Jugendamt, denn die Hilfe muss über uns beantragt werden. Manchmal geht es um Haushaltsführung, manchmal um Pflege oder Entwicklung des Kindes. Wir hören erst dann auf, in der Familie zu arbeiten, wenn klar ist, dass alles rund läuft, die Mutter ihren Aufgaben gewachsen ist und sich das Kind gut entwickelt.

Die flexible Familienhilfe kommt anfangs täglich, am Ende reichen zwei Besuche die Woche. Die Unterstützung ist ganz nach den individuellen Bedürfnissen ausgerichtet, sie kann extrem intensiv sein, aber auch sehr locker.

Wenn es um geeignete Hilfsmaßnahmen geht, bezieht man die ganze Familie und besonders die Mutter mit ein. So kann man am besten arbeiten. In der Regel schafft man es auch in schwierigen, harten Fällen, an den Punkt zu gelangen, dass alle Beteiligten sich einig sind, dass eine Pflegefamilie der nächste Schritt ist. Eine Pflegefamilie bedeutet nicht, das Kind endgültig zu verlieren. Der Kontakt zur leiblichen Mutter bleibt bestehen, es handelt sich nicht um Kindesentzug. Eine Rückführung ist nicht ausgeschlossen, wenn sie dem Kindeswohl entspricht. Junge Mütter haben das Recht, sich weiterzuentwickeln, mit dem Ziel, sich wieder um das Kind kümmern zu können. Und auch ein Kind hat das Recht darauf, wieder bei seiner Mutter zu leben. Der Weg dahin ist immer lang. Hilfeprozesse sind dynamisch und flexibel. Eine Rückführung sollte so gut vorbereitet sein, dass sie dann auch funktioniert. Angenommen, eine 14-Jährige kriegt ein Kind, ist nicht in der Lage, sich zu kümmern, hat keinen familiären Background. In dem Fall gibt es kaum eine Alternative, man sucht eine Pflegefamilie. Wenn man nach einiger Zeit merken würde, dass die Mutter sich entwickelt, zuverlässig ist, gut mitmacht, lernt, ihr Leben selbstbestimmt zu führen, dann geht es Schritt für Schritt weiter: erst Besuche am Wochenende, dann häufiger und schließlich täglich. Wenn wir sicher sind, dass die Mutter das hinbekommt und es für das Kind das Beste wäre, dann können die beiden zusammenleben. Die stufenweise Rückführung ist eine Entwicklung, die sich durchsetzt, obwohl manche Ämter aus Kostengründen davor zurückschrecken, sowohl den Platz in einer Einrichtung als auch eine Pflegefamilie für das Kind zu bezahlen. Unter Umständen ist es aber gar nicht teurer. Es ist auf jeden Fall verantwortungsbewusst, es so zu machen, weil man damit sicherstellen kann, dass man alle Beteiligten so gut wie möglich vorbereitet und sie genau merken, worauf sie sich einlassen. Wenn auf diese Art und Weise für das Kindeswohl gesorgt werden kann, ist auch hier das Geld nicht umsonst ausgegeben, auf lange Sicht gesehen durchaus sogar gespart. Wenn man die Situation rein sachlich nur unter Kostenaspekten betrachtet, dann wird das Scheitern einer Rückführung, aufgrund der daraus entstehenden Folgen, richtig teuer. Das Kind hat dann nämlich möglicherweise mehrere Wechsel gehabt, die Pflegefamilie bekommt es unter Umständen mit einem total gestörten Kind zu tun, das ganz viel Hilfe, Förderung und Unterstützung braucht. Wir haben auch das Problem, dass dann eine Pflegefamilie kaum ausreicht, das sind Laien, die damit überfordert sind. Dann müssen Profis ran und es wird richtig teuer. Frühzeitiges intensives Training rechnet sich eher als jahrelanges Nachbessern und Schadensbegrenzung.

Junge Mütter haben ganz viele Vorteile. Sie sind belastbar, flexibel, lernwillig, man darf sie durchaus verbessern, oft nehmen sie Tipps und Anleitung mehr als dankbar an.

Ältere Mütter sind häufig eher der Auffassung, dass sie selber am besten wissen, wie man mit Kindern richtig umgeht. Wenn etwas offensichtlich falsch läuft und das Kind auffällig ist, dann lassen sie sich nur ungern kritisieren und sind häufig wesentlich weniger gut in der Lage, etwas zu verändern. Junge Frauen sind um einiges selbstkritischer.

Die wenigsten Teenagermütter werden zu Wiederholungstäterinnen. Manche bekommen ein weiteres Kind, wenn sie zwanzig sind, aber dann zählen sie streng genommen eigentlich nicht mehr zu den Teenagermüttern. Dennoch fällt man bis 21 noch unter das Kinder- und Jugendhilfegesetz. Mit 18 ist man volljährig und in dem Sinne keine Teenagermutter mehr, aber trotzdem kann eine 18-Jährige Hilfe für junge Volljährige beantragen, wenn sie mit dem Kind nicht zurechtkommt.

Die Geburtenzahlen von Teenagermüttern gehen zurück, so wie generell weniger Babys auf die Welt kommen. Mein Eindruck ist aber auch, dass Kinderkriegen von Mädchen nicht mehr so häufig als alternativer Lebensentwurf gesehen wird, sondern eher als Belastung und Stress, den sie sich nicht antun wollen. Eine realistische Betrachtungsweise, die durch intensive Aufklärung hoffentlich beibehalten wird. Auch das dient dem Kindeswohl – diesmal dem der potenziellen Teeniemütter.

19

»Endlich hatte ich jemanden, dem ich mein vollstes Vertrauen schenken konnte«

Vanessa, 20, Hamburg, Hausfrau,
Zwei Söhne **Maximilian**, 3 Jahre, **Janik Noel**, 10 Monate

Mechatronikerin oder Floristin – welchen Berufsweg soll sie einschlagen? Hat sie Aussichten auf einen Ausbildungsplatz? Vanessa ist mit 20 zweifache Mutter. »Wahnsinn«, sagt sie. Wahnsinn, weil es viel Arbeit bedeutet, viele Kompromisse, viel Schmerz, aber auch viel Liebe. Liebe, die es in ihrer Kindheit nicht gab. Vanessas Jugend endete von einem Tag auf den anderen. Sie hatte jemanden, der sie liebte, und wurde geliebt, bedingungslos. Maximilian ist heute drei Jahre alt, Janik Noel zehn Monate. Die beiden Kinder sind die Konstante in Vanessas Leben.

Schule abgebrochen, Ausbildung abgebrochen, On/Off-Beziehung zum Vater der Kinder. Jugendamt, psychische Betreuung, Familienhilfe – wann kann das Leben selbstbestimmt sein? Später einmal, hoffentlich: Fester Job, von Hamburg wegziehen, ein schickes Haus irgendwo im Grünen, die Kinder sollen wohlbehütet aufwachsen.

Ich bin schon früh von zu Hause ausgezogen, mit 14 habe ich bei meinem ersten Freund gewohnt. Mit meiner Mutter war kein normales Wort mehr möglich, wir haben nur gestritten, ich kann mich gar nicht mehr genau erinnern, was die Streitpunkte waren. Ich glaube, letztendlich war es auch vollkommen egal, wir konnten und wollten uns nicht einigen.

Ich bin zu der Zeit auf die Gesamtschule gegangen, dort blieb ich, für meine Verhältnisse, recht lange, bis zur neunten Klasse. Ich hätte gerne meinen Abschluss gemacht, aber dazu hätte ich viel Unterstützung gebraucht. Die bekam ich weder von meiner Mutter noch von der Schule. Ich war sehr unbeliebt und wurde ständig von meinen Mitschülern geärgert und gemobbt.

Zwei Jahre war ich von zu Hause weg. Als die Beziehung zu meinem damaligen Freund in die Brüche ging, versuchten meine Mutter und ich noch einmal ein Zusammenleben, ich landete aber dann schnell beim Kinder- und Jugendnotdienst. Lieber wäre ich bei meinem Onkel untergekommen, aber meine Mutter stellte mich vor die Wahl, entweder bei ihr zu bleiben, oder ein Aktenvorgang zu werden. Der Kinder- und Jugendnotdienst steckte mich in ein Mädchenhaus, dort hatte ich ein eigenes Zimmer, die Mahlzeiten wurden gemeinsam mit den anderen eingenommen. In dieser Einrichtung treffen Jugendliche aufeinander, die in allen möglichen Formen vernachlässigt oder misshandelt wurden, aus ihren Familien raus müssen und erst einmal eine Anlaufstelle brauchen. Von dort aus werden die nächsten Schritte eingeleitet, aber man ist erst einmal untergebracht.

Ich hatte kurz zuvor die Schule abgebrochen, stand mit fast 16 ohne Abschluss da. Klugerweise hatte ich beschlossen, kooperativ zu sein und mit dem Jugendamt zusammenzuarbeiten. Ich wurde von der Schule beurlaubt, eine Familienhelferin kümmerte sich um mich. Gemeinsam haben wir verschiedene Einrichtungen angeguckt. Ich wollte auf keinen Fall in eine betreute Jugendwohnung, die ich mit zahllosen anderen Teenagern hätte teilen müssen. Das hätte nur noch mehr Ärger und Mobbing bedeutet. Nach meiner Schulerfahrung war so eine zusätzliche psychische Belastung das Letzte, was ich brauchte. Ich konnte dann immerhin einen Kompromiss aushandeln: An meinem 16. Geburtstag zog ich in eine Einrichtung, in der sich immer zwei Jugendliche eine Wohnung teilten. Mein Mitbewohner war ein Junge, natürlich hatten wir beide ein eigenes Zimmer. Es war rund um die Uhr ein Betreuer ansprechbar, der für alle Wohnungen in diesem Haus zuständig war, aber es gab niemanden, der uns permanent überwachte.

Ich habe dann versucht, eine Ausbildung zur Goldschmiedin durchzuhalten. Es war mir aber zu viel Arbeit, und kurz bevor das Berufsschuljahr zu Ende war, wurde ich schwanger.

Den Vater meines Kindes lernte ich in der Einrichtung kennen, Patrick wohnte in der Wohnung unter mir. Er wusste, dass ich neu eingezogen war, und klingelte eines Tages. Er fragte mich nach Zigaretten und wir kamen ins Gespräch. Dann luden unsere Nachbarn uns beide ein, mit ihnen auszugehen, und wir zogen alle gemeinsam los. Danach trafen wir uns öfter und wurden bald ein Paar.

Wir waren Schicksalsverwandte. Patrick hatte vorher mit seinen beiden Brüdern und der Mutter in einer Hochhaussiedlung gewohnt. Er und seine Brüder waren polizeibekannt, weil sie mit Steinen Fenster einwarfen, sprayten und einfach ständig Unfug machten. Irgendwann wurde ihre Mutter vom Vermieter vor die Wahl gestellt – entweder bringt sie ihre Kinder anderweitig unter oder sie fliegen aus der Wohnung. Patricks Mutter entschied sich, die Kinder auszuquartieren, da war Patrick 16 Jahre alt. Zwei Jahre später lernten wir uns kennen.

Im Sommer hatte ich eine Operation am Blinddarm, die sehr unappetitlich endete. Ich hatte zu der Zeit meine Regelblutung und vergessen, vor dem Eingriff einen Tampon zu entfernen. Nach der Operation war er weg, allerdings nicht, weil ihn die Ärzte entnommen hatten. Er war verrutscht, das hat aber niemand gemerkt. Ich bekam Schmerzen, die über die Tage immer stärker wurden. Als es dann auch noch unangenehm roch, ging ich zum Frauenarzt, der mir den Tampon entfernte. Wegen verschiedener Medikamente war bei mir hormonell vieles durcheinander, meine Monatsblutung kam unregelmäßig. Damals war ich mir sicher, dass man während der Regel nicht schwanger werden kann.

Durch diesen Irrtum konnte Maximilian entstehen.

Ich war völlig ahnungslos und mir fiel erst sehr spät auf, dass meine Regel über einen längeren Zeitraum ausgeblieben war. Dann hatte ich einen Termin beim Gynäkologen, eigentlich, um mir die Pille verschreiben zu lassen. Dafür hat er mich gründlich untersucht und stellte dabei fest, dass der Schleim in der Gebärmutter stark verdickt war. Ich war fassungslos, als er einen Schwangerschaftstest vorschlug. Patrick saß während der Untersuchung im Wartezimmer, ich bin zwischendurch zu ihm gelaufen, ich war fertig. Zum Testergebnis hat er mich begleitet. Als das dann positiv war, bin ich fast umgekippt. Ich habe nur einen kalten Schauer gemerkt, der von oben bis unten durch meinen Körper lief, und wurde blass. Ich war so durcheinander, ich weiß noch, dass ich nicht in der Lage war, mich hinzusetzen. Ich fühlte mich wie ferngesteuert. Patrick und ich haben uns angeguckt und dann ins Leere gestarrt. Wir wussten wirklich nicht, was wir machen sollten.

Patrick hat dann den Anfang gemacht und zu mir gesagt: »Also, wenn wir das Kind bekommen, dann bin ich für dich da, und wenn wir das Kind nicht kriegen, bin ich auch für dich da. Also ist es egal, wie du dich entscheidest, ich bleibe bei dir.«

Mein erster Gedanke war, dass ich das Kind behalten würde. Eine Abtreibung kam für mich nicht infrage. Ich weiß nicht, warum mir das als 16-Jährige so klar war und warum ich so entschieden habe.

Vielleicht spielte da auch mit rein, dass ich so endgültig zu Hause rauskommen und in eine eigene Wohnung ziehen würde. Endlich hätte ich jemanden, dem ich mein vollstes Vertrauen schenken könnte. Dieses Baby bedeutete insgesamt eine neue Chance für mein Leben.

Meine Mutter hat mich ungewollt in meiner Entscheidung bestärkt. Sie riet mir nämlich dringend, die Schwangerschaft abzubrechen. Es sei das Beste für alle Beteiligten. Damit sprach sie eigentlich nur von sich. Meine Mutter hätte nämlich selber gerne noch ein Kind gehabt. Es hat aber nicht geklappt und zwei Jahre vor meiner Schwangerschaft hatte sie eine Fehlgeburt, die sie ganz schön mitgenommen hat. Sie musste also jetzt mit ansehen, wie etwas, das sie sich selbst sehnlichst gewünscht hatte, für mich in Erfüllung ging.

Zu dem Zeitpunkt waren Patrick und ich seit sieben Monaten ein Paar. Wir haben uns sehr gut verstanden und das blieb auch in der Schwangerschaft so. Er hat mich unterstützt, obwohl es ihm selber nicht so gut ging. Seine Ausbildung im Garten- und Landschaftsbau machte ihm keinen Spaß. Außerdem hatte er viel Stress in der betreuten Wohnung, weil sein Lebenswandel nicht ganz mit den Regeln dort zusammenpasste.

Dass ich bei meiner Mutter bleiben würde, war undenkbar. Ich bin losgezogen und habe mir Mutter-Kind-Einrichtungen in meiner Umgebung angeguckt. Das war ernüchternd. Ich hatte mir eigentlich vorgestellt, dass man trotz Betreuung selbstbestimmt leben kann. In einer Mutter-Kind-Einrichtung wird man aber rund um die Uhr kontrolliert, die Betreuer überwachen den Umgang mit dem Kind, das Geld wird einem zugeteilt und man ist ständig unter Beobachtung. Das wäre schlimm für mich gewesen, ich war doch schon viel weiter und konnte gut für mich selber sorgen.

Zum Glück hat es dann doch geklappt mit der Eigenständigkeit: Als ich gerade 17 geworden war, durfte ich einen Monat vor dem errechneten Entbindungstermin in eine eigene Wohnung ziehen.

Die Wohnung war gerade fertig eingerichtet, als ich eines Nachts Schmerzen und ein Ziehen im Rücken spürte. Ich wusste gleich, dass jetzt bei mir die Wehen eingesetzt hatten. Ich bin sofort mit Patrick ins Krankenhaus gefahren, die Schwestern haben mich wieder nach Hause geschickt. Nach einer kurzen Untersuchung waren die sich sicher, dass das Kind noch lange nicht kommen würde. Ich bin im Laufe des Tages wieder ins Krankenhaus zurückgegangen, das hatten sie mir angeboten. Wieder wollten sie mich nach Hause schicken. Diesmal habe ich darauf bestanden, dazubleiben. Kurze Zeit später verstärkten sich die Wehen massiv. Mir war das klar, ich hatte das die ganze Zeit im Gefühl gehabt. Möglicherweise nimmt man die Intuition einer 17-Jährigen nicht so ernst.

Ich bin dann noch selber in den Kreißsaal gelaufen. Maximilian wurde um 3:25 Uhr geboren. Patrick war dabei, außerdem noch meine Mutter. Patrick hatte sie angerufen, als meine Wehen stärker wurden. Als sie kam, hatte die Hebamme sie gleich mit hereingebeten.

Während der Entbindung haben Patrick und meine Mutter meine Hand festgehalten, er hat sich die ganze Zeit um mich gesorgt. Er fragte ständig, ob bei mir alles in Ordnung sei. Ich habe irgendwann nicht mehr darauf reagiert, die Schmerzen waren zu stark. Ich weiß nur noch: Irgendwann war das Kind da und alles war vergessen.

Ich blieb nur zwei Tage im Krankenhaus. Wir wollten eigentlich zu Fuß mit dem Kinderwagen nach Hause gehen, es war nicht weit. Aber dann war mein Kinderwagen kaputt. Meine Mutter hat immerhin das Taxi bezahlt, mit zehn Euro. Es ist im Nachhinein schwer zu verstehen, wie sich alles irgendwie gefügt hat. Ich hatte ziemliche Bauchschmerzen, mir ging es körperlich nicht gut. Ich wusste nicht, wie ich in dem Zustand mit dem Baby umgehen sollte, Patrick wusste es noch weniger als ich. Prima Voraussetzungen.

Es hat sich dann einfach eingependelt, ganz aus dem Bauch heraus, ich bin einfach reingewachsen. Patrick und ich haben ganz fest zusammengehalten zu der Zeit.

Das war nicht immer so. In unserer Beziehung gab es viel Auf und Ab. Patrick hatte viele Freunde, die man nicht wirklich als guten Umgang bezeichnen kann. Da waren Drogen im Spiel und er hat mich immer wieder beklaut. Ich war so enttäuscht, habe ihm trotzdem immer wieder die Chance auf einen Neuanfang gegeben. Ich wollte so gerne, dass unsere kleine Familie funktioniert.

Als er mir gegenüber dann zwischenzeitlich auch gewalttätig wurde und ständig aggressiv war, habe ich richtig Angst vor ihm bekommen. Auch wenn es wahrscheinlich wegen der Drogen war – ich hatte Panik vor dem Vater meines Sohnes. Ich trennte mich endgültig.

Dann ist es eskaliert, Patrick hat es auf die Spitze getrieben. Vor zwei Jahren beging er mit einem Freund einen bewaffneten Raubüberfall auf ein Taxi. Die beiden sind mit Schlagstock und Pistole auf den Fahrer los. Sie wurden dann wegen versuchten Totschlags angeklagt.

In der Zeit hatte ich mich eigentlich gut organisiert: Ich arbeitete an meinem Hauptschulabschluss, Maximilian war in einer Krippe gut untergebracht. Es sah alles gut aus, dann kam die große Krise, ich bekam richtige Depressionen.

Der ganze Stress mit Patrick war einfach zu viel. Dazu kam, dass ich immer alleine war mit Maximilian. Ich trug die komplette Verantwortung, musste alles regeln, hatte wahnsinnig lange und stressige Tage mit Schule, Kind und Haushalt. Patrick ist währenddessen nur seinen Wünschen und Forderungen nachgegangen. Dazu hörte der Stress mit meiner Mutter nicht auf, und als dann der Taxiüberfall noch obendrauf kam, lief bei mir das Fass über. Ich brach zusammen.

Ich war dann lange Zeit in psychiatrischer Behandlung, wog nur 59 Kilogramm. Ich wollte außerdem eine Mutter-Kind-Kur beantragen, musste aber gleichzeitig aus der Wohnung raus und mir eine neue suchen. Ich konnte nicht vier Wochen aus Hamburg weg. Alles verschob sich, ich war labil und nicht gerade zielstrebig.

Die Besuche beim Psychologen habe ich auch nur unregelmäßig in Anspruch genommen. Die Schule stellte mir dann die Bedingung, dass ich nur bleiben dürfe und im nächsten Schuljahr eine neue Chance bekommen würde, wenn ich nachweise, dass ich regelmäßig zum Psychologen gehe. Das habe ich nicht eingesehen, ich wollte mich nicht von denen zwingen lassen.

Ich empfinde es nach wie vor als ungerecht, weil ich gerne weiter zur Schule gegangen wäre und ich es so sehe, dass die mir keine Möglichkeit dazu gegeben haben. Ich hatte noch um Aufschub gebeten, um mir in Ruhe einen anderen Psychologen zu suchen, mit dem ich vielleicht besser zurechtgekommen wäre. Die Leute in der Schule jedoch haben mir die Pistole auf die Brust gesetzt. Als ich nicht nachgab, bin ich geflogen.

Im Nachhinein bin ich traurig, dass es so ausgegangen ist, aber ich war auch einfach stur, bestimmt auch zum Selbstschutz. Ich musste schon viel verkraften.

Patrick habe ich nach einer Weile in Untersuchungshaft besucht. Er hat mich gefragt, ob ich es noch einmal mit ihm versuchen würde, wenn er nach der Entlassung eine Therapie machte und sich wirklich grundlegend änderte.

Ich wagte einen Neuanfang mit ihm, da war Maximilian anderthalb Jahre alt.

Trotz aller furchtbaren Erlebnisse und Enttäuschungen: Ich habe Patrick noch immer geliebt und außerdem wollte ich, dass Maximilian mit Vater aufwächst. Für mich war gleichzeitig klar, dass es keine weiteren Versuche geben würde.

Patrick hatte Glück und wurde nach Jugendstrafrecht für zwei Jahre auf Bewährung verurteilt. Zudem musste er Sozialstunden ableisten. Wir haben uns zusammen eine neue Wohnung gesucht. Er hat sich sehr große Mühe gegeben, kam zu allen Besichtigungsterminen mit und war einfach zuverlässig.

Irgendwann bin ich dann wieder schwanger geworden. Mit 19. Wir wollten schon noch ein zweites Kind haben, aber ein bisschen später. Ich hatte eigentlich die Pille genommen, aber nicht so regelmäßig, wie man es soll. Auch da habe ich die Schwangerschaft erst spät bemerkt. Ich war bereits in der neunten Woche.

Patrick hat sich total gefreut. Ich war noch zögerlich, weil wir gerade erst in der Erprobungsphase unseres Neuanfangs waren. Diesmal habe ich die Möglichkeit einer Abtreibung schon erwogen. Ich hatte einfach Angst vor der doppelten Arbeit mit zwei Kleinkindern, die sich meinen Zukunftsplänen mit Schule und Ausbildung in den Weg stellen würden. Ich war zu dem Zeitpunkt ja Hausfrau und Mutter.

Eigentlich wollte ich wieder eine Schule besuchen. Aber während der Schwangerschaft hatte ich rund um die Uhr mit starker Übelkeit zu kämpfen, dann bekam ich eine Blasenentzündung, hatte oft Bauchschmerzen, mir ging es einfach monatelang schlecht. Ich kam nicht zurecht. Das zog sich bis zur Entbindung, ich kann mich noch gut erinnern. In der Nacht hatte Maximilians Patentante bei mir geschlafen, ich hatte hohes Fieber und brauchte Hilfe. Dann ist die Fruchtblase geplatzt und ich kam ins Krankenhaus. Patrick war bei mir, diesmal war es etwas dramatischer, der Kleine blieb im Geburtskanal stecken. Er wog 4,5 Kilogramm und hatte einen Kopfumfang von 36 Zentimeter. Bei den Presswehen brach ihm das Schlüsselbein. Es war furchtbar.

Aber so heftig das Geburtserlebnis war, zu Hause war es dann mit zwei Kindern viel entspannter, als ich befürchtet hatte.

Janik konnte ich stillen, ich habe ihn einfach in eine Karre gelegt und bin mit Maximilian auf den Spielplatz gegangen. Ich war viel unterwegs zu dieser Zeit. Mit einem Stillkind war es zudem auch sehr praktisch, ich konnte ihn jederzeit überall mit hin nehmen. Anstrengend war auf der anderen Seite, dass ich ihn so gut wie gar nicht abgeben konnte.

Patrick hat seine Vaterrolle sehr ernst genommen, er kümmerte sich um beide Kinder, am meisten um Maximilian. Der sollte sich weder alleine noch in irgendeiner Weise benachteiligt fühlen.

Uns als Familie geht es heute eigentlich sehr gut, es hat sich alles verbessert, das hätte ich vor zwei Jahren nicht für möglich gehalten. Ich hätte Patrick nicht zugetraut, dass er sich solche Mühe gibt. Wir leben jetzt in der Wohnung seiner Eltern. Die Kinder haben ein tolles Kinderzimmer, wir haben ein Schlafzimmer, Wohnzimmer, eine Essküche, also richtig viel Platz.

Patrick ist in einer berufsbildenden Maßnahme vom Arbeitsamt und hofft, darüber dann einen Ausbildungsplatz zu bekommen.

Das Verhältnis zu meiner Mutter ist unverändert zu früher. Mit den Kindern unterstützt sie uns auch nicht immer, da es ihr gesundheitlich nicht gut geht. Wir machen alles alleine, meine Mutter kommt uns selten besuchen. Diese Situation belastet mich.

Aber was uns vier angeht, kann ich sagen, dass ich glücklich bin. Es läuft alles und wir können stolz darauf sein. Ich würde gerne eine Ausbildung zur Floristin machen. Ich habe einige Zeit in einem Blumenladen gejobbt und wirklich Gefallen daran gefunden.

Ich hoffe, dass mich mit zwei Kindern jemand nimmt. Beide Jungs gehen in den Kindergarten, wo sie acht Stunden am Tag betreut werden. Ich weiß, dass ich für beide auf zehn Stunden erhöhen kann, wenn ich wieder arbeite.

Ich denke, dass ich trotz allem ein intensives Verhältnis zu den Kindern habe. Sie hängen sehr an mir, der Papa ist auch da. Maximilian ist uns beiden gegenüber sehr vertrauensvoll. Durch das Stillen ist mir Janik vielleicht noch ein bisschen näher.

Ich kann mir nicht vorstellen, wie es ohne die Kinder wäre. Sie sind nicht wegzudenken aus meinem Leben.

Wenn ich die Uhr zurückdrehen könnte, würde ich nicht mit 16 und 19 schwanger werden. Nicht, weil es zu anstrengend ist, sondern weil es eine sichere berufliche Laufbahn so unmöglich erscheinen lässt.

20

»Ich selber bin das beste Beispiel, dass man es schaffen kann«

Saskia Gatermann, 27, Hamburg, Diplom-Sozialpädagogin,
STEEP™-Beraterin, seit August 2010 Mitarbeiterin der
Beratungsstelle »Von Anfang an!« in Bramfeld-Nord
Sohn **Tom**, 7

Sie möchte nicht mehr in Farmsen wohnen, sondern endlich nach Winterhude ziehen, in einen anderen Hamburger Stadtteil, in dem die Autos größer, die Parkplätze kleiner und seltener sind, dafür mehr Kinder auf der Straße spielen.

Wenn es bei Teeniemüttern eine Art Tellerwäscher-Karriere gibt, dann hat Saskia Gatermann sie umgesetzt: Mit 19 Jahren ungeplant schwanger, trotz Baby Schulabschluss, Ausbildung, Studium. Heute berät sie im Abendroth-Haus, einer Mutter-Kind-Stiftung, andere junge Mütter, die nicht so viel Glück und Kraft haben, wie sie früher hatte.

Meine Beratung ist so offen, wie sie nur sein muss, damit Eltern und Kinder in schwierigen Lebenssituationen zu mir kommen. Es geht um häusliche Gewalt, psychische Erkrankungen der Eltern oder emotionale Unterversorgung des Kindes. Es kommen auch immer mehr Familien mit Migrationshintergrund zu mir, die Schwierigkeiten mit unserem Behördensystem haben. Sie besuchen unseren Babytreff zwei-, dreimal, dann erzählen sie. Nebenher spielen die Kinder. Sie kommen immer öfter und bringen irgendwann Bekannte mit. Wir arbeiten für unsere Besucherinnen gänzlich ohne Bürokratie, man kommt einfach ohne Anmeldung vorbei, je nach Bedarf kann man sich später zu einer Einzelsprechstunde anmelden. Wir werben mit einer Kita, in der überwiegend Kinder aus schwierigen Familienverhältnissen betreut werden. Die Kinder dort haben nicht deswegen einen Platz bekommen, weil ihre Eltern arbeiten, sondern weil sie ein Alternativangebot zum Stress zu Hause bekommen sollen. Manche Eltern können sich auch nicht so viel Zeit für die Kinder nehmen, weil sie selbst einen Deutschkurs machen müssen. Andere Kinder haben minderjährige Mütter, die zur Schule gehen müssen. Deren Kinder haben jetzt schon einen Anspruch auf einen Kita-Platz, auch wenn sie jünger als drei Jahre sind.

Bei niederschwelligen Angeboten, wie wir sie machen, läuft der Kontakt immer über die Kinder. Nach einiger Zeit erst erfahren wir von den Müttern, weshalb sie schwanger geworden sind: weil sie Halt suchten, weil sie vielleicht falsch verhütet haben, um den Wunsch nach einer Familie zu erfüllen, die sie nie hatten. Eine Mutter erzählte mir gerade, dass sie, wie etliche andere auch, schwanger wurde, um den Partner zu halten. Diese Frau erwartet jetzt Kind Nummer fünf. Alle haben einen anderen Vater. Ihr Plan ist nie aufgegangen.

Ich bin immer sehr vorsichtig mit Ratschlägen, ich möchte erst mal zuhören und dann konkret ansprechen, was ich denke. Meistens kommen die Mütter dadurch leichter ins Erzählen. Für viele bin ich seit Langem die Erste, die ihnen wirklich zuhört. Wenn sie dann konkrete Hilfe brauchen, erarbeiten wir den weiteren Weg gemeinsam. Die meisten Fragen drehen sich um die Neuregelung des Elterngeldes seit dem 1.1.2011. Sie besagt, dass alle, die Hartz IV beziehen und vorher nicht gearbeitet haben, kein Elterngeld mehr bekommen. Das sind auf einen Schlag 300 Euro weniger für Familien. Manche rutschen einfach durchs Raster. Ich kenne eine Mutter, die grade ihr Fachabitur gemacht hat und leider so ein Lückenfall ist. Sie versteht die Welt nicht mehr: »Ich war doch fleißig, ich habe doch was gemacht und jetzt bekomme ich gar nichts!« Hätte sie einen 400-Euro-Job gehabt, dann hätte sie auch Anspruch auf Elterngeld. Ein fatales Signal, solche Fälle frustrieren mich bei der Arbeit.

Was mich weiterhin antreibt, ist die Tatsache, dass ich selber für meine Mütter hier das beste Beispiel sein kann. Ich weiß genau, was für eine große Belastung es bedeutet, trotz Kind die Schule fertig zu machen, als Alleinerziehende den Alltag zu stemmen. Das kann man nur schaffen, wenn man wirklich Leute an der Seite hat, die einem zusprechen, die einen unterstützen, wenn man es braucht.

Die wenigsten haben eine Familie hinter sich, die mithilft. Diese Frauen brauchen ganz praktische Hilfe. Wenn eine Mutter kommt und sagt, sie sei übermüdet, dann gehe ich mit ihrem Kind ein, zwei Stunden spazieren, in der Zeit schläft die Frau. Ich betone auch, dass sie sich mir gegenüber nicht rechtfertigen muss, wie sie ihre Zeit verbringt. Wenn sie Fernsehen gucken möchte oder sich die Nägel lackieren, ist das auch in Ordnung. Sie soll diese kurze Zeit für sich ganz alleine nutzen können. Freunde oder Familienangehörige würden eines Tages eine Gegenleistung erwarten oder zumindest tiefe und offensichtliche Dankbarkeit. Das baut eine Hemmschwelle auf, überhaupt zu fragen. Mir muss niemand dankbar sein. Ich tue meine Arbeit und die Frau braucht diese Hilfestellung als Kraftquelle.

Als ich selber mit meinem Sohn schwanger wurde, war ich 19 Jahre alt. Meine Familie würde man als mittelständisch bezeichnen, meine Mutter ist ebenfalls Sozialpädagogin, mein Vater Erzieher. Ich habe zwei Schwestern, eine ist zehn Jahre, die andere acht Jahre jünger. Babys und Kleinkinder um mich zu haben war für mich immer normal. Mein Vater hat mich auch auf Kindergartentouren mitgenommen, bis ich zwölf war, ich habe mich für die Bespaßung der Kinder mitverantwortlich gefühlt.

Auch heute noch finde ich das Unkomplizierte an Kindern so faszinierend. Ich liebe auch an meinem Sohn so sehr, dass ich durch ihn mit anderen Augen durch die Welt gehe. Jede Kleinigkeit wird zur Besonderheit, seien es Steine oder Geräusche, man geht mit allen Sinnen durchs Leben, das will ich mir erhalten.

Ich war von Haus aus aufgeklärt und hatte auch klar vermittelt bekommen, dass nach der Schule eine Ausbildung folgt und man sein Leben strukturieren muss. Ich war dreieinhalb Jahre mit Toms Vater zusammen. Insgeheim dachte ich – das habe ich mir bisher noch nicht so wirklich eingestanden –, ein Baby könne gut für unsere Beziehung sein. Die war längst nicht mehr stabil und dann auch schnell zu Ende. Ich war 19 und im dritten Monat schwanger, als Toms Vater mich endgültig verließ. Ich steckte im letzten Halbjahr der Erzieherausbildung. Der Plan war eigentlich, ein Praktikum im Jugendgefängnis in Hahnöfersand zu machen. Ich hatte mehrere psychologische Tests durchlaufen und mich sehr ins Zeug gelegt, um dort angenommen zu werden. Mit kriminellen Jugendlichen zu arbeiten hatte mich herausgefordert.

Ich habe das Praktikum schweren Herzens abgesagt, gleich nachdem ich von meiner Schwangerschaft erfuhr. Es war mir zu gefährlich, schwanger in der JVA zu arbeiten, das konnte ich mir nicht mehr vorstellen. Ich war in Sorge, dass es dem Kind oder mir zu anstrengend sein würde. Ich wollte uns einfach schützen.

Es war die richtige Entscheidung, denn kurz darauf war ich alleinstehende werdende Mutter. Toms Vater fühlte sich damals mit zwanzig zu jung für so eine große Verantwortung. Heute verstehen wir uns übrigens rein platonisch sehr gut, er kümmert sich auch regelmäßig um seinen Sohn.

Ich war während der Ausbildung schon sehr selbstständig, da ich mit 17 Jahren von zu Hause ausgezogen war. Wir hatten in einem Reihenhaus gewohnt, zu fünft mit Hund auf sechzig Quadratmetern, mein Zimmer war der Keller.

Ich hatte immer nebenbei gejobbt, seitdem ich 14 war. Als meine Oma starb, mietete ich ihre Wohnung. Ein weiterer Schritt in ein eigenes Leben. Von der Schwangerschaft habe ich erst nur meiner Mutter erzählt. Wie das so ist in Pädagogenfamilien, haben wir ein ruhiges, intensives Gespräch geführt. Ich wollte auf jeden Fall meine Ausbildung zu Ende bringen. Ein Schwangerschaftsabbruch kam für mich nicht infrage, meine Eltern trugen meine Entscheidung für das Kind selbstverständlich mit.

Ich war eine glückliche Schwangere, ich habe mich wunderschön gefühlt mit meinem Bauch. Es war ein sehr heißer Sommer 2003 und ich bin stolz im Bikini in jede Badeanstalt gegangen. Sehe ich heute Fotos, frage ich mich, wer denn die Kuh auf den Bildern ist, zwanzig Kilogramm habe ich damals zugenommen, alles am Busen und am Bauch.

Ich war im fünften Monat, als ich ein Praktikum in einer integrativen Regelklasse mit lernschwachen Kindern machte. Ich wurde einfach immer dicker und dicker. Die Kinder waren äußerst interessiert, es war Sachunterricht am lebenden Beispiel. Alle durften meinen Bauch anfassen, das machte mir nichts aus, so stolz war ich. Mein Spezialthema, über das ich dann auch meine Abschlussarbeit verfasste, war die sogenannte »aktive Pause«, die Kinder sollten im Schulalltag mehr Bewegung haben. Ich war ein wenig eingeschränkt, durfte keine Geräte mehr schleppen, dabei half dann der Hausmeister.

Körperlich ging es mir eigentlich sehr gut, es lag an der Psyche, dass ich zweimal ins Krankenhaus musste. Der Ärger mit Toms

Vater hatte jedes Mal Vorwehen ausgelöst. Es ging um die Verarbeitung der Trennung, Unterhaltssachen und Formulargeschichten, Dinge, für die ich gar keinen Kopf hatte. Deshalb entschied ich, dass er mich nicht mehr anrufen sollte, ich würde ihm Bescheid sagen, sobald das Kind geboren sei. Es war klar, dass er bei der Geburt nicht anwesend sein würde.

Ich hatte mir mehrere Krankenhäuser angeguckt und mich für das Amalie-Sieveking-Krankenhaus in Hamburg-Volksdorf entschieden. Die Entbindung habe ich nur noch schleierhaft in Erinnerung. Ich weiß noch, dass ich immer wieder beteuerte, ich hätte keine Wehen. Die Krankenschwester antwortete leicht empört: »Doch, haben Sie, also pressen Sie bitte.« Irgendwie dachte ich, wenn ich so tue, als gäbe es keine Wehen, würden meine heftigen Schmerzen aufhören. Mehr als merkwürdig war das, aber man ist wohl nicht ganz zurechnungsfähig während einer Geburt.

Meine Mutter war dabei, was mir wirklich wichtig war. Sie hat die ganze Zeit meine Hand gehalten und ich glaube, sie hat auch geweint.

Als ich Tom endlich auf dem Bauch liegen hatte, war ich sehr erleichtert, dass alles vorbei war. Er hat auch gleich getrunken, das fand ich beeindruckend, wie natürlich so etwas funktioniert, wie die Natur das so gut regelt.

Nach vier Tagen Krankenhaus sollte ich entlassen werden, ich wäre gerne noch länger auf der Station geblieben. Ich wollte nicht alleine nach Hause, ganz allein für mein Kind verantwortlich sein. Ich habe schwer geschluckt, als nach dem ersten Kaffeetrinken meine Freunde und Verwandten einer nach dem anderen weggegangen sind und ich da auf einmal mit dem Baby alleine auf dem Sofa saß. Die erste Nacht war eine heftige Aufgabe, ich war am nächsten Morgen total fertig, aber sehr stolz. Mein Problem sind immer die Gedanken vorher, ich machte mir einen Kopf: Weint er jetzt, wird er weinen, wenn er weint, kriege ich das hin mit dem Stillen? Ich war unsicher.

Meine Nachsorgehebamme hat mir gutgetan. Ich hatte die ganzen Tage nach der Geburt ein komisches Gefühl im Bauch gehabt, ich fühlte mich hohl. So, als hätte man etwas herausgenommen, was elementar reingehörte. Die Hebamme hat mir dann Bauchmassagen gegeben und mir ganz viel zugehört. Ich habe mich ihr tatsächlich geöffnet, was eigentlich ungewöhnlich für mich ist, sonst mache ich erst alles mit mir alleine ab. Ein Baby war eine Nummer zu groß dafür, um alleine zu kämpfen.

Als Tom geboren wurde, hatte ich noch acht Monate Ausbildung vor mir. Eine Lehrerin an der Erzieherfachschule hat mich ein bisschen an die Hand genommen und gesagt: »Wir schaffen das! Du schaffst das! Wir fahren los und suchen dir einen Kita-Platz.« Tom war acht Wochen alt, es war unendlich hart für mich, ihn abgeben zu müssen. Meine Rettung war die Krippe »mamamia«. Dort sind mir alle so offen entgegengetreten, ich durfte einfach dabeisitzen und zusehen, wie die Erzieherinnen mit meinem Kind umgingen. Meine Hebamme hatte mir geraten, abzupumpen, damit ich weiter stillen und trotzdem zur Schule gehen konnte. Ich war fest entschlossen, alles durchzuziehen. Ich hatte mit der Facharbeit schon angefangen, die Abschlussprüfung war nicht mehr fern und – das war besonders wichtig – alle haben mir gesagt, dass ich es schaffen würde. Das habe ich dann auch geglaubt.

Um Viertel vor acht morgens habe ich Tom in der Krippe abgegeben, bin schnell mit dem Auto in die Schule gefahren, habe in den Pausen zweimal abgepumpt und die Beutel nachmittags, wenn ich meinen Sohn abholte, in der Kita deponiert. Ich blieb meistens länger dort und hörte mir ausführlich an, was passiert war, während ich in der Schule war.

Dadurch, dass ich so perfektionistisch bin, habe ich immer den Anspruch gehabt, meine Ausbildung zu einem guten Abschluss zu bringen. Gleichzeitig stand immer drohend die Frage im Raum, ob sich Kinder schlecht entwickeln, wenn sie zu früh in die Krippe kommen, die freudschen Theorien kannte ich aus dem Unterricht zur Genüge. Dann kam ich zu »mamamia« und die Erzieherinnen dort haben mir ganz andere Dinge erzählt. Ich musste das täglich hören, sonst hätte ich die Zeit möglicherweise nicht durchgestanden. Getröstet hat mich sehr, dass nicht die Quantität, sondern wirklich die Qualität zählt, dass ein Kind immer die Mutter an erster Stelle sieht. Und dass Stillen eine ganz wichtige Prägung für das Kind bedeutet. Ich habe es immer unheimlich genossen, Zeit mit meinem Sohn zu verbringen und zu hören, was er tagsüber alles erlebt hatte.

Mein Leben und mein Umfeld veränderten sich sehr, einige von den Freunden, mit denen ich immer viel feiern gegangen war, hatten während meiner Schwangerschaft und danach nichts mehr mit mir zu tun. Sie haben sich komplett abgewendet, hielten sich fern. Nach ein paar Versuchen, Kontakt zu halten, gab ich auf. Es waren einfach nur oberflächliche Beziehungen, das musste ich mir eingestehen. Es kristallisierten sich in der ganzen schwierigen Zeit drei Leute heraus, die für mich wichtig wurden, die immer noch bei mir sind. Sie haben wirklich jede Sorge, die eine Schwangere oder eine frischgebackene Mutter haben kann, mitgemacht. Sie waren ein adäquater Partnerersatz.

Die Facharbeit, die wir zu dritt schrieben, wurde mit der Note 1 bewertet. Ich war plötzlich ausgebildete Erzieherin und hatte sogar schon eine Zusage für eine Kita-Stelle. Dann fragte mich die Leiterin von »mamamia«, ob ich nicht lieber studieren wolle.

Tom blieb in der Krippe und ich ging zur Uni. Am Anfang fand ich es unheimlich schwer, dort wurde mit vielen Fremdwörtern gesprochen, die ich so geballt bis dato nicht gehört hatte. Ich war kurz vorm Verzweifeln, schaffte es aber dann nach und nach, mich an die Sprache in den Vorlesungen zu gewöhnen. Man konnte sich außerdem die Kurse so legen, wie man wollte, das war praktischer als in der Schule. Im ersten Semester habe ich dann zum Beispiel nur an drei Tagen studiert und versucht, immer wieder Nachmittage freizuhalten. Meine Eltern sind auch eingesprungen, haben Tom manchmal von der Kita abgeholt. Sie haben mich in der ganzen Zeit unterstützt und darin bestärkt, meinen Weg weiterzugehen.

Ich habe das Studium dann tatsächlich in der Regelstudienzeit von vier Jahren geschafft. Ohne meine Mutter und meine Oma wäre das nicht gegangen. Wenn ich schlapp und müde war, konnte ich zu ihnen nach Hause gehen und mich dort hinlegen und schlafen. Sie kümmerten sich um Tom.

In meiner Diplomarbeit ging es um Bindung, das Thema, das mich mein ganzes Leben lang beschäftigt hat. Ich wollte belegen, dass das, was ich in der Erzieherausbildung gelernt habe, nicht stimmte. Ich habe gelernt, Qualität nicht an Zeit festzumachen, sondern optimal auf die Bedürfnisse und Signale meines Kindes einzugehen. In Toms Kita konnte ich mich auch täglich über meinen Uni-Stoff austauschen, es war die perfekte Kombination aus Praxis und Theorie. Eines Tages, das werde ich nie vergessen, stand ich in der Uni am Kopierer. Die Leiterin der Kita rief mich an. Sie fragte, ob ich mir vorstellen könnte, bei ihnen in einem ganz neuen Angebot zu arbeiten. Es war perfekt. Ich war so überzeugt von dem Konzept dort, weil es mein Leben gerettet hatte und täglich auch anderen jungen Müttern weiterhalf. Wenn ich den Rückhalt dort nicht gehabt hätte und die Menschen, die mir konstanten Zuspruch boten, hätte ich nie studiert. Sie wiederholten immer wieder: »Du schaffst das. Du kannst das.« Oder: »Wenn du das jetzt nicht kannst, kann ich es verstehen, es ist anstrengend.« Auch bei meiner heutigen Arbeit gebe ich meinen Frauen weiter, sich das immer wieder vorzusagen.

Ich fing dort als Sozialpädagogin in Teilzeit an. Im August eröffneten wir das sogenannte Elterncafé, ein spezielles Angebot für die minderjährigen Mütter. Ich war mit meiner Kollegin Heike für die sie zuständig. Es gab immer Fragen, auf die unsere Erzieherinnen aus zeitlichen Gründen nicht so ausführlich eingehen konnten, da sie in erster Linie mit den Bedürfnissen der Kinder beschäftigt waren.

Ich glaube, mir hat meine eigene Vita geholfen zu zeigen, dass sich Anstrengung lohnt und dass man sich nicht aufgeben darf. Dass man sich freuen kann, wenn kleine Schritte geschafft sind. Mein Ziel war immer, finanziell unabhängig zu sein, nicht von Sozialleistungen zu leben, auch wenn ich alleinerziehend bin.

Ich hatte zwischendurch eine Partnerschaft, die aber nach drei Jahren in die Brüche ging. Auslöser war wahrscheinlich, dass ich darauf gedrängt hatte, dass wir zusammenziehen. Ich wollte gerne einen Alltag, keine Wochenendbeziehung. Wenn ich heute ausgehe und interessante Männer kennenlerne, erzähle ich von Tom, lasse ihn aber lange Zeit außen vor, bis es ernster wird.

Meine Arbeit füllt mich sehr aus, finanziell komme ich halbwegs über die Runden, aber ich habe noch etliche Schulden abzubezahlen. Mein Studium musste ich mir selbst finanzieren, weil mir kein BAföG mehr zustand, das hatte ich schon während der Erzieherausbildung erhalten. Ein Bankdarlehen garantierte mir vier Jahre lang 400 Euro monatlich. Nebenbei jobbte ich als Kinderbetreuerin im Abendroth-Haus und stand jahrelang an Ostern und Weihnachten in einem großen Kaufhaus an der Kasse. Damit verdiente ich in zehn Tagen rund 800 Euro und konnte die Semestergebühren bezahlen.

Ein toller Partner fehlt, ansonsten bin ich heute sehr glücklich mit meiner Arbeit, mit meinem Sohn, mit meinem Leben. Egal, was ich mache, mein Motor ist der Zuspruch, den ich bekomme und den ich brauche, um funktionieren zu können.

111 GRÜNDE, MAMA ZU SEIN

EIN LOBLIED AUF DAS SCHÖNSTE ABENTEUER DER WELT –
EINE LIEBEVOLLE HOMMAGE ANS MAMASEIN

111 GRÜNDE, MAMA ZU SEIN
EIN LOBLIED AUF DAS SCHÖNSTE ABENTEUER DER WELT
Von Meike Meyruhn
ca. 320 Seiten, Taschenbuch
ISBN 978-3-86265-070-5 | Preis 9,95 €

Die Frage »Möchte ich Mutter werden?« ist eine der bedeutsamsten im Leben einer Frau. Ist die Entscheidung für ein Baby gefallen, beginnt ein neuer Lebensabschnitt. Die Schwangerschaft, die Geburt, das Heranwachsen eines winzigen Etwas zu einem erwachsenen Menschen – all das sind einzigartige Erfahrungen, die auch beim zweiten oder dritten Kind nicht weniger aufregend sind.

Meike Meyruhn, Autorin und Mutter, lädt ihre Leserinnen zu einer Reise ins »Mutterland« ein und widmet sich in 111 Gründe, Mama zu sein ganz den schönen Seiten des Mamaseins.

In ihren autobiografisch angelegten Geschichten erinnert sie sich an die erste Zeit mit ihrem Sohn, gibt hilfreiche Tipps und vermittelt vor allem eins: wie unglaublich viel Spaß es macht, Mutter zu sein.

DIE AUTORIN

Antje Diller-Wolff arbeitet als Live-Reporterin, Autorin und Sprecherin unter anderem für SPIEGEL TV. Mit ihrer Produktionsfirma »shs medien« realisiert sie Imagefilme für Unternehmen. Darüber hinaus moderiert sie Veranstaltungen in den Bereichen Politik, Kultur und Wirtschaft. Sie lebt mit ihrem Mann und den gemeinsamen zwei Söhnen bei Hamburg. Im Schwarzkopf & Schwarzkopf Verlag ist bereits ihr Buch *Alle meine Babys* erschienen. Antje Diller-Wolff im Internet: http://www.shsmedien.de

Antje Diller-Wolff
TEENAGERMÜTTER
20 Mädchen und Expertinnen erzählen
von den Herausforderungen der frühen Elternschaft

ISBN 978-3-86265-068-2
© Schwarzkopf & Schwarzkopf Verlag GmbH, Berlin 2011
Titelfoto: © Moritz Thau | Lektorat: Ulrike Thams und Marion Oechsler

KATALOG
Wir senden Ihnen gern kostenlos unseren Katalog.
Schwarzkopf & Schwarzkopf Verlag GmbH
Kastanienallee 32, 10435 Berlin
Telefon: 030 – 44 33 63 00
Fax: 030 – 44 33 63 044

INTERNET | E-MAIL
www.schwarzkopf-schwarzkopf.de
info@schwarzkopf-schwarzkopf.de